민사사건의
이론과 실무

민사사건의
이론과 실무

김 기 진 지음

민법의 이론이 실제 사건에서 어떻게 필요하고 적용되며, 이를 관철하기 위한 소송상 기술은 어떠한가를 담고자 했고, 그리하여 가장
중요하다할 민법총론의 기초이론분야와 물권과 채권에서는 실제 발생빈도가 높은 분야를 위주로 전형적인 사례를 만들고, 그런 사례
에서 이론과 실무가 소송상 어떻게 전개되는지를 기술하는데 중점을 두었다.

kcsi 한국학술정보(주)

학교에 온 지 3년째가 되면서 그동안 강의했던 민사연습과목에 대한 강의안을 기존의 틀에서 벗어나 단순한 이론의 확인이 아닌 실제 사례의 해결능력을 키우는 데 중심을 두어야겠다는 필요성을 느꼈다. 그러던 중에 로스쿨인가를 위한 준비를 하면서 이론과 실무가 결합된 강의의 중요성을 재차 확인하게 되었고 그리하여 차제에 그에 부응하는 교재를 만들어 보고픈 생각을 하게 되었다. 그 소산으로 이 책을 쓰게 되었다.

민법의 이론이 실제 사건에서 어떻게 필요하고 적용되며, 이를 관철하기 위한 소송상 기술은 어떠한가를 담고자 했다. 그리하여 가장 중요하다 할 민법총론의 기초이론분야와 물권과 채권에서는 실제 발생빈도가 높은 분야를 위주로 전형적인 사례를 만들고 그런 사례에서 이론과 실무가 소송상 어떻게 전개되는지를 기술하는 데 중점을 두었다.

이 책의 목적은 민사사건이 발생했을 경우에 각 당사자가 자기의 주장을 관철시키기 위하여 어떤 법적 근거를 동원할 것인가, 그 근거를 어떻게 반박할 것인가, 이를 위한 소송상 방법은 무엇인가를 알아내는 훈련을 통하여 법조실무가로서의 기본 자질을 키우는 데 있으므로, 어느 정도의 법률지식을 갖춘 사람들에게 도움이 될 수 있었으면 하는 바람이 있으나, 아직은 미진한 부분도 많이 있다.

추후 보다 완전한 보완을 기약하면서 지켜봐 주신 분들께 감사드린다.

2008. 4
안개비가 내리는 가좌캠퍼스에서

목 차

사 례

가. 갑은 운전부주의로 을을 치어 사망하게 했다. 을에게는 처와 임신 중인 아이가 있다. 태아가 갑에게 손해배상청구를 할 수 있는가?

나. 갑은 운전부주의로 임신 중인 여자를 치어 아이와 함께 사망하게 했다. 여자의 남편 을은 갑에게 태아의 사망으로 인한 손해배상청구를 할 수 있는가?

해 결

1. 논점의 정리

가 사례는 태아 본인의 손해배상청구권이 있는가, 나 사례는 태아의 사망으로 인한 태아 본인의 손해배상청구권과 아버지 본인의 손해배상청구권을 모두 행사할 수 있는가를 묻고 있다.

손해배상청구권의 유무는 권리능력이 있는가를 묻는 것이므로 먼저 권리능력은 무엇인가를 살펴보고, 권리능력은 언제부터 있다가 소멸하나를 살펴보아 태아의 권리능력 유무를 판단하되, 법은 어떻게 되어 있는가를 같이 검토하여 권리능력 유무를 판단할 것이다.

그 후 권리능력이 있다 할 경우라도, 다툼을 전제로 하므로 소송상 행사를 전제로 당사자능력이 있는지와 구체적으로는 어떻게 행사하는지를 밝히면 될 것이다.

2. 권리능력의 개념

권리능력이란 권리의 주체가 될 수 있는 지위 또는 자격을 말한다.

고대의 대가족제시대에는 가장만이 권리능력자였고, 봉건시대에 들어와서도 농민은 토지의 부속물로 취급되어 권리능력이 없었고, 프랑스혁명과 더불어 인간의 존엄과 가치·평등사상이 확립되면서 모든 사람이 재산과 사법관계의 주체가 될 수 있었으나 그 후로도 근대에 이르기까지 여성의 권리능력은 제한되는 경우가 많았다.

3. 권리능력의 시기와 종기

가. 법규정

민법 제3조는 사람은 생존한 동안 권리와 의무의 주체가 된다고 규정하여 생존하는 동안 권리능력이 있다고 한다. 생존의 시기와 종기를 어떻게 볼 것인가, 즉 삶과 죽음의 표식은 무엇인가에 관하여는 논란이 있으나, 권리능력과 관련해서는 의학적인 관점이 아닌 법적인 관점, 즉 법이 달성하려는 목적인 일상생활에서의 구체적 타당성의 관점에서 보아야 할 것이다.

나. 생존(사람, 권리능력)의 시기

이에 관하여는 태아가 모체로부터 전부 노출되어야 한다는 것이 통설이고, 일부만 노출해도 된다는 설, 전부 노출된 후 독립해서 호흡할 수 있게 된 때라는 설, 모체에서 출산을 위한 진통이 시작되었을 때라는 진통설 등이 있다.

독일·스위스는 출생의 완료로 권리능력이 시작된다고 보아 전부노출설을 채택하고 있다. 전부노출설의 경우 탯줄이 끊어지거나, 태반이 배출되지 않아도 되며, 잠시라도 살아 있기만 하면 되고 독자생존능력은 불필요하고, 기형, 조산 등도 불문한다.

생존의 징표는 맥박, 호흡, 근육운동, 뇌파 등으로 판단하는데 상속 등에 영향이 있을 수 있다. 사산의 입증은 주장하는 사람이 해야 한다.

다. 생존의 종기

사망의 시기는 호흡과 맥박이 정지하는 때로 보는 것이 통설이다. 그러나 현대의학의 발달과 함께 인공적인 생명유지장치로 호흡과 맥박의 정지를 막을 수 있게 되면서 그 윤리문제와 함께 장기이식의 필요성 때문에 호흡과 맥박이 있어도 뇌파가 정지되면 사망한 것으로 보자는 뇌사설이 유력해지고 있다.

4. 태아의 권리능력

가. 전부노출설의 문제점

태아인 동안에는 권리능력이 없으므로 태아인 동안 부가 사망하면 그 후 출생해도 상속권이나 부의 살해로 인한 손해배상청구권이 없는 부당함이 있다.

이를 법으로 해결하기 위하여 태아의 이익이 문제되는 경우에는 모두 출생한 것으로 보는 일반주의를 채택하거나(로마법, 스위스), 특히 중요한 경우에만 규정을 두어 출생한 것으로 보는 개별주의를 채택하고 있는데(독일, 프랑스, 한국, 일본), 어느 경우나 태아가 살아서 출생하는 것을 전제로 하는 것은 마찬가지이다.

나. 출생간주의 의미

이와 관련해서는 태아로 있는 동안은 권리능력을 취득하지 못하고, 출생하면 문제의 사건시까지 소급해서 권리능력이 있다고 보는 정지조건설[1]과 그 사안 발생 때부터 권리능력이 있지만 사산하면 그때로 소급해 소멸한다고 보는 해제조건설[2]이 있다.

다. 태아에게 권리능력이 있는 경우

민법은 다음의 경우에 태아에게 권리능력이 있는 것으로 정하고 있다.

불법행위 손해배상청구권(민법 제762조)의 경우 태아 자신이 피해자인 경우(예: 모에 대한 약물 투여로 기형이 된 경우)는 직접 청구권이 있고 부모가 피해자인 경우는 그 손해배상청구권을 상속한다.

상속과 관련하여 재산상속권(제1000조의3), 대습상속권(제1001조), 유류분청구권(제1112조), 유증능력(제1064조)이 있다. 수증능력에 관해서는 사인증여(제562조) 시 유증에 관한 규정을 준용한다는 점을 근거로 인정하는 설도 있으나, 준용되는 것은 유증의 효력에 관한 규정에 한하고, 생전증여가 인정되지 않는 것과의 균형상 부정하는 것이 옳을 것이다.[3]

인지와 관련 부의 태아에 대한 인지는 가능(제858조)하나, 태아의 인지청구는 규정이 없어 불가하다고 보는 것이 다수설이다. 태아와 구별되는 子(자)는 인지청구 가능하다(제863조).

---

1) 이영준 민법총칙 726, 대판 1976.9.14. 76다1365.
2) 곽윤직 민법총칙 117, 김증한 · 김학동 민법총칙 103.
3) 대판 1982.2.9. 81다534.

5. 소송상 당사자능력

민법상 권리능력자는 소송법상으로도 모두 당사자능력이 있는 것으로 본다. 따라서 태아의 경우도 민법상 권리능력이 인정되는 한 소송상으로도 당사자능력이 있다. 민법상 해제조건설에 따르면 처음부터 당사자능력이 있다가 사산하면 소급소멸하고, 정지조건설에 따르면 태아인 상태로는 당사자능력이 없다가 출생하면 소급하여 있는 것으로 보아야 할 것이나, 소송법상으로는 그 특수성상 태아 중인 상태에서도 당사자능력을 인정하는 것이 다수설이다. 즉 태아 중인 상태에서도 증거보전이나 집행보전의 필요성이 있기 때문이다.

태아인 상태에서 소송당사자가 된다면 그 특정과 관련하여 표시방법이 문제되는데, '임산부 OOO의 태아'라고 표시하고 법정대리인으로 부·모를 표시하면 될 것이며 태어나 이름을 갖게 되면 당사자 표시정정을 하면 될 것이다.

6. 사안의 경우

태아는 부의 사망으로 인한 손해배상청구소송이 가능하다. 청구할 수 있는 손해는 부 본인의 것(일실수입, 위자료)에 대한 상속분과, 태아 본인의 위자료가 있다.

태아가 타인의 불법행위로 사망한 경우에 그로 인한 태아 자신의 손해배상청구는 불가능하고, 상속문제도 발생하지 않는다. 미숙상태, 기형으로 출생한 경우에는 당연히 가능하다. 부의 태아사망으로 인한 위자료청구는 태아가 사람으로 인정되는지 여부와 무관하게 가능하다.

2 | 미성년자의 행위능력과 소송능력

사 례 1

미성년자 갑이 법정대리인의 동의 없이 다음의 행위를 했다. 유효한가?

가. 타인이 조건 없이 차를 주겠다고 하자 승낙했다.

나. 부친이 학비로 쓰라고 준 돈을 책 사는 데 썼다.

다. 부친이 준 용돈을 친구에게 무이자 무기한으로 빌려 주었다.

라. 장사를 해보겠다고 하자 부친이 허락해 점포임대차계약을 했다.

마. 친구에게 돈을 꾸었다가 못 갚게 되자, 친구 부친의 가게에서 한 달간 아르바이트하는 조건으로 빚을 면제받기로 했다.

사 례 2

미성년자 갑이 부모의 동의 없이 그 소유의 물건(부동산)을 을에게 팔아 소유권을 넘겨주었고, 을은 다시 그 사정을 모르는 병에게 전매했다. 갑은 매매대금을 유흥비로 탕진했고, 뒤늦게 이 사정을 알게 된 부모가 소유권을 되찾으려고 한다.

갑과 부모는 어떻게 해야 하나? 을과 병은 어떻게 방어하고 구제받을 수 있는가?

해 결

1. 논점의 정리

사안은 미성년자가 법률행위를 할 경우 그 효력이 어떻게 될 것인가와 그 법률행위의 효력을 부인하려는 측과 효력을 유지하려는 측과의 분쟁이 있을 경우 어떻게 해결할 것인가를 묻고 있다.

해결을 위해서는 우선 미성년자가 법률행위를 할 수 있는지, 즉 행위능력의 개념, 유무에 대하여 살펴본다. 그리고 제한 내용 및 제한을 위반했을 경우의 효과에 따른 미성년자 본인과 법정대리인의 권리 및 그 행사방법과 미성년자 본인의 권리를 소송상 행사하는 경우와 관련 미성년자의 소송능력을 살펴보면 된다.

이에 대응한 상대방의 권리구제와 관련해서는 미성년자 본인의 책임과 감독자의 책임을 살펴보면 된다.

2. 행위능력

가. 개념 및 제도의 취지

행위자 단독으로 완전하고 유효한 법률행위를 할 수 있는 능력으로 법은 일정한 경우에 행위능력이 없는 것으로 획일적으로 정하고 있다.

권리능력자라고 하더라도 자기의 행위에 의하여 권리를 취득하고 의무를 부담하기 위해서는 자기행위의 의미나 결과를 판단할 수 있는 일정한 정신적 능력(의사능력)이 있어야 하고, 이런 의사능력이 없는 자의 행위는 무효이다(독일, 스위스는 명문을 두고 있는데 우리는 명문이 없지만 무효라는데 이론이 없다). 의사능력의 유무는 구체적인 경우마다 개별적으로 결정될 것인데, 행위자 본인은 물론이고 상대방도 입증에 어려움이 있어 본인 보호나 거래안전 모두에 도움이 안 되므로 획일적인 기준을 정하여 의사능력이 없는 것으로 정해 둔 것이 행위능력자제도이다.

나. 행위무능력자

행위무능력자는 연령을 기준으로 하는 미성년자와 일반적인 정신능력을 기준으로 하는 심신상실·심신미약자인 금치산·한정치산자와 그 외에 음주, 낭비, 질병, 마약중독 등 구체적인 사정을 이유로 하는 입법례도 있는데 우리는 전자로 해결하고 있다.

3. 미성년자의 행위능력

가. 민법 제5조

민법은 미성년자의 법률행위는 법정대리인의 동의를 얻어서만 가능하고, 예외적으로 권리만을 얻거나 의무만을 면하는 경우 단독으로 할 수 있다고 규정하여 미성년자를 행위무능력자로 정하고 있는데, 미성년자는 정신적으로나 윤리적으로 독자로 법률행위를 할 만큼 성숙되지 않았다고 보기 때문이다.

나. 미성년자

이 규정은 법이 정하는 미성년자인 20세에 달하지 않은 사람 중 의사능력 없는 미성년자에게는 적용되지 않는다고 보는 것이 판례·통설이다.[4) 의사능력이 없는 자의 행위는 당연 무효이기 때문이다. 단 판단의 어려움 때문에 구별 없이 취소로 해결하자는 소수설도 있다. 미성년자의 나이는 객관적, 획일적으로 정해지며 정신능력이 뛰어나다고 해도 법원의 선고 등을 통해 행위능력자가 될 수는 없다.

다. 법률행위

미성년자가 할 수 있는 법률행위는 재산행위에 한하고 신분행위는 제외된다. 단 혼인능력(제807조)과 인지(금치산자만 제한, 제856조)에 관하여는 따로 정하고 있다.

기타 행위는 성질에 따라 사실행위(무주물 선점, 유실물습득, 점유의 취득)는 불가하고, 준법률행위(최고, 통지, 승낙)는 의사표시와 다름없으므로 가능하고, 의사표시수령능력(제112조)도 있다.

소송행위는 소송능력의 문제이므로 따로 본다.

독립하여 법률행위를 할 수 있는 경우는 인정되나(민사소송법 제55조), 소송행위의 기술성, 복잡성을 고려하면 영업허락의 경우같이 어느 영역에서 무능력이 해소된 경우에 한하고, 처분허락을 받은 재산에 관한 경우와 권리만 얻거나 의무만 면하는 경우 등은 제외할 것이다. 단 임금청구는 가능하다(근로기준법 제54조).

라. 법정대리인

미성년자의 법정대리인은 친권자(제909조)와 후견인(제928조), 친권대행자(제910, 948조), 재산관리인(제918조)이 된다.

마. 법정대리인의 동의

1) 동의방법
동의는 독립한 단독의 불요식행위이다. 사전 또는 동시에 할 수 있고, 사후에 하

---

4) 민법주해 1권 269, 대결 1967.7.12. 67마507.

면 추인이 된다. 명시 또는 묵시적으로 할 수 있으며, 동의의 상대방은 미성년자 또는 그 상대방이다. 동의 여부는 재량이나 부동의가 대리인의 의무 위반일 경우는 손해배상문제가 발생한다.

2) 동의효과

동의가 있으면 그 행위가 유효할 뿐 미성년자가 완전한 행위능력을 가지고 독립해서 행위를 할 수 있게 하는 것은 아니다. 법정대리인의 대리권은 그대로 존속하므로 법정대리인은 동의를 철회하고 대리행위가 가능하다.

3) 증명책임

미성년자가 그 행위를 부인하는 한 상대방이 동의를 얻었다는 점을 입증해야 한다.

4) 동의취소(제7조)

동의 후에도 미성년자가 행위를 하기 전에는 동의를 취소하고 법정대리인이 직접 행위를 할 수 있다. 동의와 같은 방식으로 가능하다. 동의의 취소는 하자 있는 행위를 소급해서 취소하는 것이 아니고 미성년자로 하여금 행위를 못 하게 하려는 것이므로 철회에 해당한다.

바. 동의가 필요 없는 행위

1) 규정형식

민법은 사실상 동의가 있는 것으로 간주할 수 있는 경우를 유형화하거나(제5조 단서, 제6조) 행위능력을 확장하는(제8조) 형식으로 동의가 필요 없는 행위를 정하고 있다.

2) 권리만을 얻거나 의무만을 면하는 행위

이러한 행위는 미성년자에게 불이익 우려가 없으므로 특별히 보호할 필요가 없어 동의가 있는 것으로 간주하고 있다.

부담부 증여계약, 경제적으로 유리한 매매계약, 상속승인, 채무변제받는 것은 이익도 얻지만 동시에 의무가 발생하거나 채권을 상실하므로 해당하지 않는다.

공적인 부담(세금, 수수료 등)이 수반되는 것(부동산 증여)은 법률행위에 의하여 발생하는 사법상 의무부담이 아니므로 해당한다.

물적인 부담이 있는 목적물 취득도 해당한다.

3) 법정대리인이 범위를 정하여 처분을 허락한 재산의 처분행위(제6조)

① 처 분

여기서의 처분은 사실상, 법률상(물권행위, 채권행위 – 채권양도·채무인수·변제·상계·화해, 사용·수익) 처분행위를 모두 포함한다.

② 범 위

이와 관련 소수설은 사용목적을 정해 주면 이에 따른 제약을 받는다고 보고, 다수설은 사용목적과 무관하게 처분가능하다고 본다. 실제로는 주관적인 사용목적을 제3자가 알기 어려우므로 거래안전상 사용목적의 제한은 받지 않는 것으로 봄이 옳다. 처분은 사용·수익을 포함하고, 그 처분행위로 인한 후속조치도 포함하므로 처분이 허락된 범위 내에서의 채무부담, 처분하여 취득한 재산을 다시 처분하는 것도 가능하다. 다만 복권당첨금과 같이 처분으로 취득한 재산이 과다할 경우라면 다시 법정대리인의 허락을 받아야 할 것이다.

③ 효 과

법정대리인의 동의가 있는 것으로 간주하는 것이지 미성년자의 행위능력을 예외적으로 확장해서 인정하는 것이 아니므로 법정대리인의 대리권이 상실되는 것은 아니다. 이에 관한 소송능력은 없다고 볼 것이고, 처분 허락으로 다시 취득한 재산의 처분 가부는 허락의사표시의 해석문제일 것이나 복권 당첨금같이 대체물의 가격이 과다할 경우는 다시 허락 요한다고 볼 것이다.

4) 허락된 특정영업에 관한 법률행위(제8조)

① 규정취지

영업에 관한 계속적 반복적 행위를 매번 동의해야 하면 번잡하고 영업에 지장을 초래할 것이므로 한 번의 허락으로 족하게 한 것이다. 영업에 관한 한 동의간주가 아니라 행위능력이 확장된 것으로 보아야 한다. 재산처분 허락의 경우와는 규정방식이 다르다.

② 영 업

영업은 이익을 얻을 목적으로 동종행위를 반복해서 수행하는 것으로 상업만이 아니고, 공업, 농업, 자유업 등 모든 계속적 사업을 의미한다. 자신이 주체가 되어야 하고 노무를 제공하고 대가를 받는 것은 제외한다.

허락한 영업은 그 종류를 특정해야 한다. 어느 영업도 좋다고 하면 미성년자 보호의 취지에 반한다. 특정한 영업은 사회관념상 일개로 보이는 영업단위이어야 하므로 영업단위의 일부, 즉 소매상을 허락하면서 1,000원을 넘는 거래는 허락을 요한다는 식은 거래안전상 안 된다.

③ 허락 방법

명시 또는 묵시적으로 가능하다. 후견인이 허락할 경우에는 친족회 동의가 필요하다(제950조). 공시는 필요 없으나 상업인 경우는 필요하다(상법 제6, 34조).

④ 허락 효과

영업에 관하여 성년자와 동일한 행위능력이 있다. 법정대리인의 동의는 필요 없다. 이에 관한 법정대리인의 대리권은 소멸한다. 미성년자는 영업에 직·간접으로 필요한 일체의 행위(자금차입, 점포구입, 직원고용, 광고)를 할 수 있다.

⑤ 증명책임

미성년자의 행위가 허락된 영업에 관한 것이라고 주장하는 자에게 증명책임이 있다.

⑥ 허락의 취소와 제한(제2항)

      의의 - 여기의 취소는 장래에 향하여 허락이 없었던 것으로 하는 철회의 의미이고, 제한은 수개 영업허가 시 일부에 대한 철회를 의미한다.

사유 — 제한 없다(일본: 미성년자가 영업을 감당하기 어려운 사정이 있는 때). 무제한 이유는 선의 제3자 보호규정이 있기 때문이다. 법은 취소와 제한 시 친권자(제922조)와 후견인의 주의의무(제956, 681조)를 규정하고 있다.

방법 — 친권자는 제한 없으나, 후견인은 친족회의 동의가 필요하다(제945조).

효과 — 선의 제3자에게 대항 못 한다. 상업 외에는 공시방법이 없으므로 거래안전의 필요에서이다.

5) 대리행위(제117조)

대리행위의 효과는 본인에게 귀속하고, 미성년자에게 불이익이 없으므로 언제나 가능하다.

6) 17세 이상 미성년자의 유언(제1061조)

7) 근로계약

이에 관하여는 설이 대립하고 있으나 근로기준법은 일정한 경우 허용하고 있다. 근로기준법 제62조는 15세 미만(중학재학 18세 미만) 사용금지를 원칙으로 하고, 예외적으로 노동부장관의 취업인허증을 받은 경우에 가능하게 하고 있는데, 이는 의무 교육의 달성과 생계곤란자의 보호를 위해서이다.

동 제64조는 18세 미만은 연소자증명서로 호적과 친권 또는 후견인 동의서를 사업장에 비치할 것을 조건으로 허용하고, 동 제65조는 법정대리인의 근로계약 대리를 불허하는 한편, 법정대리인과 노동부장관은 미성년자가 체결한 근로계약이 불리할 경우에 해지할 수 있게 하고 있다. 또한 제66조는 미성년자가 독자적으로 임금청구를 할 수 있게 하고 있다. 결국 18세 이상 미성년자는 아무 제한 없이 독자로 근로계약이 가능하다.

4. 미성년자 법률행위의 취소

가. 취소권자(제140조)

미성년자 본인은 독립하여 가능한데, 이는 취소할 수 있는 행위의 취소가 아니기 때문이다. 대리인(법정, 임의), 승계인(포괄 - 상속, 특정 - 취소할 수 있는 행위로 임차권 설정한 토지의 정당한 양수인)도 가능하다. 상대방은 법에 정함이 없으므로 불가하다. 무권대리의 경우 상대방의 철회권이 인정되는 것과 다르다(제134조).

나. 취소권의 행사(제142조)

상대방 확정 시는 그에 대한 의사표시로, 상대방 불확정 시는 적당한 방법으로 의사를 외부에 객관화시키는 방식으로 한다.

행사시기는 제한이 없다. 소제기되어 확정판결이 있은 후에도 가능한데, 이때 취소로 판결이 실효되는 것은 아니고 청구이의의 소가 가능하다(민사집행법 제44조).

다. 효과(제141조)

처음부터 무효이다. 발생했던 채권·채무는 처음부터 없는 것으로 되고, 이미 이행한 것은 부당이득이 된다.

부당이득반환범위는 무능력자는 현존이익만 반환하면 되고, 선의·악의를 불문하나, 상대방은 일반부당이득과 같다(제748조). 즉 선의자는 현존이익을, 악의자는 받은 이익과 이자 및 손해 있을 때에는 손해액도 반환해야 한다.

무효는 선의의 제3자(상대방, 전득자 포함)에게도 대항가능한데 이는 미성년자의 보호 강화를 위해서이다. 하자 있는 의사표시 등의 취소의 경우에는 선의의 제3자에게 대항하지 못하는 것과 다르다(제107 - 110조).

5. 미성년자의 소송능력

가. 소송능력의 의의 및 소송능력자

소송능력이란 소송의 당사자가 되어 소송행위를 할 수 있는 능력을 말한다.

민법상 행위능력자는 모두 소송능력이 있으므로 행위무능력자인 미성년자는 소송능력도 없으나, 미성년자가 단독으로 법률행위를 할 수 있는 경우에는 예외이다.

나. 미성년자의 단독소송능력

민사소송법은 미성년자도 독립하여 법률행위를 할 수 있는 경우는 소송능력을 인정하나(제55조), 소송행위의 기술성, 복잡성을 고려하면 영업허락의 경우같이 어느 영역에서 무능력이 해소된 경우에 한하고, 처분허락을 받은 재산에 관한 경우와 권리만 얻거나 의무만 면하는 경우 등은 제외할 것이다.

근로기준법 제64, 65조가 미성년자의 독자적인 근로계약체결과 임금청구권을 인정하고 있어, 그 해석을 둘러싸고 임금청구를 위한 소송행위만 가능하다는 입장과 근로관계와 관련한 모든 소송행위가 가능하다는 입장이 있으나, 위 근로기준법규정의 취지가 근로를 제공하는 주체인 미성년자 보호의 측면에서 본인의 의사를 존중하는 데 있는 것이므로 근로관계를 둘러싼 모든 소송행위가 가능하다고 보아야 할 것이다.

다. 법정대리인

미성년자가 소송행위를 할 경우는 법정대리인을 통하여서만 할 수 있다(민사소송법 제55조). 민사소송법 제51조가 민법을 일반적으로 원용하므로 여기의 법정대리인은 민법상 법정대리인과 같다.

법정대리인의 소송행위 효과는 본인에게 귀속된다.

법정대리인은 본인이 할 수 있는 모든 소송행위를 할 수 있으나, 소취하, 화해 등 경우에는 친족회의 특별 수권이 필요하다(민사소송법 제56조). 민법상으로는 부모가 법정대리인일 경우는 아무런 제한이 없으나, 소송법상으로는 후견인과 마찬가지로 제한된다.

6. 미성년자 본인과 감독의무자의 책임

이에 관하여는 뒤의 불법행위 일반 부분을 참조·원용하기로 한다.

7. 사안의 경우

사례 1의 경우

가. 타인이 조건 없이 차를 주겠다고 하자 승낙한 것은 권리만을 얻는 경우이므로 유효하다.

나. 부친이 학비로 쓰라고 준 돈을 책 사는 데 쓴 경우 다수설에 따르면 유효하다.

다. 부친이 준 용돈을 친구에게 무이자 무기한으로 빌려 준 것도 위와 같다.

라. 장사를 해보겠다고 하자 부친이 허락해 점포임대차계약을 한 것은 유효하다.

마. 친구에게 돈을 꾸었다가 못 갚게 되자, 친구 부친의 가게에서 한 달간 아르바이트하는 조건으로 빚을 면제받기로 한 것은 채무면제라는 이익을 얻으나 근로의 제공이라는 부담이 따르므로 취소할 수 있다고 볼 수도 있다. 그러나 근로기준법에 따른 요건을 갖추었다면 유효하다고 볼 것이다.

사례 2의 경우

가. 매매계약의 효력
갑·을 간의 매매계약은 갑과 그 부모가 취소가능하다.

을·병 간의 매매계약은 병이 무권리자로부터 권리취득한 것이므로 무효이다.

나. 갑의 부모의 구제

갑의 부모는 갑 명의로 을·병을 상대로 물건반환(소유권이전등기말소)청구소송이 가능하다(당사자 표시는 갑으로 하고, 법정대리인 친권자 부·모를 병기함).

다. 을과 병의 구제

병은 갑에게 현존이익반환청구 반소와 을에게 부당이득반환청구의 별소가 가능하다. 이때 중복배상문제, 변제자력 문제 등을 고려해 동시청구 여부를 결정해야 할 것이다.

을은 갑에게 현존이익반환청구 및 갑 본인이 책임능력이 있을 경우에는 불법행위에 따른 손해배상청구도 가능하다. 이 경우에도 피고는 갑이 되지만 법정대리인이 대리하게 된다.

을·병 모두 갑의 부모에게 책임무능력자의 감독자에 대한 미성년자의 불법행위에 따른 손해배상청구(제755조)가 가능하나, 미성년자가 그 행위의 책임을 변별할 지능이 없을 때에 한한다(제753조).

사 례 1

갑 회사는 10층 아파트 1동을 건축하면서 공사자재 등을 쌓아 놓기 위해 인접토지소유자 을로부터 그 토지에 대한 일시 사용승낙을 받았다. 공사가 끝난 후 을이 자기 토지 상에 건물신축을 위한 설계 작업 도중, 위 아파트의 일부 및 정화조가 을의 토지를 침범하고 있는 것이 발견되었고, 그로 인해 을은 건물의 규모와 형태를 변경해야만 하는 상황이 벌어졌다. 을은 갑에게 침범부분 아파트 일부와 정화조를 철거하고, 그 부분 대지의 인도 등을 구하는 소송을 제기했다. 을의 권리행사에 갑은 어떻게 방어해야 하는가? 을의 청구가 허용되지 않을 경우 을은 어떻게 권리보호를 받을 수 있는가.

*을의 권원인 소유권에 기한 방해배제청구권은 인정됨을 전제로 한다.

사 례 2

한국전력공사는 송전선 설치를 위해 갑 소유 토지 일부에 대한 사용승낙을 받은 다음 송전탑을 세우고 갑의 토지를 통과하는 고압송전선을 가설했다.

갑은 위 토지를 사용하지 않고 있었기 때문에 송전선이 자기 소유토지 상을 지나는 것에 대하여 아무런 이의를 제기하지 않았다. 10여 년 후에 전원주택을 짓겠다는 을에게 위 토지를 매각했는데, 을은 송전선이 지나고 있다는 이유로 매각대금 조정을 요구해 시세보다 조금 싸게 팔았다.

그 후 을은 한국전력에게 송전선으로 인하여 토지사용에 많은 지장을 받고 있다며 보상을 요구하다가 여의치 않자 송전선 철거 등을 구하는 소송을 제기했다.

한전은 어떻게 방어할 수 있고, 을의 청구가 허용되지 않을 경우 을이 권리구제를 받을 수 있는 방법은 무엇인가.

*을의 권원인 소유권의 한 내용으로서 구분지상권이 침해되고 있는 것을 전제로 한다.

해 결

1. 논점의 정리

사안은 토지소유자가 그의 권리가 침해되고 있다면서 방해제거 및 권리회복을 요구하는 경우이다. 여기서 토지소유자는 물권적 청구권을 행사하고 있는 것이므로 우선 물권적 청구권의 의의·종류·성질·내용(소멸시효, 비용부담, 다른 청구권과의 관계) 등을 살펴보아야 할 것이나, 물권적 청구권은 인정되는 것을 전제로 하고 있으므로 이는 논점에서 제외하고, 과연 그 권리행사가 인용될 것인가, 인용되지 않는다면 어떤 근거로 배척되는 것인가, 배척될 경우 권리자의 다른 구제방법은 어떤 것이 있는가를 살펴보면 된다.

민법 제2조는 권리의 행사와 의무의 이행은 신의에 좇아 성실히 하여야 한다, 권리는 남용하지 못한다고 규정하고 있으므로 토지소유자의 권리행사를 저지하려면 이 규정을 원용하여 권리남용의 항변을 하는 것이 먼저이다. 결국 사안의 해결을 위해서는 권리남용에 대한 일반적인 법리를 살펴보고, 토지소유자의 권리행사가 권리남용이 되는지 여부와 그에 따른 소유자의 구제방법과 더불어 토지소유자의 권리행사를 저지하기 위한 상대방의 다른 항변수단을 알아보면 된다.

2. 권리남용의 법리

가. 권리남용의 연혁

1) 권리자유의 원칙

개인주의·자유주의에 기초한 근대사법에서는 권리행사의 자유가 기본원리였다. 이 시대에는 권리가 인정된다는 것은 대립하는 반대이익의 침해를 전제로 하는 것이므로 권리행사로 타인에게 손해를 주더라도 배상할 필요가 없었다.

2) 권리의 내재적 한계 인식

자본주의 고도화와 부의 불평등이 심화되면서 권리의 내재적 한계에 대한 인식을 갖게 되어, 권리의 근거는 사회적 승인에 있으며, 권리개념 자체에 사회성과 공공성이 내재하고 있는 것으로 파악하게 되었다. 따라서 외관상 적법한 권리행사라도 권리의 사회·경제적 목적 또는 사회적으로 허용되는 한계를 일탈한 것이면 보호받지 못하게 되었다.

3) 남용의 표식

어떠한 경우에 권리남용으로 볼 것인가에 관하여 초기에는 가해목적 중시에서 정당한 이익의 흠결, 권리의 사회적 기능 배반, 이익균형의 파괴 등 객관적 사정을 중시하는 것으로 변화해 왔다.

나. 권리남용의 요건

1) 권리행사 또는 불행사가 있을 것

권리남용에 해당하려면 권리의 행사라고 볼 수 있는 행위가 있어야 한다. 권리의 불행사가 권리남용이 될 수 있는가에 관하여는 학설판례가 이를 인정하고 있다. 그리하여 권리의 불성실한 불행사가 권리남용에 해당하면 권리자는 더 이상 권리를 행사할 수 없게 되는데 이를 실효의 원칙이라고 한다.

2) 객관적 요건

권리의 행사가 권리가 인정되는 사회적 이유에 반하여야 한다.

그 표식으로는 신의성실의 원칙, 공공복리, 공평의 이념, 사회의 윤리이념, 공서양속과 도의, 사회질서, 정의, 권리의 사회·경제적 목적 등을 들 수 있다.

그 유형으로는 정당한 이익이 없는 권리행사(독자 이용 가능성 없는 지목 도로인 4평 침범 건물철거), 부당한 이익의 획득을 위한 권리행사(건물철거를 요구하고 터무니없는 고가매수 요구하며 상대의 성실한 매수협의에 불응), 수인의 한도를 넘는 손해를 입히는 권리행사(장기간 학교부지로 이용하던 곳에 교실 건축, 건물 존재 사실 알고 토지매수, 건물가가 토지가 4배인 경우 남용인정이나, 4평토지 위 지상 건물가가 토지가보다 훨씬 높아 철거불이익이 더 크다 해도 남용 아니라고 하여 사인 간의 관계에서는 권리 우선), 친족 간의 부당한 권리행사(자가 명예회복을 위해 부에게 사죄광고요구, 자가 모와의 불화로 자신의 토지를 경작하는 모에게 손해배상청구) 등이 있다.

3) 주관적 요건

가해의사·가해목적이 필요한가에 관하여 민법은 객관적 요건만으로 인정하고 있고 학설도 이에 따르고 있으나, 판례는 다양하여 주관 또는 객관요건만 강조하거나, 양자 모두 요구하거나, 선택적으로 요구하기도 한다. 이는 현실적인 이유와 사회적 한계의 추상성에서 비롯한 것으로 가해의사가 있으면 남용을 인정하기가 용이할 것이다. 객관적 요건만으로는 사회질서에 반하지 않는다 해도 권리행사의 목적이 오로지 현재 토지를 이용하고 있는 자에게 고통이나 손해를 주는 데 그칠 뿐 소유자에게는 아무 이익이 없는 경우에는 인정하기도 하며, 주관적 요건은 권리자의 정당한 이익을 결여한 권리행사로 보이는 객관적 사정에 의하여 추인하기도 한다.[5]

4) 실효의 원칙

① 의 의

실효의 원칙이란 장기불행사로 더 이상 행사하지 않는다고 신뢰할 만한 정당한 기대를 가지게 된 경우에 새삼 권리행사를 허용하면 법질서 전체를 지배하는 신의성실원칙에 반하므로 허용하지 않는다는 것이다.[6]

② 요 건

실효의 원칙이 인정되려면 권리의 불행사 사실 외에 그로 인해 상대가 권리자가 권리를 행사하지 않을 것이라고 믿을 만한 정당한 이유가 있어야 한다.

장기간 불행사 사실만으로는 바로 그 후의 권리행사가 부당한 것으로 되지는 않고,[7] 뒤늦은 권리행사가 악의적인 것으로 평가되는 요소가 있어야 하는 것이다. 13년 동안 불행사한 경우도 한전이 불법점유 후 적법사용권 취득 노력을 하지 않았고 현재는 지목이 전이나 주위에 아파트·빌라 등 건축물이 있는 사정 고려해 철거를 인용한 사례가 있다.[8] 징계처분의 무효를 다투는 것이 다른 사례의 경과를 지켜보느라고 늦어진 경우 상대에게 권리를 행사하지 않을 것이라는 신뢰를 주었다고 볼 수 없어 장기간 불행사 후 행사했다 하더라도 신의 성실의 원칙에 반한 권리행사라고 볼 수 없다.[9]

종전 권리자의 불행사 사실은 후 권리자에 대한 고려 대상이 아니므로, 토지에

---

5) 대판 1998.6.26. 97다42823, 2003.2.14. 2002다62319, 2003.11.27. 2003다40422.
6) 대판 1994.6.28. 93다26212, 2004.3.26. 2001다72081.
7) 대판 2002.1.8. 2001다60019.
8) 대판 1996.5.14. 94다54283.
9) 대판 1990.8.28. 90다카9619.

대한 권리행사가 제한되고 있는 상태를 알고 소유권을 취득했다 해도 그 제한을 용인하였다고 할 수 없다.[10]

③ 실효가 되는 권리

실효의 원칙은 권리자가 권리를 포기하였을 것이라는 상대방의 신뢰를 보호하는 제도이기 때문에 인지청구권이나 항소권과 같은 소송법상 권리 등 포기할 수 없는 권리는 실효가 인정되지 않는다.[11]

5) 모순행위의 금지의 원칙(금반언의 원칙)

① 의 의

모순행위의 금지란 권리자의 행위가 종전의 행위와 모순되는 경우에 그 권리행사를 허용하지 않는 것을 말한다. 실효의 원칙이 권리의 불행사에 대한 상대방의 신뢰를 보호하는 것임에 반해 금반언의 원칙은 종전행위와 모순된 행위를 하지 않으리라는 상대방의 신뢰를 보호하는 것이다.

② 요 건

권리자의 모순된 행태가 있고, 그로 인한 상대방의 보호가치가 있는 신뢰가 있어야 하며 권리를 행사하는 것이 정의 관념에 비추어 용인할 수 없는 정도의 상태에 이르러야 한다.[12]

③ 사 례

토지에 대한 매매계약 후 토지사용을 승낙하여 건물을 신축하게 한 후, 매매계약 해제를 이유로 건물 철거를 요구하는 경우,[13] 점포별로 업종이 지정된 점포를 분양받거나 이를 양수한 다음, 지정된 업종과 다른 영업을 하는 경우,[14] 본인의 지위를 단독상속한 무권대리인이 무권대리행위의 추인을 거절하는 경우[15] 등이 있다.

---

10) 대판 1995.8.25. 94다27069.
11) 대판 2001.11.27. 2001므1353.
12) 대판 2001.7.13. 2000다5909.
13) 대판 1993.7.27. 93다20986.
14) 대판 2002.12.27. 2002다45284.

다. 권리남용의 효과

1) 권리행사가 허용되지 않는다.

권리남용으로 인정된 판결이 확정된 후에 다시 권리행사를 할 경우 기판력은 사실심 변론종결 기준이므로 판결확정 후 다시 권리행사 가능하고 소제기도 가능하나, 새로운 사정변경이 없는 한 소권남용이 될 것이다.

2) 불법행위 성립

권리남용으로 상대방에게 손해를 입힌 경우에는 불법행위가 성립한다. 형식적으로 권리행사라고 해도 사회적 관념과 권리의 감정으로서 허용할 수 없는 정도의 막대한 손해를 상대에게 입히거나 자신에겐 아무 이익이 없으면서 오로지 상대에게 고통과 손해를 입힐 목적으로 행사한 경우 권리행사라기보다 불법행위가 된다.[16]

3) 권리자의 구제

권리행사가 허용되지 않더라도 권리자는 침해자에게 부당이득(임료) 또는 손해배상(토지가치하락)의 청구를 할 수 있다.

3. 사례 1의 경우

가. 침해자의 방어방법

'사용허락 받았다, 권리남용이다.'라는 주장이 가능하다.

---

15) 대판 1994.9.27. 94다20617.
16) 대판 1964.7.14. 64아4.

나. 권리남용에 해당하는지 여부

이를 판단하기 위해서는 침해부분 철거한다면 10세대 사용불가 여부를 판단해야 한다. 분뇨탱크 이전가능 여부, 아파트 철거비용과 부분적인 수리로 사용가능 여부가 기준이 될 것이다.

또한 철거로 토지 소유자가 얻을 이익도 고려해야 한다. 찾는 부분이 없어도 나머지 토지의 이용가능 여부가 가해의사판단의 자료가 될 것이다.

사안의 경우는 고층 아파트를 철거할 경우의 불이익을 감안하면 권리남용으로 판단될 것이다. 단독주택이라면 다르게 판단될 수도 있다.

다. 권리자의 구제

1) 부당이득반환 청구

침해부분에 대한 임료상당 부당이득 청구가 가능하고 침해부분을 제외할 경우 나머지도 사용불가면 전체에 대하여 청구 가능하다. 부당이득반환범위에 관하여는 제201-203조의 특칙에 따라 선의 점유자는 사용이익인 점유과실을 취득하고 악의자는 반환해야 한다. 선의자라도 침해 사실 알았을 때부터는 사용이익을 반환해야 한다.

2) 불법행위 손해배상청구

갑의 점유에 과실이 있다 할 수 있으므로 을은 불법행위로 인한 손해배상을 청구할 수 있다. 손해는 통상손해인 나머지 토지가치하락분이 될 것이고 특별손해는 가해자가 알았거나 알 수 있었을 경우에만 청구할 수 있다(제393조). 사안은 명백하지 않으나 손해배상청구권의 시효문제(제766조)와 과실상계도 문제될 수 있다.

4. 사례 2의 경우

가. 한전의 방어방법

1) 장기간 이의 안 했으니 묵시 승낙한 것이라는 주장

그것만으론 안 된다는 것이 판례의 입장이다.

2) 장기불행사로 권리 실효되었다 주장

종전 권리자의 불행사 사실은 후 권리자에 대한 고려 대상이 아니고, 사안의 경우 토지를 새로운 용도로 사용할 필요가 생김에 따라 권리를 행사하게 된 것이어서 실효의 원칙이 적용되기는 어렵다.

3) 소유권행사제한을 용인했다는 주장

판례는 알고 취득했다 해도 소유권행사제한을 용인했다고 볼 수는 없어 권리행사가 신의성실에 반하지 않는다고 보므로 이 주장도 인용될 수 없다.

4) 시효취득 주장

사안의 경우는 점유기간이 모자란다.

나. 결론: 송전선 철거청구 인정될 가능성이 크다.

다. 철거가 인정되지 않을 경우에는 과거 및 향후의, 인정될 경우에도 과거의 점유분에 대하여 토지상공에 대한 구분지상권에 상응한 임료상당 부당이득반환청구가 가능하다. 특히 고압선의 경우 시설물과 지상 건조물의 법정 이격거리 제한으로 전체가 사용불능(전기사업법 - 수용 · 사용 규정)한 경우가 발생하면 이에 대한 손해배상청구도 가능하다.

대법원 1990.8.28. 선고 90다카9619 판결 【사원확인】

　권리의 행사는 신의에 좇아 성실히 하여야 하고 남용할 수가 없는 것이고, 특히 권리자가 장기간에 걸쳐 그의 권리를 행사하지 아니하여 의무자인 상대방으로서도 이제는 권리자가 그 권리를 행사하지 아니할 것으로 믿을 만한 정당한 사유를 갖게 되거나 행사하지 아니할 것으로 추인하게 되고 새삼스럽게 그 권리를 행사하는 것이 신의성실의 원칙에 반하는 결과가 될 때에는 이른바 실효의 법리에 따라 그 권리행사가 허용되지 않는다고 볼 것이나, 여기서 권리자가 그 권리를 행사하지 않은 것이 문제가 되는 것은 비록 권리자의 주관적인 동기가 고려되지 않는다 하더라도 그에게 권리행사의 기회가 있어서 이를 현실적으로 기대할 수가 있었음에도 불구하고 행사하지 않은 경우에 한하는 것인바(당원 1988.4.27. 선고 87누915 판결 참조), 이 사건을 원판결과 기록에 의하여 보면 원고는 위 조건부 징계해임결의의 통보를 받고 사직원을 제출한 후 소정의 퇴직금을 수령하였고, 당시 원고와 함께 유사한 비위사실로 징계처분을 받은 사람들 가운데 일부가 원심설 시와 같이 피고를 상대로 징계결의무효확인의 소를 제기하여 일부 승소한 사실이 있고 원고는 이를 알고서도 이 사건 징계결의의 무효를 주장하는 소를 제기하지 아니하다가 징계처분일로부터 10년 남짓 기간이 경과한 후에 이르러서야 이 사건 소송을 제기한 사실을 인정할 수 있으나, 원고가 위와 같이 퇴직금을 수령하였다 하여 이 사건 조건부 징계해임결의절차에 원고 주장의 하자가 있어서 그 결의 자체가 무효라는 것까지 알면서 이를 승인한 것으로 단정하기는 어렵고, 또한 그 후의 위 일련의 소송에서 원고와 같이 조건부 징계해임결의에 따라 사직원을 제출하여 의원면직으로 처리된 사람으로서 승소판결을 받은 사람은 한 사람도 없다가 1984년경부터 원고와 같은 경위로 의원면직처분을 받은 사람들이 소송을 제기하기 시작하였으나 하급심에서 승패가 엇갈리자 원고는 그 최종적인 결과에 관심을 가지고 있다가 1988.4.25일경에야 대법원의 상고기각판결로 소외인의 승소가 확정되자 이 사건 소를 제기하게 된 것이고, 한편 피고로서도 그동안 이 사건 징계처분의 효력을 다투는 소송이 잇달아 제기되어 왔고 그중 일부에 대하여는 피고가 패소판결을 받아 확정되는 등 사정이 있었던 것임을 알 수 있으므로, 이로써 보면 원고의 이 사건 권리행사의 지체가 그의 단순한 주관적인 동기에서 비롯된 것으로 보기 어렵고 상대방인 피고로서도 이제는 원고가 그의 권리를 행사하지 아니할 것이라고 신뢰할 정당한 사유가 있었다고 볼 수 없으니, 원고의 이 사건 권리행사가 신의성실에 반하여 그 권리가 실효되었다고 단정할 수는 없는 것이다.

대법원 1998.6.26. 선고 97다42823 판결 【소유권이전등기말소】

권리행사가 권리의 남용에 해당한다고 할 수 있으려면, 주관적으로 그 권리행사의 목적이 오직 상대방에게 고통을 주고 손해를 입히려는 데 있을 뿐, 행사하는 사람에게 아무런 이익이 없는 경우이어야 하고, 객관적으로는 그 권리행사가 사회질서에 위반된다고 볼 수 있어야 하는 것이며, 이와 같은 경우에 해당하지 않는 한 비록 그 권리의 행사에 의하여 권리행사자가 얻는 이익보다 상대방이 잃을 손해가 현저히 크다 하여도 그러한 사정만으로는 이를 권리남용이라 할 수 없다고 할 것이고(대법원 1986.7.22. 선고 85다카2307 판결, 1990.5.22. 선고 87다카1712 판결 등 참조), 다만 이러한 주관적 요건은 권리자의 정당한 이익을 결여한 권리행사로 보이는 객관적인 사정에 의하여 추인할 수 있다(대법원 1993.5.14. 선고 93다4366 판결 참조).

기록에 의하면, 같은 피고 소유의 이 사건 제1토지의 면적이 122㎡임에 대하여 원고 소유의 이 사건 임야는 60㎡에 불과하고 그 형상 자체가 통상적인 주택 등의 부지로 사용하기에 적절하지 아니하며, 이 사건 ㉮ 부분 지상에 있는 피고 소유의 건물부분이 철거될 경우 비용이 다소 소요되고 나머지 건물부분의 효용이 어느 정도 상실될 것으로 보이기는 하나, 한편 이 사건 임야는 도로폭 20m의 계획도로예 정지와 인접하여 있어 원고는 인접 토지의 소유자와 함께 건물을 신축할 예정에 있 는 점(기록 863면) 등에 비추어 볼 때, 위에서 본 바와 같은 사정만으로는 원고의 같은 피고에 대한 이 사건 건물철거청구의 목적이 오직 상대방에게 고통을 주고 손 해를 입히려는 데 있을 뿐, 행사하는 사람에게 아무런 이익이 없는 경우로서 권리 남용에 해당한다고는 볼 수 없으므로 같은 취지의 원심판단은 정당하고, 거기에 상 고이유에서 지적하는 바와 같은 권리남용에 관한 법리오해 등 위법이 있다고 할 수 없다. 같은 피고의 상고이유 중 이 점에 관한 부분은 받아들일 수 없다.

대법원 1994.6.28. 선고 93다26212 판결 【손해배상(기)】

실권 또는 실효의 법리는 신의성실의 원칙에 바탕을 둔 파생적인 원리로서 이는 본래 권리행사의 기회가 있음에도 불구하고 권리자가 장기간에 걸쳐 그 권리를 행 사하지 아니하였기 때문에 의무자인 상대방은 이미 그의 권리를 행사하지 아니할 것으로 믿을 만한 정당한 사유가 있게 되거나 행사하지 아니할 것으로 추인케 할 경우에 새삼스럽게 그 권리를 행사하는 것이 신의성실의 원칙에 반하는 결과가 될 때 그 권리행사를 허용하지 않는 것을 의미한다(당원 1988.4.27. 선고 87누915 판결; 1991.7.26. 선고 90다15488 판결 등 참조).

4 | 법인 대표권의 남용, 일탈

갑 법인의 대표이사 을은 사실은 자신의 주택구입자금으로 사용할 것이었으나 이를 감추고 법인의 이름으로 병으로부터 금원을 차용하여 자신의 주택구입자금으로 사용하였다. 변제기가 되어 병이 갑 법인에게 변제를 요구하였더니, 갑 법인은 금원 차용은 당 법인이 할 수 있는 일이 아니고, 차용사실조차 없다며 거절하여 알아보니, 을이 위와 같이 개인용도로 차용한 것이었다.

이 경우 병의 구제방법과 이를 막기 위한 갑의 방어방법 및 을의 책임관계를 논하라.

1. 논점의 정리

사안은 병의 갑 법인에 대한 대여행위의 효력이 문제되는 경우로, 병은 갑 법인의 대표이사인 을이 법인의 이름으로 차용하였으니 당연히 갑 법인에게 책임이 있다고 할 것이고, 갑 법인은 법인의 목적상 차용행위는 할 수 없다거나, 대표이사인 을이 권한을 남용한 것이라고 주장할 것이다.

병의 갑에 대한 대여금청구가 인용되기 위해서는 을의 행위가 갑에게 귀속되어야 하고, 그러기 위해서는 우선 을의 차용행위가 갑의 권리능력 및 행위능력 범위에 속하는지가 검토되어야 한다.

법인의 권리능력 및 행위능력 범위 내인 경우 을의 행위는 법인의 대표자로서 대표권을 남용한 배임행위이므로 대표권에 대한 일반론 및 대표권 남용이론과 관련하여 유효 여부를 검토해야 한다.

유효할 경우는 병의 청구가 인용될 것이나, 그렇지 않을 경우는 갑에 대한 이차적 구제수단으로 민법 제126조의 표현대리책임 또는 제35조의 불법행위책임의 성립 여부, 제756조의 사용자책임의 성립 여부와 관련한 갑과 병의 가능한 주장과 항변도 검토해야 한다.

끝으로 을의 개인책임과 관련하여 개인책임의 인정근거 및 갑과 을 양자의 책임의 상호관계를 밝혀 주면 된다.

2. 법인의 권리능력 및 행위능력

가. 권리능력과 행위능력의 범위

법인의 대표기관의 행위가 대외적으로 법인의 행위가 되기 위해서는 그 행위가 법인의 권리능력과 행위능력의 범위에 속하여야 한다. 민법 제34조는 법인은 법률의 규정에 좇아 정관으로 정한 목적의 범위 내에서 권리와 의무의 주체가 된다고 규정하고 있고 행위능력에 관하여는 따로 규정하고 있지 않으나, 법인은 권리능력의 범위 내에서 권리·의무를 취득하기 위한 모든 행위를 할 수 있다고 보아야 하므로 법인의 행위능력 범위는 권리능력의 범위와 일치한다고 보면 된다.[17]

권리능력의 범위에 관하여는 자연인의 천연적 성질을 전제로 하는 가족법상 권리, 생명권, 육체적 자유권 등의 주체가 될 수 없는 성질상 제한과 청산법인의 경우와 같이 법률에 의한 제한 외에 목적의 범위 내라는 제한이 있는데, 목적범위의 해석이 문제된다.

다수설은 목적에 위반하지 않는 범위 내라고 하여 넓게 해석하나,[18] 소수설은 목적달성에 필요한 범위 내로 좁게 해석한다.[19] 판례의 주류는 정관이나 법률에 명시된 목적에 국한하지 않고 목적을 수행하는 데 있어 직·간접으로 필요한 행위는 모두 포함한다고 하며,[20] 목적수행에 필요한지 여부도 행위의 객관적 성질에 따라 추상적으로 판단할 것이지 행위자의 주관적·구체적 의사에 따라 판단할 것이 아니라고 한다.[21]

나. 사안의 경우

어느 입장에 의하더라도 목적달성과 관련 여부는 행위의 객관적 성질에 따라 추상적으로 판단하게 되는데, 법인의 금원차용행위는 법인의 사업자금 조달이나 운영자금 조달의 차원에서 일상적으로 이루어지는 행위이므로 금원차용이 목적범위 외의 행위라는 갑의 항변은 받아들여지지 않을 것이다.

3. 법인의 대표권

가. 개 념

법인은 권리 주체이기는 하지만 스스로 행위를 할 수는 없으므로 대표자로 자연

---

17) 통설 곽윤직 민법총칙 209 등.
18) 곽윤직 민법총칙 208, 김증한·김학동 민법총칙 189.
19) 이영섭 신민법총칙강의 198.
20) 대판 1991.11.22. 91다8821, 2001.9.21. 2000그98.
21) 대판 1991.11.22. 91다8821.

인인 이사를 두고, 이사로 하여금 법인의 대외적인 업무집행을 하게 하는데, 이를 이사의 대표권이라고 한다. 대리는 본인과 대리인의 두 인격자 간의 이원적 관계로 대리인의 행위효과가 본인에게 미치나, 대표는 법인과 그 조직의 일부를 이루는 기관 사이의 사단법적 일원관계로 기관의 행위가 곧 법인의 행위가 되는 점에서 다르다. 다만 대표의 경우도 효과가 법인에 미치는 점에서는 동일하므로 민법은 대리규정을 준용하고 있다(제59조 제2항).

나. 방 식

대표행위는 본인을 위한 것임을 표시하고 행하는데(제115조), 법인의 명칭과 기관자격을 표시하면 된다. 학교장인 동시에 대표이사가 없는 학교법인의 이사인 경우 학교장 표시만 한 차용증서발행 시는 학교법인에 귀속된다고 보고, 회사의 대표이사가 회사명과 자신의 개인 인장만 날인한 어음발행 시 대표이사자격에서 발행한 것으로 본다.

다. 귀 속

법인의 사무는 이사가 집행하고(제58조), 이사는 법인의 사무에 관하여 각자가 대표하나(제59조), 정관·총회결의로 다르게 정할 수 있다. 이 경우에도 의사표시 수령은 각자 할 수 있는 것으로 보아야 한다(상법 제208조 제2항, 제389조).

라. 범 위

이사는 권리능력범위 내(제34조)의 사무집행을 위하여 필요한 재판상·재판 외의 모든 행위를 할 수 있다(상법 제209, 389조). 단 이해상반행위에 관하여는 법원이 선임한 특별대리인이 법인을 대표한다(제64조).

마. 제 한

이사의 대표권은 정관·주총결의로 제한할 수 있다(제41조). 다만 이를 등기하지 않은 경우에는 내부적 효력만 있고 외부적으로는 제3자에게 대항할 수 없다(제60조).

제3자의 범위에 관하여 선의의 제3자에게 한정되고, 따라서 등기되어 있지 않더라도 악의의 제3자에게 대항할 수 있다는 제한설[22]과 제3자의 선·악을 불문하고 따라서 악의의 제3자에게 대항하기 위해서도 대표권 제한이 등기되어 있어야 한다는 무제한설[23]이 있는데, 판례는 무제한설을 따르고 있다.[24]

어떤 내용의 제한도 등기하면 제3자에게 대항할 수 있는가에 관하여는 인정하는 것이 다수의 입장이나 거래안전상 등기할 수 있는 제한사항을 대표권의 유무나 공동대표관계에 한정해야 한다는 입장도 있다.[25]

바. 사안의 경우

이사가 금원차용행위를 할 수 없다는 제한을 정관이나 주주총회로 정하였고, 이를 등기했다면, 갑은 이를 항변하여 차용행위의 효력을 부인할 수 있을 것이나, 등기를 하지 않았다면 병이 악의라도 그 효력이 인정될 것이다.

4. 대표권의 남용과 일탈

가. 개 념

대표권의 남용은 대표권의 범위 내에서 권한 남용(사익추구)하는 것이고, 일탈은

---

22) 곽윤직 민법총칙 216, 김증한·김학동 민법총칙 204.
23) 양창수 민법연구 제1권 123-6.
24) 대판 1992.2.14. 91다24564.
25) 최기원 민법주해 제1권 682.

대표권의 범위를 초월하여 대표행위(권한 밖, 제한위반)를 하는 것을 말한다.

나. 남용의 대리행위 여부

이에 관하여는 규정이 없어 설이 대립하고 있다.

대리행위가 된다는 입장은 대리라는 것은 효과를 본인에게 귀속시키려는 것이므로 남용이라 할지라도 본인에게 효과를 귀속시키려는 의사가 있는 점에서는 대리와 다름이 없다고 본다. 이 경우 본인의 보호는 진의 아닌 의사표시(제107조)로 보아, 상대방이 알았거나 알 수 있었나의 관점에서 또는 신의칙에 의거 상대방이 알았거나 모르는 데 중과실 있나의 관점에서 해결한다.[26]

대리가 아니라는 입장은 대리는 본인의 이익을 위한 것인데 남용은 그렇지 않다는 것을 근거로 하고, 이 경우 상대방의 보호는 표현대리이론에 따라 믿은 데 정당한 사유가 있는가, 아니면 무권대리이론에 따라 해결한다.[27]

금원차용 시 주무관청의 인가를 받게 되어 있는 법인의 대표가 인가 없이 차용한 경우는 대표권 남용이 될 것이나, 이 경우의 인가는 법률행위의 특별효력요건이므로 무권대리나 표현대리법리를 적용할 수 없다. 이들 법리는 법률행위의 다른 요건은 다 갖추었는데 대리권 대표권이 없을 때 적용하는 법리이기 때문이다. 이 경우 법인에 대한 불법행위책임의 추궁은 가능하다.

다. 일 탈

당연히 대리행위가 아니고 무권대리가 되므로 법인이 추인하면 법인에게 효과가 있고, 아니면 대표자 개인이 상대에게 계약이행 또는 불법행위책임을 진다.

이 경우 표현대리에 해당하면 법인이 책임진다.

---

26) 곽윤직 민법총칙 465, 고상룡 민법총칙 558.
27) 김상용 민법총칙 637, 이영준 민법총칙 513.

라. 판례는 남용 일탈이 동시에 이루어지는 경우가 많으므로 따로 구분하지 않고 외견상 대표권범위 내의 행위인가에 따라 실질적으로 법인의 이해에 반하더라도 효과를 법인에 귀속시킨다는 것을 전제로, 구체적인 경우에 따른 타당성을 추구하고 있다. 학설도 어느 규정 적용할 것인가의 차이일 뿐 결과에는 차이가 없다. 민사판결에는 일일이 적용법규를 명시하지 않는다.

제107조 제1항을 유추적용하여 상대방이 알았거나 알 수 있었을 때에는 회사에 대하여 무효라거나,[28] 일응 회사의 행위로 유효하나 상대가 그 점을 알았거나 알 수 있었을 경우에는 그 효과를 주장하는 것이 신의칙에 반하므로 회사는 그 악의를 입증하여 효과를 부인할 수 있다는 판례가 있다.[29]

마. 사안의 경우

을의 차용행위는 법인의 목적법위 내의 행위로 평가될 것이므로 갑 법인으로서는 대표권 남용을 항변하고, 상대방인 병의 악의 또는 믿은 데 정당한 이유가 없음을 증명하여 책임을 면할 수 있을 것이나, 현실적으로는 증명이 어려울 것이고, 표현대리책임을 지게 될 것이다.

5. 법인의 불법행위책임(제35조)

가. 법인의 불법행위능력

민법은 법인의 불법행위능력을 인정하고 있는데 그 이론적 근거에 관하여는 법인

---

28) 대판 1987.11.10. 87다카1557.
29) 대판 1990.3.13. 89다카24360.

은 실체가 없는 것이므로 불법행위능력이 없고, 법규정은 정책적으로 타인의 행위에 대한 책임은 인정한 것이라고 보는 의제설과 법인은 기관을 통하여 행위를 할 수 있으므로 불법행위능력도 있고, 법규정은 당연한 것을 규정한 것이라고 보는 실제설이 있다. 의제설은 위 규정을 엄격하게 해석하고, 실제설은 폭넓게 해석한다. 오늘날 법인의 사회적 역할과 개인에게 미치는 영향을 감안하면 넓게 해석하는 것이 옳다. 위 규정은 모든 사법인과 공법인에 유추적용되고, 권리능력 없는 사단에도 적용된다.

나. 요 건

1) 법인의 이사 기타 대표자가 직무에 관하여 타인에게 손해를 가할 것

법인 대표기관의 행위가 있어야 한다. 대표기관에는 이사, 임시이사(제63조), 특별대리인(제64조), 청산인(제82조)이 있다. 피용인의 행위는 사용자책임이 문제되고, 대표권 없는 이사도 마찬가지이다. 학교장의 경우 학교는 권리·의무의 주체가 될 수 없고, 학교장은 법인의 대표가 아니므로 같다.

2) 직무에 관한 행위

외형상 직무행위로 볼 수 있어야 하는데 사회관념상 직무행위와 상당한 관련성을 가지는 행위를 포함한다. 학교법인대표자가 이사회결의와 주무관청의 허락 없이 금원을 차용하여 개인 소비한 경우 외형상 직무범위 내에 속하면 법인에게 책임이 있고,[30] 갑 회사 전무가 자신이 대표로 있는 계열회사 운영자금 마련을 위해 갑 회사 명의의 어음을 위조해 이를 담보로 맡기고 차용한 행위는 통상업무가 아니다.

대표기관의 행위는 법률행위·사실행위를 불문한다.

사실행위의 경우 많은 가해행위는 실제 기관 자신이 아닌 피용자에 의해 일어나는데, 이 경우 피용자의 행위는 기관의 수족으로 보아 기관 자신의 행위로 본다.

법률행위일 경우 법률행위 책임과의 경합 여부가 문제되는데, 법률행위책임(표현대리)만을 묻자는 입장, 표현대리책임을 우선 적용하는 입장, 선택 적용하는 입장이

---

30) 대판 1974.5.28 73다2014, 2004.2.27. 2003다15280.

있다. 입장에 따라 책임내용(손해액 또는 본래 채무이행)과 시효에서 차이가 있다.

3) 일반 불법행위 요건

민법 제750조의 일반 불법행위요건인 고의 또는 과실, 위법성, 위법행위와 손해 사이의 인과관계가 있어야 한다.

다. 사용자책임과의 관계

불법행위책임과 별도로 사용자책임을 인정할 수 있다는 설도 있으나, 법조경합에 해당한다고 보아 제35조만 적용하는 것이 다수설과 판례의 입장이다.[31]

라. 상대방의 귀책사유

사용자책임의 요건을 충족하는 경우에도 외형이론의 법리상 상대방이 악의나 중 과실이 있는 경우에는 제756조의 책임을 물을 수 없고,[32] 상대방이 악의인 경우에 는 제35조의 불법행위책임도 물을 수 없다.[33] 상대방이 중과실로 모른 경우의 제35 조 적용 여부는 판례가 아직 없으나 제756조의 경우와 같이 취급해야 할 것이다.

마. 사안의 경우

사안의 경우는 을의 차용행위가 유효한 것으로 될 것이어서 따로 불법행위가 성 립하지는 않을 것이다.

---

31) 대판 1978.3.14. 78다132.
32) 대판 1983.6.28. 83다카217.
33) 대판 1968.1.31. 67다2785.

6. 이사의 책임

가. 회사에 대한 책임

이사는 회사와 위임관계에 있으므로(제681조) 선량한 관리자의 주의의무가 있으므로 이를 해태한 경우에는 법인에 대하여 연대하여 책임이 있고(제65조), 이는 과실책임이다.

나. 제3자에 대한 책임

1) 법인의 불법행위가 성립하는 경우

민법 제35조 단서는 이사 개인은 책임을 면하지 못한다고 규정하고 있는데, 의제설 입장에 서면, 이 규정은 당연한 규정으로 이사의 행위가 법인의 행위로 되는 것은 아니므로 이사 자신이 책임을 지는 것은 당연하다고 보고, 실제설은 이사의 행위가 바로 법인의 행위가 되므로 이사 개인의 행위는 없는 것이 되나 상대방의 보호를 위한 정책적 특별규정으로 본다.

개인책임은 법인책임과는 부진정연대관계(별개원인 동일채무, 1인 사유 영향 없음, 구상관계 없음)에 있다.

2) 법인의 불법행위가 성립하지 않는 경우

상법에는 규정이 있으나(제401, 567조), 민법은 규정이 없으므로 불법행위 요건을 구비할 경우만 책임을 진다(제35조 단서). 목적범위 외의 행위(목적범위 외의 행위 중 직무에 관한 행위로 인정되지 않는 경우. 제34조)일 경우는 대표기관만 책임질 것이나, 그것이 법인의 조직과 신용을 이용하여 행해지는 경우는 타인에게 주는 손해가 크므로 그 행위가 의결을 거쳐 행해진 경우는 그에 찬성하거나 의결은 집행한 사원, 이사, 기타 대표자가 연대책임(부진정)을 진다(제35조 제2항)

7. 결 론

대표자 을의 차용행위는 형식적, 객관적으로 권한 내 대표권 행사로 볼 것이고, 따라서 효력은 법인에 미치고, 상대가 배임행위임을 알았거나 알 수 있었을 때에는 무효가 된다.

유효 시 대표자 을은 회사에 대해 불법행위에 따른 손해배상책임이 있다.

무효 시 법인 갑은 제35조에 따른 불법행위책임이 있고, 학설에 따른 표현대리책임도 가능하다. 대표자 을은 병에게 계약이행 또는 부당이득반환 또는 불법행위에 따른 손해배상책임이 있다. 상대방 병의 고의 시 불법원인 급여의 문제가 발생하고, 과실 시 불법행위에 따른 손해배상책임은 있으나 과실상계가 있을 것이다. 갑과 병의 불법행위책임은 부진정연대관계에 있다.

대법원 1978.3.14. 선고 78다132 판결【대여금】

원심은 갑 제1호증(등기부등본), 갑 제2호증의1(변론조서), 같은 2(김경희에 대한 증인신문조서), 갑 제3호증(화해조서)의 각 기재내용과 원심증인 이성희의 증언을 종합하여, 피고학교법인의 대표자였던 소외 김경희가 그 재직 당시 사립학교법 제16조, 제28조 소정의 학교법인 이사회의 결의나 감독관청의 허가를 받지 아니하고 1974.1.5.부터 1976.2.5.까지 사이에 54회에 걸쳐 합계금 2,260만 원을 원고로부터 차용하여 피고 법인이 경영하는 광주숙문중고등학교의 신축 또는 농장구입비 등 시설비로 사용하였다는 사실을 인정하고, 피고법인에게 사용자책임을 물어서 원고에게 손해를 배상할 것을 명하고 있다.

그러나 원심증인 이성희의 증언은 본 건 대차관계에 있어서는 이사회의 결의나 감독청의 허가 등 절차를 밟은 사실이 없고, 또 피고법인의 경리장부에 하나도 기재되어 있지 않아 그 사용처도 알 수 없다는 것으로서 이 증언은 본 건 대차관계 사실 자체까지도 이를 부정하는 취지라고 볼 여지가 없지 않아 원심의 위 사실인정을 긍인할 자료로 삼기 어렵고, 위 갑 제2호증의2는 피고법인의 대표자였던 소외 김경희에 대한 증인신문조서이지만 이에 의하더라도 막연히 1974.1.5.부터 1976.2.5.까지 간에 원고로부터 2,260만 원을 차용하였다고만 되어 있어 언제 얼마씩을 차용하였다는 것인지 구체적으로 밝혀지지 않고 있을 뿐만 아니라, 본 건과 같은 장기간에 걸친 많은 돈에 관하여 한 장의 증빙서류나 변제확보방법도 없이 거래가 계속되었다는 점에 얼른 납득이 가지 않고, 또 그 차용금에 관한 사용처에 관하여서도 구체적인 것은 모른다는 것으로서 이 차용행위가 과연 그 직무관계에 비롯된 것인가 하는 점도 명백지가 않으며, 위 이외의 원심거시의 증거들만으로서는 원심인정 사실에 별로 보탬이 되지 못한다.

그렇다면 원심으로서는 위에서 지적된 점에 관하여 더욱 상세히 심리하여 봤어야 옳았을 것이고, 다른 한편, 피고 법인의 대표자였던 위 소외 김경희에 의한 본 건 차용행위가 원심이 인정한 바와 같은 불법행위가 된다면 이는 민법 제35조에 의하여 피고법인 자체의 불법행위가 되는 것으로서, 비록 배상책임이 있다는 점에서는 같다 할지라도 민법 제756조 소정의 사용자의 배상책임과는 그 성질이 다르다고 할 것이므로 원심으로서는 이 점에 관하여서도 유의하였어야 마땅하다고 할 것이다.

대법원 1983.6.28. 선고 83다카217 판결 【대여금】

(1) 피용자의 불법행위가 외관상 사용자의 사무집행의 범위 내에 속하는 것으로 보이는 경우에 사용자는 민법 제756조에 의한 배상책임을 면할 수 없으나, 다만 피용자의 행위가 사용자의 사무집행행위에 해당하지 않음을 피해자 자신이 알았거나 또는 중대한 과실로 알지 못한 경우에는 사용자에 대하여 사용자책임을 물을 수 없다고 보아야 할 것이다.

원심판결 이유에 의하면 원심은 원고의 예비적 청구에 관하여 소외 1은 피고 조합의 조합장 직위에 있음을 기회로 피고 조합 지출역이던 소외 2와 공모하여 개인적 목적으로 원고로부터 금 10,000,000원을 차용하고 소외 2로 하여금 아무런 내부적 절차나 감독관청인 도지사의 승인절차를 거침이 없이 액면 금 10,000,000원, 발행일 1980.12.22. 지급인 청양군 농업협동조합, 발행인 피고 조합 지출역 소외 2 명의로 된 당좌수표 1매를 발행케 하여 이를 위 차용금에 대한 담보로 원고에게 교부한 사실을 인정한 후, 농촌근대화촉진법 제52조, 제23조, 제183조, 부칙 제9조 및 같은법시행령 제71조의 각 규정에 의하면 농지개량조합에서 예산 외 의무부담이 될 차입금 등 채무의 부담행위를 하려면 도지사의 승인을 얻도록 되어 있으므로 이러한 승인을 얻지 아니한 이 사건 수표발행은 피고 조합에 대한 관계에 있어서 효력이 없는 것이라고 판단하고, 위 소외인들이 피고에 대하여 효력이 없는 위와 같은 수표를 담보로 원고에게 제공함으로써 원고로 하여금 피고에게 담보책임 내지 보증책임을 물을 수 없게 된 손해를 가한 데에 대하여 위와 같은 수표발행 행위가 외관상 피고 조합의 사무집행에 해당함을 전제로 민법 제756조에 의한 피고의 사용자책임을 인정하고 있다.

(2) 그러나 기록에 의하면 원고는 신용대출 등을 사업목적으로 하는 신용금고로서 위와 같은 피고 농지개량조합의 채무부담에관한법률상 제한을 능히 알 수 있는 처지에 있다고 보일 뿐 아니라, 원심 확정사실과 기록에 의하면 위 수표는 소외 1이 개인적으로 원고로부터 차용한 10,000,000원에 대한 지급담보로 발행된 것인바, 개인이 신용금고로부터 차용하는 금원에 대하여 농지개량조합이 그 지급담보로 수표를 발행한다 함은 극히 이례에 속하는 일이라고 하겠으므로 특단의 사정이 없는 한 원고는 이 사건 수표발행이 적법하게 된 것이 아님을 알았거나 또는 알지 못하였다고 하여도 중대한 과실이 있는 것이라고 보지 않을 수 없다.

(3) 그럼에도 불구하고 원심이 위와 같은 점을 간과하여 피고의 사용자책임을 인정하였음은 민법상 사용자책임에 있어 그 사무집행의 범위에 관한 법리를 오해하고 심리를 다하지 아니한 위법이 있고 이는 소송촉진 등에 관한 특례법 제12조 제2항 소정의 파기사유에 해당하므로 이 점에 관한 논지는 이유가 있다.

5 | 이중매매

사 례

갑은 그의 소유토지를 을에게 5천만 원에 매도하고 계약금과 중도금을 수령했다. 그 후 인근지역의 개발붐에 따라 토지가격이 일억 원으로 상승하자 기왕의 계약이 있는 사정을 아는 병에게 토지를 일억 원에 매도하고 등기이전해 주었고, 병은 다시 이를 사정을 모르는 정에게 전매했다. 갑·을·병·정 간의 법률관계를 병이 단순 악의인 경우와 병이 갑에게 이중매매를 부추긴 경우로 나누어 검토하라.

해 결

1. 논점의 정리

사안은 갑의 이중매매행위가 있고 등기는 나중에 매수한 병을 거쳐 정에게 넘어가 있다. 이 경우 갑·을·병·정 사이의 법률관계는 갑·병 사이의 매매계약의 유효성 여부에 달려 있으므로 제2매매의 유효성 여부를 먼저 검토한 후 당사자 간의 관계를 살펴보면 된다.

이중매매행위의 유효성 여부가 문제되는 것은 제1매수인과의 약속을 위반한 것을 그대로 인정해 주는 것이 정의관념에 반하는 것이 아닌가의 문제가 있기 때문인데, 이에 관하여 민법은 제103조에서 선량한 풍속 기타 사회질서에 반한 사항을 내용으로 하는 법률행위는 무효라고 규정하고 있으므로 우선 이중매매행위가 반사회질서의 법률행위가 되는지 여부를 우선 검토해야 한다.

그다음에 유효하다고 할 경우 제1매수인의 구제방안으로 매도인 갑에 대한 채무불이행과 불법행위책임 추궁, 채권자취소권을 행사하여 제2매매행위를 취소시킬 수 있는지 여부를 보고, 병과 정에 대한 책임추궁의 여지를 보면 된다.

무효라고 할 경우에는 을은 급부를 어떻게 반환받을 수 있는가와 매도인 갑과 제2매수인 병에 대한 책임추궁 문제를 보고, 갑과 병 사이의 관계, 정의 구제방법을 알아봐야 한다.

2. 이중매매의 유효 여부

가. 물권변동의 형식주의와 자유경쟁

법률행위에 의한 물권변동은 등기해야 효력이 있으므로 등기 전에는 이중매매제한이 없고 이는 자유경쟁이나 채권의 상대성의 원리에도 부합하는 것이다. 그러나 이를 무제한적으로 인정할 경우에는 부당한 피해자가 발생할 수 있고, 민법은 이러한 경우를 대비하여 반사회질서행위를 무효로 보는 일반조항을 두고 있으므로 이중매매가 반사회질서행위에 해당하는지에 따른 검토를 위해 반사회질서행위 일반을 먼저 살펴볼 필요가 있다.

나. 반사회질서행위

1) 법규정

민법 제103조는 선량한 풍속 기타 사회질서에 반하는 법률행위는 무효라고 규정하고 있는데, 법률행위 적법 여부에 관한 강행법규를 모든 경우에 마련해 놓을 수 없으므로 일반조항을 둔 것이다.

이 규정이 정하는 내용은 근대민법 초기의 사적자치에 대한 소극적 제한 원리로 작동되다가, 권리의 공공성이 강조되는 오늘날은 공공복리의 실천원리로서 법률의 전 체계를 지배하는 지배이념으로 작동하고 있다.

선량한 풍속은 사회의 일반적인 도덕관념으로 모든 국민이 지켜야 할 최소한의 도덕률을 말하고 사회질서는 국가사회의 공공질서 내지 일반적 이익을 말하는데, 양자의 관계에 관하여는 사회질서가 상위개념이고 선량한 풍속은 한 예라는 설, 윤리개념과 공익개념으로 다르다는 설, 선량한 풍속을 유지하는 것은 국가 일반이익에 부합하고, 국가의 일반이익을 존중하는 것은 시대의 도덕관념에 부합하므로 구별 없이 사회적 타당성으로 이해하는 입장이 있다.

이 같은 설의 대립은 표현의 차이에 불과하고, 어떤 행위가 그에 해당하여 무효가 될 것인가, 즉 일반조항의 구체화는 법관의 몫이다. 반사회질서행위로서 무효 여부는 법률판단에 해당한다.

2) 요 건

① 법률행위의 내용이 선량한 풍속 기타 사회질서에 위반해야 한다.

행위의 중심목적이 위반한 경우로 첩계약이나 범죄약정 등을 들 수 있고, 행위의 중심목적 자체는 타당하나 부가된 사정이 타당하지 않은 경우로 영업양도계약에 부가하여 무기한 영업 금지, 과다한 위약금 약정, 혼인하면서 이혼하지 않는다는 약정, 범죄를 하거나 하지 않을 조건의 금원대여, 정당업무집행에 대한 뇌물약정, 증언의 대가로 과다한 금원지급 약정 등이 있다.

판례에 나타난 이중매매의 무효사례를 유형별로 보면, 행위태양 기준으로 볼 때

이중매매라는 사정만으로는 정의에 반한다고 볼 수 없으므로, 다른 사람에게 팔린 사정을 알고 다시 팔라고 한 것만으로는 무효라고 할 수 없다고 본 경우,[34] 중도금까지 건너간 경우 이중매매는 배임행위인데 이 배임행위에 적극 가담하거나 적극적으로 이중매도 요청한 경우 무효라고 본 경우,[35] 이중매도라는 사정을 모르는 상속인을 기만한 경우나[36] 궁박한 처지의 매도인에게 사후문제는 자신이 처리하겠다면서 매수한 경우[37]에는 무효라는 판례 등이 있다.

계약금만 지급한 상태에서 이중매매행위가 있는 경우는 해약권한이 있으므로 일반적으로는 무효 여부가 문제되지 않을 것이나 이때도 이중매수인이 적극 가담한 경우는 무효가 된다고 보아야 할 것이다.

이중매매의 목적물을 기준으로 볼 때 학교부지와 같이 객관적인 상태로 보아 타인이 양수하여 사용하고 있는 것을 제3자가 쉽게 알 수 있는 경우는 무효로 보고 있다.[38]

② 당사자의 인식이 있어야 한다.

법률행위 내용이 선량한 풍속 기타 사회질서위반에 대한 인식은 아니라도 그 기초사정에 대한 인식은 필요하다는 입장[39]과 법률행위의 내용 자체나 중심목적이 사회질서에 반할 경우는 당사자가 당연히 알고 있을 것이므로 따로 인식의 문제가 발생하지 않을 것이나, 당사자의 동기 또는 법률행위 당시의 객관적 사정이 사회질서에 반하는 경우에는 동기의 불법의 문제로 다루어야 한다는 입장이 있다.[40] 결국은 그 같은 사정을 당사자가 알았거나 알 수 있었는가의 문제로 귀착될 것이다.

동기의 불법은 동기의 착오와 마찬가지로 표시되어야 한다는 것이 다수설이다.

판례는 법률행위의 내용 자체는 반사회적인 것이 아니라 해도 법률적으로 이를 강제하거나 법률행위에 반사회질서적인 조건 또는 금전적인 대가가 결부됨으로써

---

34) 대판 1977.4.12. 75다1780.
35) 대판 1994.3.11. 93다55289.
36) 대판 1975.11.25. 75다1311.
37) 대판 1980.6.10. 80다569.
38) 대판 1969.11.25. 66다1565.
39) 이영준 민법총칙 210.
40) 지원림 민법강의 161.

반사회질서적인 성질을 띠게 되는 경우 및 표시되거나 상대방에게 알려진 법률행위의 동기가 반사회질서적인 경우에 제103조를 적용한다.[41]

③ 결정시점

법률행위 시가 기준이 될 것이나, 그 후 사정변경으로 계약이 선량한 풍속 기타 사회질서에 위반되게 되었고 그 결과 이행을 구하는 것이 신의칙에 반하는 경우는 이행거절이 가능하다.[42]

④ 증명책임

무효로 인하여 이익을 받을 자에게 반사회질서 해당 여부에 관한 증명책임이 있다.

3) 효 과

무효이고 이미 이행된 경우는 불법원인급여가 된다. 무효는 절대적 무효로 제3자에게 대항가능하고, 추인은 불가하다. 일부 무효인 경우도 있는데, 양도담보목적 소유권이전행위가 폭리로 무효라도 담보목적 범위 내 유효하고, 변호사 아닌 자가 자기비용으로 소송대리인 선임해 사건 처리해 주고 승소 시 대가를 받기로 한 경우, 대가약정은 무효이나 소송대리인 선임위임 부분은 유효하다.

3. 이중매매가 유효인 경우

판례에 따르면 병이 적극적으로 부추기지 않았다면 이중매매는 유효하다. 이 경우는 을의 구제 방안이 문제된다.

---

41) 대판 2001.2.9. 99다38613.
42) 같은 취지 대판 2001.11.9. 2001다44987.

가. 갑에 대한 책임 추궁

1) 이행불능에 따른 손해배상책임

갑의 귀책사유로 갑의 을에 대한 소유권이전의무가 이행불능되었으므로 을은 갑에게 손해배상청구가 가능하다. 이는 전보배상이 된다(제393조).

배상액 산정시기는 불능 시 기준이고, 그 후의 시가상승에 의한 손해는 특수사정이므로 채무자가 이를 예견했거나 예견할 수 있었을 때 청구 가능하다. 갑의 배상액은 받은 금액에 이자가 될 것이다.

2) 계약해제(제546조)

을은 계약을 해제하고 원상회복을 청구할 수 있다(제548조). 갑은 받은 금액에 이자를 붙여 반환해야 한다.

3) 대상청구권

이는 채무자가 목적물에 갈음하여 이익을 취한 경우 채권자가 그 이익을 청구할 수 있는 권리를 말하는데, 독일이나 프랑스 민법은 인정하고 있으나 우리 민법에는 규정이 없고, 학설과 판례상 인정되고 있다.[43]

대상청구의 요건은 급부가 후발적으로 불능이 되고, 채무자가 급부에 대신하는 이익을 얻어야 한다.

사안의 경우 갑의 이중매매로 을에 대한 소유권이전등기의무는 이행불능이 되었고, 갑은 토지매매대금 일억 원의 이익을 취득하였으므로, 을은 잔금 이행하고 갑이 얻은 이익인 일억 원의 청구가 가능하다.

4) 불법행위책임(제750조)

불법행위책임의 요건인 고의, 위법성, 인과관계, 손해발생과 관련, 사안의 경우 중

---

43) 김형배 채권총론 216, 대판 1994.12.9. 94다25025 등.

도금까지 수령하였으므로 배임행위인정에 무리가 없어 요건을 충족하므로 갑에게 손해배상책임추궁이 가능하다. 채무불이행책임과는 청구권 경합 관계에 있다.

5) 채권자취소권(제406조)

갑·병 간의 매매계약을 을이 채권자취소권을 행사하여 취소시킬 수 있나가 채권자취소권의 요건과 관련하여 문제된다.

채권자취소권을 행사하려면 다음의 요건을 갖추어야 한다.

① 채무자가 채권자를 해하는 법률행위를 해야 한다. 채권자를 해한다는 것은 채무자 무자력을 의미하는 것으로 보는 것이 통설·판례로, 이전등기청구권 같은 특정채권보전 위한 채권자취소권은 인정되지 않는다.[44]

② 채무자와 수익자, 전득자가 악의이어야 한다.

③ 채권자의 채권이 사해행위 시보다 먼저 발생해야 한다. 이전등기불능으로 인한 손해배상청구권은 사해행위 후에 발생이므로 이를 보전하기 위한 취소는 불가하다.[45]

사안의 경우는 ①, ②의 요건은 갖추었으나, 을의 갑에 대한 채권인 이전등기불능으로 인한 손해배상청구권이 이중매매로 인하여 발생한 것으로 사해행위 후에 발생한 것이어서 을의 채권자취소권행사는 불가능하다.

나. 병, 정의 경우

병의 경우 제3자에 의한 채권침해로 불법행위성립이 가능하나 이중매매는 자유경쟁의 소산으로 이중매매라는 것만으로는 정의에 반한다고 할 수 없다는 판례의 태도에 비추어 볼 때 제3자가 단순 악의인 경우는 위법성 없다고 보아야 하므로 불법행위책임을 물을 수는 없다.

정도 마찬가지다.

---

44) 대판 1965.1.26. 64다848, 1999.4.27. 98다56690.
45) 대판 2000.2.25. 99다53704.

4. 이중매매가 무효인 경우

가. 급부의 반환

1) 문제점

병이 갑의 배임행위에 적극 가담하였을 경우는 갑·병 간의 매매가 무효가 되고, 이 효력은 절대적이므로 정은 무권리자로부터 취득한 것이 되어 그의 소유권이전등기도 무효가 되므로 이중매매로 인한 급부를 반환받는 문제가 발생한다.

그런데 갑의 등기이전은 불법원인급여가 되므로 갑은 반환청구할 수 없고, 을은 소유권자가 아니므로 병이나 정 명의의 등기말소를 청구할 수도 없고, 갑의 등기말소청구권도 없으므로 그 권리에 대하여 채권자 대위권을 행사할 수도 없어, 급부의 회수를 위한 이론구성을 둘러싸고 논의가 있다.

2) 학 설

학설로는 반사회적 이중양도로 인한 급부는 불법원인급여로 반환청구할 수 없다는 입장46)과 선량한 풍속위반이 아닌 단순한 사회질서 위반은 불법원인급여가 아니라거나,47) 이중양도의 경우에는 적용이 없다48)는 식으로 불법원인급여규정의 적용범위를 제한하려는 입장과 반사회적행위가 아닌 사해행위로 보아 채권자취소권을 인정하자거나,49) 제1양수인의 채권을 침해한 불법행위로서 그 손해배상을 위하여 제2양수인은 이중양도가 있기 전의 상태로 원상회복시킬 의무를 부담한다고 보는 입장50)이 있다.

3) 판 례

판례는 원칙적으로는 반환청구할 수 없으나, 수익자의 불법성이 크고 급여자의

---

46) 곽윤직 민법총칙 220 등.
47) 송덕수 신민법강의 137.
48) 이영준 민법총칙 267.
49) 황적인 민법 3 170.
50) 윤진수 부동산의 이중양도와 원상회복.

불법성이 미약할 경우 인정하지 않으면 공평·신의칙에 반한다는 근거로 인정하고 있다.[51] 즉 판례는 채권자취소권을 인정하지 않고 있고,[52] 불법행위에 기한 손해배상으로 금전배상(제394조)을 원칙으로 하고 있으므로 법규정 또는 다른 의사표시가 있지 않은 한 불법행위에 대한 원상회복청구는 할 수 없다고 하고 있으나,[53] 이중양도의 경우는 아니나 수익자의 불법성이 크고 급여자의 불법성이 미약할 경우 급여반환청구를 인정하지 않으면 공평·신의칙에 반한다는 불법비교설을 택하고 있으므로 이를 불법원인급여규정 적용제한의 근거로 삼으면 될 것이다.

4) 채권자대위권의 행사

반환청구할 수 있다 할 경우 그 방법은 병 명의의 소유권이전등기를 말소시키는 것인데, 이는 을이 갑의 병에 대한 소유권이전등기말소청구권을 대위행사하는 형태로 이루어진다. 실제 소송에서는 을이 갑과 병을 피고로 하여 병에게 그 명의의 소유권이전등기의 말소를 구하고, 갑에게 소유권이전등기를 청구하는 형태가 된다.

대위행사를 위해서는 다음의 요건을 갖추어야 한다.

① 자기채권의 보전 필요성이 있어야 한다. 채무자의 무자력을 요하므로 특정채권보전을 위한 행사는 불가하나, 판례는 등기청구권, 임차인의 방해배제청구권 등 행사로 특정채권을 보전할 수 있는 경우에는 예외로 인정하고 있는데, 사안과 같은 이중매매의 경우를 해결하기 위한 예외이다.

② 채무자가 스스로 권리행사하지 않아야 한다.

③ 채권자 채권이 이행기에 있어야 한다. 예외적으로 보존행위나 재판상 대위 시 법원의 허가가 있으면 가능하다.

5) 채권자취소권의 행사

불법원인급여문제를 피해 가는 방법으로 채권자취소권의 행사를 생각할 수 있는

---

51) 대판 1993.12.10. 93다12947.
52) 대판 1999.4.27. 98다56690.
53) 대판 1997.3.28. 96다10638.

데, 무효인 법률행위를 취소할 수 있는가를 둘러싸고 설이 나뉘나 인정하는 것이 통설·판례이다.[54]

인정설은 무효인 법률행위도 법률적으로 무는 아니고 사해행위는 유효한 행위를 요건으로 하지 않는다, 재산은닉목적의 통정허위표시를 무효로 하는 것이나 사해행위취소는 공동담보보전이라는 같은 목적이므로 이에 유용한 때에는 채권자편의를 꾀하는 것이 타당하다는 것을 근거로 한다. 부정설은 무효인 행위는 취소할 수 없는 것이므로 허위표시가 예외적으로 유효로 될 경우에 한하여 채권자취소 대상이 된다고 본다.

나. 을의 갑, 병에 대한 불법행위책임 추궁이 가능하나, 거래의 목적을 달성할 수 있으므로 실제 문제되는 경우는 없을 것이다.

다. 병의 갑에 대한 대금 반환청구는 불법원인급여에 해당하여 인정되지 않는다.

라. 정은 갑과 병 사이의 매매계약이 무효이므로 무권리자인 병과 매매계약을 한 셈이 되어 소유권을 취득하지 못한다. 구제 방안으로는 제570조의 담보책임을 물어 병에게 계약해제하고, 원상회복으로서 매매대금 및 이자의 반환을 청구할 수 있고, 손해가 있으면 손해배상(이행이익)청구도 가능하다.

병 명의의 등기를 신뢰하여 거래한 것이므로 제108조 제2항을 유추적용하여 선의의 정을 보호하자는 견해가 있을 수 있으나 우리 법제는 등기의 공신력을 인정하지 않으므로 인정될 수 없다.

---

54) 곽윤직 민법총칙 407, 대판 1984.7.24. 84다카68, 1998.2.27. 97다50985.

대법원 1992.5.12. 선고 92다4581, 92다4598 판결 【손해배상(기)】

기록에 의하면 원고는 원심 제1차 변론기일에 진술한 1991.9.4일자 준비서면에서 주위적으로 이행불능 당시의 시가상당액에 의한 전보배상을 구하고 예비적으로 이 사건 토지가 수용됨으로써 그 보상금을 피고가 수령하였음을 이유로 그 금원의 지급을 구하고 있는바, 위 예비적 청구는 피고가 이 사건 토지에 대한 소유권이전등기의무의 이행불능을 발생케 한 원인인 토지수용으로 인하여 이 사건 토지의 대상인 보상금을 취득하였음을 이유로 그 보상금의 지급을 구하는 것으로서 이른바 대상청구권을 행사하는 취지라고 볼 수 있으므로, 같은 취지로 판단한 원심판결은 정당하고 소론과 같이 처분권주의에 위반한 위법이 없다.

우리 민법에는 이행불능의 효과로서 채권자의 전보배상청구권과 계약해제권 외에 별도로 대상청구권을 규정하고 있지 않으나 해석상 대상청구권을 부정할 이유가 없으며, 대상청구권을 인정하는 것이 공공용지의취득및손실보상에관한특례법에 저촉되고 당사자의 의사해석에도 반한다는 소론은 독자적 견해에 불과하여 받아들일 수 없다.

대법원 1999.4.27. 선고 98다56690 판결
【소유권이전등기말소 등】

채권자취소권에 의하여 보호될 수 있는 채권은 원칙적으로 사해행위라고 볼 수 있는 행위가 행하여지기 전에 발생된 것임을 요하나, 그 사해행위 당시에 이미 채권 성립의 기초가 되는 법률관계가 발생되어 있고, 가까운 장래에 그 법률관계에 기하여 채권이 성립되리라는 점에 대한 고도의 개연성이 있으며, 실제로 가까운 장래에 그 개연성이 현실화되어 채권이 성립된 경우에는, 그 채권도 채권자취소권의 피보전채권이 될 수 있다고 할 것이지만(대법원 1995.11.28. 선고 95다27905 판결 등 참조), 부동산을 양도받아 소유권이전등기청구권을 가지고 있는 자가 양도인이 제3자에게 이를 이중으로 양도하여 소유권이전등기를 경료하여 줌으로써 취득하는 부동산 가액 상당의 손해배상채권은 이중양도행위에 대한 사해행위취소권을 행사할 수 있는 위와 같은 피보전채권에 해당한다고 할 수 없다고 할 것이다. 또한 채권자취소권을 특정물에 대한 소유권이전등기청구권을 보전하기 위하여 행사하는 것은 허용되지 않으므로 부동산의 제1양수인은 자신의 소유권이전등기청구권 보전을 위하여 양도인과 제3자 사이에서 이루어진 이중양도행위에 대하여 채권자취소권을 행사할 수 없다고 할 것이다(대법원 1995.2.10. 선고 94다2534 판결, 1996.9.20. 선고 95다1965 판결 등 참조).

대법원 2000.2.25. 선고 99다53704 판결 【사해행위취소 등】

채권자취소권에 의하여 보호될 수 있는 채권은 원칙적으로 사해행위라고 볼 수 있는 행위가 행하여지기 전에 발생된 것임을 요하나, 그 사해행위 당시에 이미 채권 성립의 기초가 되는 법률관계가 발생되어 있고, 가까운 장래에 그 법률관계에 기하여 채권이 성립되리라는 점에 대한 고도의 개연성이 있으며, 실제로 가까운 장래에 그 개연성이 현실화되어 채권이 성립된 경우에는 그 채권도 채권자취소권의 피보전채권이 될 수 있다고 전제하고 나서, 원고의 보증채무 이행으로 인한 구상금채권은 이 사건 증여 당시에는 아직 발생하지 아니하였으나 그 기초가 되는 신용보증약정은 이미 체결되어 있었고, 위 증여계약이 체결된 시점은 소외 회사의 부도일 불과 한 달 이전으로서 당시 이미 소외 회사의 재정상태가 악화되어 가까운 장래에 구상금채권이 성립되리라는 점에 대한 고도의 개연성도 있었으며, 실제로 그로부터 불과 한 달여 만에 소외 회사의 부도가 발생함으로써 그 개연성이 현실화되어 구상금채권이 성립하였으니, 원고의 위 구상금채권도 채권자취소권의 피보전채권이 될 수 있다고 판단하고 있다.

기록에 비추어 살펴보면, 원심의 위와 같은 사실인정과 판단은 수긍이 가고, 거기에 상고이유에서 지적하는 바와 같이 채증법칙을 위배하여 판결 결과에 영향을 미친 위법이 없다. 이 점에 관한 상고이유도 받아들일 수 없다.

대법원 1984.7.24. 선고 84다카68 판결【소유권이전등기 등】

1. 원심판결은 그 이유에서 원고는 소외 1에게 1981.12.12. 돈 30,000,000원 그달 2,825,000,000원 등 합계 돈 55,000,000원을 대여한 바 있었던 사실 및 소외 1은 장차 원고에 대한 위 차용금채무의 집행을 면탈하기 위하여 그의 전 재산이었던 이 사건 부동산을 은닉할 것을 그의 처였던 피고와 통모한 후 당시로서는 그녀와 동거하고 있음으로써 진실로 이혼하지 않았음에도 이혼한 것처럼 가장하여 1982.1.8일자로 협의이혼신고를 하고 이어 이 사건 제1, 2목록 기재 부동산에 관하여는 같은 날의 매매 등 제3 내지 6목록기재 부동산에 관하여는 그해 2.8일자 매매를 원인으로 하여 이 사건 각 소유권이전등기를 경료한 사실을 인정하고 그렇다면 피고와 소외 1은 그들 사이에 맺은 위 각 부동산에 관한 위 각 매매는 소외 1의 채권자인 원고 등을 해함을 알면서 소외 1의 일반재산을 감소시키는 이른바, 사해행위를 하였다 할 것이고 따라서 그 각 매매는 취소되어야 하며 그에 따른 원상회복으로서 피고는 위 각 부동산에 관한 그 명의의 위 각 소유권이전등기를 말소할 의무를 면치 못한다 할 것이라고 판시하였다.

2. 기록에 의하여 검토하건대, 위 원심 인정한 바와 같은 소외 1에 대한 원고의 대여금 채권을 수긍 못 할 바 아니며 소론이 들고 있는 증거들이 동 사실인정에 저촉된다고도 할 수 없는 바이니 이 점에 관한 채증법칙 위배를 들고 있는 소론은 채택할 바 못 된다.

3. 그러나 원심의용의 전 증거에 의하여도 소외 1이 위 채무집행을 면탈하기 위하여 피고와 통모하여 허위로 협의 이혼하고 이 사건 재산을 피고에게 소유권이전

등기를 하였다고 확인할 수 없다. 오히려 원심이 배척하지 아니한 제1심증인 이경필 원심증인 김경란의 각 증언을 종합하면, 소외 1은 여자관계가 복잡하여 그로 인하여 그 처였던 피고 사이에 가정불화가 자주 나고 피고는 소외 1로부터 폭행을 당하는 등 가정생활이 파탄하게 되어 끝내 이혼하게 되어 소외 1은 한시택시와 생맥주홀 경영권 등 약 금 60,000,000원 상당의 것을 가지며 피고에게는 이 사건 재산을 분여하기로 하여 1982.1월경 협의이혼이 성립되고 피고는 그 후인 같은 해 9월경부터 소외 2와 동거하고 있는 점은 수긍되는데 원심은 위 인정사실에 반대되는 이런 증거들에 대한 판단을 아니 하고 있다. 그렇다면 원심의 위 조치는 채증법칙에 위반되고 또 증거판단을 아니한 위법이 있다고 아니할 수 없다.

4. 통정에 의한 허위표시행위가 채권자취소권의 대상이 되는 점은 원 판시와 같으나 위에서 본 바와 같이 소외 1의 피고에 대한 재산분여행위가 통정에 의한 행위에 해당되지 아니하여 그것을 채권자인 원고를 해하는 소위 사해행위로 보려면 이혼에 따른 재산분여행위가 상당 정도를 넘는 과대한 것인지 그리고 소외 1의 잔유재산과 원고의 채권액을 비교하여 그 채권자취소권의 범위를 확정하여야 할 것임에도 불구하고 원심은 이에 대한 심리를 한 흔적을 찾아볼 수 없으니 여기에는 사해행위에 관한 법리오해로 심리를 다하지 아니한 위법이 있다고 할 것이다.

6 | 통정허위표시

사 례

갑은 채권자 A의 강제집행을 면하기 위해 친구인 을과 상의하여 자기의 유일한 재산인 집을 을 앞으로 해두기로 하고, 허위로 매매계약서를 작성한 다음 을 앞으로 소유권이전등기를 했다. 그런데 을은 이 사정을 모르는 병에게 그 집을 매도하여 현재는 병 앞으로 등기가 되어 있다.

이 경우 갑과 A의 구제 방법은 무엇인가?

해 결

1. 논점의 정리

사안은 과연 병이 소유권을 취득할 수 있는가에 따라 결론이 달라질 것이다.

두 사람이 짜고 진의와 다른 의사표시(통정허위표시: 민법 제108조)를 하여 가장행위를 한 것에 대한 법률적 평가와 관련 당사자들에 대한 효과를 검토하는 것이 사안의 논점이다.

2. 통정허위표시의 요건

가. 의사표시가 있을 것

사회관념상 의사표시로 인정될 수 있는 외관이 있으면 된다. 합의 외에 물건의 인도 기타 급부를 해야 성립하는 요물계약의 경우(현상광고, 대물변제) 목적물의 인도도 필요한가에 관하여는 부정하는 것이 통설이다.

나. 의사와 표시가 불일치할 것

표시상의 효과의사에 대응하는 내심의 효과의사가 존재하지 않는 경우를 말한다.

당사자가 법률행위에 관한 증서에 약간의 사실적 사항을 다르게 기재한 경우(예컨대 계약체결일자를 소급기재한 것 등)는 그 행위 자체가 진정으로 의도되는 한 허위표시는 아니다. 매도인을 다르게 기재하는 경우(중고차 상인이 절세를 위해 자신이 매도인이면서 전 소유자를 매도인으로 기재)는 가장행위설, 유효설, 매수인이 이 사실을 알고 있을 경우만 가장매매설(독일) 등이 있다.

법률행위의 일부를 가장한 경우(매매계약의 객체나 대금을 실제와 다르게 기재)는 일부무효법리(제137조)에 따를 것이다.

신탁행위의 경우 외형상 소유권을 이전하려는 의사가 존재하므로 유효하다.

은닉행위(증여의사로 매매가장)는 가장된 행위는 무효라도 은닉행위로 유효하다.[55]

허수아비행위(자신의 이름으로 행위하나 배후에 있는 실질적인 행위 주체의 계산과 이익으로 행위하는 간접대리)는 허수아비가 권리를 취득하고 의무를 부담하므로

---

55) 대판 1993.8.28. 93다12930.

허위표시가 아니고, 따라서 가장행위가 아니어서 유효하다.

사해행위 예컨대 강제집행 면할 의사로 타에 증여한 경우 증여를 진정으로 의욕했다면 그 의도는 비난당할지라도 가장행위는 아니고, 사해행위로서 채권자취소권 (제406조)의 대상이 된다.

다. 표의자가 의사와 표시의 불일치를 알고 있을 것

이 점에서 비진의표시와 같고 착오와 다르다.

라. 상대방과의 통정이 있을 것

상대방이 알고 있는 것만으로는 부족하고 상대방과 사이에 합의가 있어야 한다. 상대가 여럿일 경우는 모두와 합의가 필요하다. 대리인도 가능하나. 대리인과 통정한 상대가 본인에게 무효 주장하는 것은 신의칙상 안 될 것이다.

마. 증명책임

의사표시의 존재는 표의자, 그 외 요건은 무효 주장자가 증명해야 한다. 입증의 현실적 어려움 때문에 일정 정도의 간접사실이나 보조사실을 입증하면 허위표시 인정할 필요가 있다. 아무런 대가 없이 전 재산을 처 또는 미성년 아들에게 때를 같이하여 매매 형식 소유권이전, 동거하는 부부 사이에 부동산을 매매, 세금 납부실적 없는 사위에게 매도하고 자금출처를 명백히 못 하는 경우 등은 가장행위임을 추정한 판례가 있다.[56]

바. 본 사안의 경우 증명 여부에 달렸으나 요건 충족이 가능할 것이다.

---

56) 대판 1963.11.28. 63다493, 1978.4.25. 78다226, 1965.5.31. 65다623.

3. 효 과

가. 당사자 사이의 효과

1) 무 효

허위표시는 당사자 사이에서는 언제나 무효이다. 선의 제3자에게 대항할 수 없는 경우도 마찬가지이다. 이에 기한 채무가 이행되지 않았으면 이행할 필요가 없고, 이행되었으면 부당이득으로 반환해야 한다. 물권행위 유인론에 따르면 소유권이 이전된 것이 아니므로 소유물반환청구권을 행사하고, 무인론에 따르면 부당이득반환청구권을 행사하게 되나 등기회복을 구하는 점에는 차이가 없다.

이 무효는 누구나 주장할 수 있으나 앞서 본 바와 같이 대리인과 통정한 상대방은 안 될 것이다.

2) 불법원인급여(제746조)

허위표시의 무효는 의사와 표시가 일치하지 않기 때문이지 허위표시 자체가 불법은 아니므로 제746조의 적용여지는 없다. 강제집행면탈 목적의 계약이라도 제746조 적용되지 않는다.[57]

3) 채권자취소대상 여부

가장행위가 사해행위 요건도 갖춘 경우 무효인 법률행위를 취소할 수 있는가에 관하여는 설이 대립하나 인정하는 것이 통설·판례이다.[58]

인정설은 무효인 법률행위도 법률적으로 무는 아니고 사해행위는 유효한 행위를 요건으로 하지 않는다, 재산은닉목적의 통정허위표시를 무효로 하는 것이나 사해행위취소는 공동담보보전이라는 같은 목적이므로 이에 유용한 때에는 채권자편의를 꾀하는 것이 타당하다는 것을 근거로 한다. 부정설은 무효인 행위는 취소할 수 없

---

57) 대판 2004.5.28. 2003다70041.
58) 곽윤직 『민법총칙』, p.406

는 것이므로 허위표시가 예외적으로 유효로 될 경우에 한하여 채권자취소 대상이 된다고 본다.[59]

4) 철 회

가능하나 선의 제3자에게 대항하지 못한다고 보아야 한다. 여기의 제3자는 철회 후 외형 제거 전에 새로운 이해관계를 맺은 자도 포함한다.

나. 제3자에 대한 효과

1) 허위표시 무효는 상대적 무효로서 선의의 제3자에게 대항하지 못한다.

2) 선 의

문제된 행위가 허위표시임을 모르는 것으로 추정되므로 악의 주장자가 증명해야 한다는 것이 다수설·판례이다.[60] 이에 대하여 등기경우는 추정되므로 가능하나 다른 경우까지 확장하는 것은 조문형식에는 안 맞는다는 소수설이 있다. 무과실은 요건이 아니다. 선의 시기는 이해관계 맺은 때이다.

전득자가 악의인 경우에 전득자는 선의 제3자의 권리를 양수하므로 선악불문 보호하자는 것이 다수설이다. 그렇게 하지 않으면 악의 전득자가 반환당한 후 선의 제3자에게 담보책임을 추궁하면 선의 제3자가 보호받지 못하는 모순이 있다.

3) 제3자

일반적으로 당사자와 그 포괄승계인 이외의 자를 말하나 제108조 제2항에서 말하는 제3자는 허위표시행위를 기초로 외형상 형성된 법률관계를 토대로 실질적으로 새로운 법률상 이해관계를 맺은 자에 한한다.[61] 허위표시행위를 유효하다고 믿고

---

59) 김증한·김학동 채권총론 151-2.
60) 대판 1970.9.29. 70다466.
61) 대판 2003.3.28. 2002다72125.

거래한 제3자를 보호하기 위한 규정이기 때문이다. 허위표시 당사자의 상대방 및 그 전득자가 제3자가 될 것이다. 가장매수인으로부터 매수, 저당권 설정, 가등기 취득한 자, 가장매매 대금채권 양수인 등이다. 권리공시방법이 필요한 경우 공시방법(등기, 채권양도 대항요건)을 갖추어야 한다. 독립한 새로운 이해관계가 아닌 경우 예컨대 주식 가장양도에서 회사(무효니까 다시 명의개서해 달라), 채권 가장양도에서 채무자,[62] 가장채권 양수인으로부터 추심목적으로 채권양수받은 자 등은 제3자가 아니다.

제3자에 해당한다는 사실은 제3자가 주장·증명하여야 한다.

4) 대항하지 못한다

이는 허위표시의 무효를 주장하지 못한다는 것이다. 선의 제3자가 스스로 무효를 주장할 수 있나에 관하여는 설대립이나 자신의 행위에 대해 사후적으로 유무효 선택권을 주는 것은 문제가 있다.

4. 사안의 경우

가. 선의인 병은 유효하게 소유권을 취득한다.

나. 갑의 구제

갑은 을에게 부당이득반환청구가 가능하다. 불법원인 급여는 아니기 때문이다. 부당이득은 원물반환 원칙이나 불능이므로 가액을 반환하게 될 것이다. 내부약정 위반 또는 불법행위를 이유로 손해배상청구권 행사가 가능하다.

---

62) 대판 1983.1.18. 82다594.

다. A의 구제

갑의 채권자 A로서는 자신의 고유권리(채권자취소권, 불법행위 손해배상청구권)로 또는 갑의 권리(을에 대한 손해배상청구권, 부당이득반환청구권)를 대위행사하는 방식으로 권리 구제받을 수 있다.

채권자취소권의 요건은 <재산권 목적 행위, 채무자 무자력, 보전채권이 금전채권, 채무자 및 수익자, 전득자의 악의>이므로, 악의인 을에게만 행사가 가능하여, 을을 피고로 사해행위 취소하고 가옥반환에 갈음한 가액반환청구를 하면 된다.

불법행위 요건 구비 시는 갑, 을을 상대로 손해배상청구가 가능하다.

갑의 을에 대한 부당이득반환청구권 또는 손해배상청구권의 대위행사는 을은 갑에게 금 OOO원을 지급하고, 갑은 을에게 금 OOO원을 지급하라는 방식으로 이루어질 것이나, 갑을 배제하고 직접 자기(A)에게 지급할 것을 청구할 수도 있고,[63] 이 경우 자기채권이 변제기에 도달하지 않았으면 받은 금원을 갑에게 교부해야 하고, 변제기에 도달해있으면 상계처리하여 사실상 우선 변제 받을 수 있다. 갑이 배제된 경우에 갑이 소제기 사실을 알고 있으면 판결의 효력이 갑에게 미친다.[64]

---

63) 대판 1962.1.11. 4294민상195
64) 대판 1975.5.13. 74다1664

7 | 착오 및 사기에 의한 의사표시

사 례

갑은 공장신축을 목적으로 을 소유의 토지를 매수하려 했으나, 그 토지가 개발제한구역으로 묶여 있어 공장신축이 불가능함을 알게 되어 포기하려 했다. 그러자 을은 관계공무원에게 확인해 보니 조만간 개발제한이 해제될 것이라고 했다며 매수를 권했고, 갑은 이를 믿고 대금을 지급하고 등기이전을 받았다. 그러나 일 년이 넘도록 제한이 해제되지 않고 있다.

관계공무원이 그런 말을 한 사실이 있는 경우와 그런 사실이 없는 경우로 나누어 갑이 취할 수 있는 조치를 논하라.

해 결

1. 논점의 정리

사안의 경우 공장을 지을 수 있을 것으로 알고 토지를 구입한 것인데, 공장을 지

79

을 수 없게 되었으므로 착오에 의한 의사표시가 있는 것이 된다. 그 같은 착오가 있게 된 것은 토지소유자의 말을 믿었기 때문인데, 관계공무원이 개발제한이 곧 풀린다는 말은 한 사실이 없는데도 토지소유자가 지어낸 말이라면 사기에 의한 의사표시가 될 것이다. 민법 109조와 110조의 착오 및 사기에 의사표시의 요건과 효과를 논하되, 사안의 경우 법령상 제한이 풀릴 것이라고 믿은 것은 구입의 동기가 되므로 동기의 착오와 관련된 문제를 따져 주어야 할 것이다.

그다음에 착오 또는 사기를 이유로 의사표시가 취소될 경우 그 효과로서 매매대금과 토지의 반환관계와 손해배상 및 하자담보책임 문제를 살펴보면 된다.

2. 착오에 의한 의사표시

가. 사안과 법규정

관계공무원이 그런 말을 한 사실이 있는 경우에는 착오가 문제가 된다. 민법 제109조는 착오에 의한 의사표시는 착오부분이 법률행위 내용의 중요한 부분이고, 착오가 있게 된 것에 표의자의 중대한 과실이 없을 경우에 한하여 취소할 수 있는 것으로 규정하고 있다.

나. 착오의 개념

착오라 함은 객관적 사실에 대한 인식에 잘못이 있는 것이고, 착오에 의한 의사표시에 관하여 통설은 표시상의 효과의사와 내심의 효과의사가 일치하지 않고 그 일치하지 않는 사실을 표의자가 모르는 경우를 말한다고 보고, 동기는 표시된 경우에만 착오를 인정한다. 소수설은 표의자가 모르고 잘못된 인식 판단을 하고 이에 따라 의사표시를 한 경우를 말한다고 보고, 동기도 표시를 불문하고 착오를 인정한다.

다. 착오의 종류

1) 표시상의 착오
표시행위 자체를 잘못하는 경우를 말한다(오기, 오담).

2) 내용의 착오
표시하려는 바를 표시했지만 표시의 의미를 오해한 경우를 말한다.

3) 동기의 착오
표시에 대응하는 내심의 의사가 있지만 내심의 의사를 결정할 때의 동기 내지 내심의 의사를 결정하는 과정에 착오가 있는 경우를 말한다.

라. 취소요건

1) 의사표시 및 착오의 존재
착오의 존재 여부 판단 시점은 의사표시 당시를 기준으로 한다.
착오의 대상은 현재 및 장래의 불확실한 사실을 포함한다.
대리인에 의한 착오는 대리인을 기준으로 판단한다.

2) 법률행위 내용의 착오
법률행위의 내용이란 법률행위를 통하여 발생시키려고 하는 법률효과를 말한다. 법률행위의 내용에는 당사자에 관한 것(사람의 동일성, 직업, 경력, 자산상태 등), 목적물에 관한 것(동일성, 성상, 내력, 수량, 가격), 법률행위의 성질(임대차를 사용대차로, 연대보증을 일반보증으로)에 관한 것 등이 있다.

3) 동기의 착오
법률행위를 하게 된 동기는 표의자의 내심의 문제로 성격상 법률행위의 내용이 되는 것이 아니고, 상대방에게 표시되기도 하고, 표시되지 않기도 하므로 표시되지 않은 동기에 착오가 있다는 이유로 취소할 경우 상대방 보호에 문제가 있기 때문에 이를 어떻게 취급할 것인가를 두고 논란이 있게 된다.

착오의 개념에 관한 다수설은 동기의 착오는 제109조의 착오가 아니지만 그것이 표시되어 상대가 알고 있는 경우에는 법률행위의 내용이 되어 제109조가 적용되는 착오가 된다고 본다.[65]

소수설은 동기의 착오도 표시불문하고 제109조의 적용대상이 된다고 보나, 이 경우도 상대가 인식가능할 것을 요구하고 있다.[66]

법률행위의 해석상 동기가 그 내용으로 되었다고 인정되면 민법상 착오가 되는 것은 당연하나, 그렇지 않더라도 거래에 있어 중요한 사항 또는 물건의 성질에 관한 것과 이에 준하는 것은 표시 여부를 묻지 않고 착오가 된다는 설도 있다.[67]

실제의 경우 동기가 표시되었다 해서 바로 의사표시나 법률행위의 내용이 되는 것은 아니고, 표시되지 않더라도 의사표시의 결정적 계기가 될 수도 있는 것이므로, 의사표시의 해석상 그 동기가 아니라면 의사표시를 하지 않았을 것으로 인정되는 경우에는 착오를 이유로 한 취소를 인정하게 될 것이다. 결국 착오의 개념과 법적 평가는 별개의 문제로 보아야 하고, 의사표시의 객관적 사회적 의미의 중요성 여부에 따라 동기가 법률행위의 내용이 되는가가 결정될 것이어서, 제설 모두 결론에 큰 차이가 없다.

판례는 다수설 입장이나,[68] 상대에 의하여 유발된 동기의 경우는 그것이 표시되지 않았다 해도 착오를 이유로 한 취소를 인정한다. 귀속재산이 아닌데도 공무원이 귀속재산이라고 하여 국가에 증여한 경우,[69] 채무자가 과거에 연체가 없었다는 채권자의 말을 믿고 보증선 경우[70] 등이 그것이다.

---

65) 곽윤직 민법총칙 300 등.
66) 이은영 민법총칙 518-9.
67) 이영준 민법총칙 340-1.
68) 대판 2000.5.12. 2000다12259.
69) 대판 1978.7.11. 78다719.
70) 대판 1992.2.25. 91다38419.

4) 중요부분의 착오

중요부분이란 주관적으로 표의자가 그러한 착오가 없었더라면 그 의사표시를 하지 않았으리라고 생각될 정도로 중요한 것이어야 하고, 객관적으로 일반인도 표의자입장이라면 그런 의사표시하지 않았을 정도로 중요할 것이 요구된다. 다만 이는 추상적 획일적으로 정할 수는 없고 각개의 경우 구체적으로 판단하게 될 것이다.

중요부분의 증명책임은 표의자에게 있다.

중요부분이라고 인정된 사례는 다음과 같은 것들이 있다.

① 사람에 관한 착오가 있는 경우

사람의 동일성은 그것을 중시하는 법률행위(증여, 임대차 고용, 보증계약에서 주채무자, 근저당설정계약에서 채무자)에서 중요부분이 된다.[71] 사람의 성질에 관한 것으로 주채무자의 신용상태는 중요부분이 된다는 것이 판례의 주류이고,[72] 상대방의 권원·권한에 관한 것은 아니고,[73] 자격구비 여부는 경우에 따라 중요부분이 될 수 있다.[74]

② 법률행위의 목적물에 착오가 있는 경우

목적물의 동일성에 관한 것으로 매매목적물인 점포를 다른 점포로 오인한 경우는 중요부분 착오가 된다.[75] 성질에 관한 것으로 일정 사용목적으로 토지를 구입했는데, 법령상 제한으로 목적을 이룰 수 없는 경우에 목적은 동기가 될 뿐이어서 동기의 착오가 있는 것이고,[76] 토지의 현황과 경계에 관한 착오로 농지인 줄 알았는데 하천인 경우,[77] 현황 담장을 경계로 알고 계약했는데 상당부분 타인 소유인 경우[78]는 중요부분의 착오가 되고, 목적물의 수량에 관한 것으로 특정 토지 잔부 매수나

---

71) 대판 1995.12.22. 95다37087.
72) 대판 1996.7.26. 94다25964.
73) 대판 1987.4.14. 86다카1065.
74) 대판 2003.4.11. 2002다70884.
75) 대판 1997.11.28. 97다32772.
76) 대판 1990.5.22. 90다카7026.
77) 대판 1968.3.26. 67다2160.
78) 대판 1993.9.28. 93다31634.

지적이 실제보다 적은 경우79)나 건물과 그 부지를 현황대로 매수했는데 부지가 다소 적은 경우80)는 해당하지 않는다.

③ 상대방이 착오를 유발한 경우

이때는 다른 부분의 착오는 물론이고 동기의 착오인 경우에도 이를 이유로 취소할 수 있다.81)

④ 동기의 착오

상대가 착오를 유발한 경우(기부체납·증여·협의매수의 동기)는 취소할 수 있고,82) 보증의 동기 경우는 동기가 표시되었고 동기에 착오가 있는 경우 취소를 인정하기도 하고,83) 사용자가 피용자의 교통사고 피해자의 치료비를 보증한 경우 사고과실 없음이 판명되어 사용자책임 없는 경우에는 동기착오로 인한 취소를 부인하기도 했다.84) 시가착오는 법률행위의 중요부분에 관한 것이 아니라고 보나,85) 가격차이가 큰 경우는 인정한다.86)

5) 표의자의 중과실이 없을 것

중과실이라 함은 표의자가 그 직업, 행위의 종류, 목적 등에 대응하여 보통인으로서 베풀어야 할 주의를 현저하게 결한 경우를 말하고, 표의자 개인의 주의능력을 기준으로 하지는 않는다. 이는 인간의 불완전성을 인정하여 경과실시는 보호하되 중과실의 경우는 책임을 지도록 한 것이다.

증명책임은 취소를 저지하려는 상대방에게 있다.

중과실의 사례로는 공장설립목적 토지매수하려는 자가 공장건축가능 여부를 관할

---

79) 대판 1969.5.13. 69다196.
80) 대판 1984.4.10. 83다카1328.
81) 대판 1997.8.26. 97다6063.
82) 대판 1990.7.10. 90다카7406, 1991.3.27. 90다카27440.
83) 대판 1989.12.26. 88다카31507.
84) 대판 1975.4.22. 75다387.
85) 대판 1992.10.23. 92다29337.
86) 대판 1998.2.10 97다44737.

관청에 알아보지 않은 것,[87] 주식매매를 영업으로 하는 자가 주식양도 제한 여부에 관한 회사정관을 조사 않은 것, 부동산 경매 시 현장조사 않은 것 등은 중과실이나, 고려청자 구입하면서 자신의 지식과 소개인을 믿고 감정하지 않은 경우[88]와 부동산 중개업자의 소개내용을 믿고 거래한 경우,[89] 건축사자격이 없는 자가 건축연구소를 운영하며 상당한 설계실적이 있다고 한 경우 이를 믿은 것[90] 등은 중과실이 아니다.

중과실 있더라도 상대가 이를 악용한 경우는 취소가능한데, 이 경우의 상대방은 보호할 가치 없기 때문이다.

6) 착오취소 배제사유의 부존재

당사자 간에 합의가 있거나(단 약관규제에관한법률에는 이를 제한하는 규정이 있다), 포기 또는 사후 추인하거나, 장기간 불행사 등 권리실효법리에 따라 취소권이 소멸한 경우에는 착오를 이유로 취소할 수 없다.

신의칙상 사정변경으로 표의자에게 유리하게 되어 취소하는 것이 신의칙에 반하게 된 경우나 세법개정으로 상대가 법인·개인 불문 차이가 없게 된 경우 등에는 취소할 수 없다.

상대가 표의자의 진의에 따른 법률효과발생을 양해한 경우에도 취소할 수 없다.

7) 쌍방의 착오

제109조는 당사자 일방에게 착오가 있는 경우를 전제로 하고 있어 당사자 쌍방에게 착오가 있는 경우에는 어떻게 할 것인가의 문제가 있다. 쌍방의 착오내용이 다른 경우에는 제109조를 그대로 적용하면 될 것이나, 일치하는 경우에는 서로 착오를 주장하며 취소하는 것보다는 착오가 없었을 상황에 맞추어 계약을 수정하는 것이 당사자의 진정한 의사라고 볼 수 있기 때문이다.

---

87) 대판 1993.6.29. 92다38881.
88) 대판 1997.8.22. 96다26657.
89) 대판 1997.11.28. 97다32772.
90) 대판 2003.4.11. 2002다70884.

학설로는 착오를 이유로 계약을 취소할 수는 없고 법률행위의 보충적 해석을 통해 착오가 없었더라면 당사자가 약정하였을 내용대로 계약을 수정하자는 입장과 이를 원칙으로 하면서도 수정내용이 상대방에게 기대될 수 없는 경우에는 계약을 벗어날 탈퇴권을 인정하여 소급적으로 무효로 하자는 입장이 있다.[91]

판례는 매도인에게 부과될 양도세액을 매수인이 부담하기로 했는데 부과된 세금이 이를 초과한 경우에 당초 예상세금을 초과한다는 사실을 알았다면 초과분까지도 부담하였을 것이라고 볼 수 있는 특별한 사정이 있을 때에는 매매계약을 취소할 수 없다고 보고 있다.[92]

학설의 차이는 실제 적용할 경우에는 별다른 차이가 없을 것으로, 실제 사건에서는 당사자 간에 착오가 없는 것을 전제로 화의점을 찾게 될 것인데, 그러지 못하고 다툼으로 번지는 것은 그 사이의 상황 변화로 한쪽은 종전 계약을 수정해서라도 유지하려하고 다른 쪽은 착오를 빌미로 해약하고 싶어지기 때문이고, 학설은 이런 경우 어느 쪽의 주장을 받아들일 것인가에 대한 논리를 제공하는 것이나, 결국은 당사자의 진정한 의사의 파악과 수정된 내용이 신의칙상 허용될 범위 내인가의 점에서 결정될 것이고, 판례는 이를 천명하고 있는 것으로 보아야 한다.

마. 사안의 경우

갑과 을 모두 공장신축이 가능할 줄 알고 계약한 것이므로 상호 동기의 착오가 있고, 상호간에 이야기가 있었으므로 동기가 표시된 것이고, 매수의 주된 목적이므로 법률행위의 내용에 해당한다. 갑이 공장신축이 불가능함을 알았다면 구입하지 않았을 것은 일반인 입장에서도 인정이 가능하므로 법률행위 내용의 주요부분에 해당한다. 갑은 직접 관계공무원에게 확인하지 않고 상대방의 말만 듣고 믿었으므로 과실은 있으나 중과실이라고까지는 할 수 없다.

한편 을은 주저하는 갑에게 공무원의 말을 전달하였으니 착오가 없었다면 계약하

---

91) 이영준 민법총칙 371 과 김증한·김학동 민법총칙 354.
92) 대판 1994.6.10. 93다24810.

지 않았을 것을 부인할 수는 없으니 계약의 수정을 주장할 특별한 사정이 없다.

결국 갑은 착오를 이유로 한 취소권행사가 가능하다.

3. 사기에 의한 의사표시

가. 사안과 법규정

관계공무원이 그런 말을 한 사실이 없을 경우에는 갑은 을의 기망에 의해 착오를 일으키고 그 결과로서 한 의사표시를 한 것이므로 사기에 의한 의사표시가 되고, 이 경우에는 중요부분에 관한 착오가 아니라도 취소가 가능하다(제110조).

나. 취소요건

1) 의사표시의 존재

의사표시는 법률에 의하여 의제된 것도 포함되나, 명예훼손적인 주장을 철회하는 것같이 사실의 표시에 지나지 않고 의사표시로서의 성질을 갖지 못한 경우는 적용되지 않는다.

2) 사기자의 고의

표의자를 기망하여 착오에 빠트리려는 고의와 그 착오에 기해 표의자로 하여금 의사표시를 하게 하려는 고의가 있어야 한다.

3) 기망행위

표의자에게 그릇된 관념을 가지게 하거나 그 관념을 강화시키는 행위로 적극적으로 허위사실을 날조하거나 소극적으로 진실을 숨기는 행위를 포함한다.

4) 기망행위가 위법할 것

사회생활상 타인의 부지나 착오를 이용하는 것은 어느 정도 허용되어야 하므로 거래상 요구되는 신의칙에 반할 때 위법하다. 전문점과 고물상의 선전은 다르고, 과장광고나 교환계약에서 시가를 묵비하거나 고가로 고지하는 것은 기망이 아니다.[93] 대형백화점이 정상가격을 세일가격으로 표시한 변칙세일 사건의 경우 대형유통업체에서 판매되는 상품의 품질과 가격에 대한 소비자들의 신뢰나 기대는 백화점들 스스로의 광고에 의하여 창출된 것으로서 이는 보호되어야 하는데, 변칙세일은 물품구매동기에 있어서 중요한 요소인 가격조건에 관하여 기망이 이루어진 것으로서 그 사술의 정도가 사회적으로 용인될 수 있는 상술의 정도를 넘은 것이어서 위법성이 인정된다.[94]

5) 기망행위와 의사표시 사이의 인과관계

기망행위에 의해 표의자가 착오에 빠지고 이로 인해 의사표시를 해야 하는 이단의 인과관계가 인정되어야 한다. 여기의 착오는 제109조와는 달리 법률행위의 중요부분에 한하지 않고, 법률행위의 내용으로 표시되지 아니한 의사결정의 동기에 관한 것이라도 된다.[95] 인과관계는 표의자의 주관적 인식을 기준으로 원인·결과의 관계가 있으면 되고 표의자의 과실 유무는 불문한다.

---

93) 대판 2001.5.29. 99다55601.
94) 대판 1993.8.13. 92다52665, 상품의 선전, 광고에 있어 다소의 과장이나 허위가 수반되는 것은 그것이 일반 상거래의 관행과 신의칙에 비추어 시인될 수 있는 한 기망성이 결여된다고 하겠으나, 거래에 있어서 중요한 사항에 관하여 구체적 사실을 신의성실의 의무에 비추어 비난받을 정도의 방법으로 허위로 고지한 경우에는 기망행위에 해당한다고 할 것이고, 한편 현대산업화 사회에 있어 소비자가 갖는 상품의 품질이나 가격 등에 대한 정보는 대부분 생산자 및 유통업자의 광고에 의존할 수밖에 없는 것이므로, 이 사건 백화점들과 같은 대형유통업체의 매장에서 판매되는 상품의 품질과 가격에 대한 소비자들의 신뢰나 기대는 백화점들 스스로의 대대적인 광고에 의하여 창출된 것으로서 특히 크고 이는 보호되어야 할 것이다.
95) 대판 1985.4.9. 85도167.

6) 증명책임

이들 요건은 모두 취소를 주장하는 자가 증명하여야 한다.[96]

7) 착오취소와의 관계

사기에 의한 의사표시는 타인의 기망행위로 착오를 일으켜 의사표시를 한 경우이
므로 착오취소와 경합이 되는데, 착오와 사기는 그 인정근거와 요건이 다르므로 표
의자는 어느 쪽이든 그 요건을 증명하여 의사표시를 취소할 수 있다.[97]

다. 사안의 경우

을이 관계공무원이 개발제한이 곧 해제될 것이라는 말을 한 일이 없는데도, 그런
것처럼 갑에게 말한 것은 고의의 기망행위가 되고, 개발제한의 해제 여부는 계약체결
의 중요한 동기가 되므로 이를 가장한 것은 신의칙상 허용될 수 없어 위법하고, 갑은
이를 믿고 계약을 체결한 것이므로 인과관계도 인정되어 취소권을 행사할 수 있다.

4. 착오 및 사기에 의한 의사표시의 효과

가. 취소권발생

1) 성   질

취소권은 형성권이다.

제삼자에 의한 사기의 경우는 상대방이 행위 당시에 그 사실을 알았거나 알 수
있었을 경우에 한하여 취소가 가능하다.

---

96) 대판 1969.12.9. 69다1818.
97) 대판 1985.4.9. 85도167.

2) 취소대상

취소대상은 의사표시라는 설(의사표시를 취소할 수 있다는 법문을 근거로 함)과 법률행위라는 설(제141조가 취소한 법률행위라고 하여 취소대상이 법률행위임을 밝히고 있음을 근거로 함)이 있는데, 착오는 법률행위를 구성하는 한 의사표시 내에서 표의자의 효과의사와 표시가 일치하지 않는 경우이므로 그로 인한 취소 대상은 의사표시이고, 의사표시가 취소됨으로써 법률행위가 소급적으로 무효로 되는 것이라고 보아야 한다.

3) 취소권자

표의자나 그 대리인 및 승계인이 취소할 수 있다.

4) 취소시기

추인할 수 있는 날(취소 원인 종료한 날, 기망상태 벗어난 날)로부터 3년 내 또는 법률행위한 날로부터 10년 내에 취소할 수 있다.

5) 취소효과

법률행위는 소급적으로 무효가 된다. 취소하기 전까지는 유효하나 취소가능성을 이유로 한 보증채무의 이행거절은 가능하다. 일부 착오 시 그 부분만 취소될 것이나, 그 부분이 없으면 그 의사표시하지 않을 것으로 인정되는 경우에는 나머지 부분도 무효가 된다.

6) 제3자에 대한 관계

취소의 효과는 선의의 제3자에게 대항할 수 없다.

제3자는 당사자 그 포괄승계인 이외의 모든 자로서 표시행위 기초로 새로운 법률상 이해관계(무효가 되면 권리를 잃거나 새로운 부담을 안게 되는 관계)를 맺은 자(다시 매수한 자, 채권양도 받은 자 등)에 한한다.

이해관계를 맺은 시기는 취소의사표시 전이어야 하나, 취소 후 원상회복 전(부동산의 경우 취소 후 말소등기 전)에 취소 있음을 알지 못하고 맺은 경우는 포함된다.

제3자 취득 권리가 공시방법(등기)을 요하는 경우는 공시방법을 갖추어야 한다.

선의는 착오나 사기를 모르는 경우로 모르는데 과실은 묻지 않는다. 악의는 주장자가 증명하여야 한다.

대항 못 한다는 것은 무효를 주장하지 못한다는 뜻이다.

나. 손해배상책임

1) 착오의 경우

법률행위를 취소한 착오자의 손해배상책임(상대방의 신뢰이익 손해배상)에 관하여 민법에는 규정이 없고(독일은 있음), 학설로는 제535조를 유추하여 표의자의 경과실과 상대방의 선의·무과실을 전제로 계약상의 과실책임을 인정하자는 견해[98]와 무중과실요건을 규정한 입법자의 의도에 근거하여 착오자의 배상책임을 부인하는 견해[99]가 있다.

판례는 과실이 있다 하더라도 법이 중과실이 있는 착오자의 취소를 인정하고 있는 이상 착오를 이유로 취소한 것이 위법하다고는 할 수 없고, 따라서 불법행위책임은 없다고 하나,[100] 계약상의 책임에 관하여는 예가 없다.

불법행위책임은 그렇다 해도 표의자의 경과실과 상대방의 선위·무과실인 경우에 상대방이 계약이 유효하다고 믿음으로써 입은 손해까지 책임이 없다고 하는 것은 곤란할 것이다.

2) 사기의 경우

불법행위에 따른 손해배상청구가 가능하다.

---

98) 이은영 민법총칙 533 등.
99) 고상룡 민법총칙 436 등.
100) 대판 1997.8.22. 97다13023.

다. 담보책임

매매목적물에 흠이 있는데 매수인이 그것을 알지 못하고 또는 매도인에게 속아서 매수한 경우에는 착오 또는 사기에 의한 의사표시와 하자담보책임이 모두 문제가 될 것이다. 착오의 경우에는 취소권의 존속기간이 길어 거래의 불안을 초래하고 상대방에게 가혹하다는 점 때문에 담보책임이 성립하는 한 착오규정의 적용이 배제된다는 입장과 경합을 인정하는 입장이 나뉘나,[101] 사기의 경우에는 상대방의 비난받을 행위로 야기된 것이므로 경합을 인정하는 것이 통설인데, 다만 일단 사기를 이유로 취소한 경우에는 계약의 유효를 전제로 하는 담보책임은 물을 수 없다.

사안은 매매목적물에 대한 법률상 제한이 있는 것은 이미 알려져 있고, 다만 그 제한이 풀릴 것이냐는 점에 관하여 착오 또는 사기가 있는 경우이므로 매매목적물의 하자가 있는 경우가 아니어서 담보책임은 따로 문제가 되지 않는다.

5. 사례의 해결

가. 갑의 매매계약 취소

관계공무원의 말이 사실이면 착오, 사실이 아니고 을이 지어낸 말이면 사기 이유 취소가 가능하다. 사안은 취소기간 내이다.

나. 매매대금과 토지의 반환

취소 소급효로 매매계약은 무효가 되고, 매매대금과 토지의 반환이 있어야 한다.

을이 받은 토지대금은 법률상 원인이 없어졌으므로 갑은 부당이득반환(제741조)청구가 가능하고, 그 반환범위는 을의 선의 여부에 따라 다르다(제748, 749조).

---

101) 이영준 민법총칙 397과 이은영 민법총칙 525.

토지소유권은 을에게 복귀하고, 을은 갑에게 토지인도와 등기말소청구 가능하고 (제213조), 갑의 토지사용에 따른 부당이득반환청구도 가능하다.

표의자의 신뢰이익 배상의무에 관하여는 표의자의 경과실과 상대방의 선의 무과실을 전제로 인정하는 설에 의할 경우에는 을이 갑에게 관계공무원의 말을 전달한 것을 어떻게 평가할 것인가에 따라 구성이 다르다. 을이 선의인 것은 당연하나 전달행위가 무과실이라면, 그 말을 믿은 갑도 경과실이 있다고 할 수 없을 것이고, 갑 스스로 공부 등을 통하여 확인하지 않은 것이 경과실이라면 을의 전달과 매수권유 행위는 과실이 있다고 보아 갑의 신뢰이익 배상책임은 부인하는 것이 옳다.

다. 사기가 성립되면 갑은 을에게 불법행위에 기한 손해배상청구도 가능하다.

대법원 2000.5.12. 선고 2000다12259 판결 【매매대금】

동기의 착오가 법률행위의 내용의 중요부분의 착오에 해당함을 이유로 표의자가 법률행위를 취소하려면 그 동기를 당해 의사표시의 내용으로 삼을 것을 상대방에게 표시하고 의사표시의 해석상 법률행위의 내용으로 되어 있다고 인정되면 충분하고 당사자들 사이에 별도로 그 동기를 의사표시의 내용으로 삼기로 하는 합의까지 이루어질 필요는 없지만, 그 법률행위의 내용의 착오는 보통 일반인이 표의자의 입장에 섰더라면 그와 같은 의사표시를 하지 아니하였으리라고 여겨질 정도로 그 착오가 중요한 부분에 관한 것이어야 할 것이다(대법원 1997.9.30. 선고 97다26210 판결, 1998.2.10. 선고 97다44737 판결 등 참조).

대법원 1997.8.26. 선고 97다6063 판결 【부당이득금반환】

원심이 인정한 사실에 의하면 위 진정한 경계선에 관한 착오는 원고가 위 금원 지급 약정을 하게 된 동기의 착오라 할 것임은 상고이유에서 논하는 바와 같으나, 원심이 인정한 사실에 따르면 그와 같은 동기의 착오는 피고 측의 강력한 주장에 의하여 생긴 것으로서 이 사건 약정의 체결에 있어서 원고는 그 동기를 의사표시의 내용으로 표시하였다고 보아야 하고, 또한 원고로서는 그와 같은 착오가 없었더라면 그 의사표시를 하지 아니하였으리라고 생각될 정도로 중요한 것이고, 보통 일반인도 원고의 처지에 섰더라면 그러한 의사표시를 하지 아니하였으리라고 생각될 정도로 중요한 것이라고 볼 수 있으므로 원고의 위 금원 지급 의사표시는 그 내용의 중요부분에 착오가 있는 것이 되어 원고는 이를 취소할 수 있다 할 것이다.

사 례

갑은 남편 을이 아파서 장기간 입원하게 되면서 생활비와 병원비가 부족해져 돈을 구해야 했는데, 을이 혼수상태인지라 상의할 길이 없자, 남편이 아파서 대신 하는 것이라면서, 보관하고 있던 을의 인감도장을 이용하여 을 명의의 부동산을 병에게 매도하고 소유권이전등기를 해 주었다. 뒤늦게 혼수상태에서 깨어나 이 사실을 알게 된 을이 잘못 팔았다고 난리 치면서 되찾아오라고 한다. 이때 갑, 을, 병의 관계는 어떻게 되는가?

해 결

1. 논점의 정리

사안은 갑, 병 사이의 매매행위가 유효한가에 따라 결정될 것인데, 갑이 타인 명의의 부동산을 판 것이기는 하나, 남편을 대신한다는 사정은 말했으므로 대리행위가 문제되는데, 부부의 경우에는 일상가사대리권이 인정되므로 우선 이에 해당하는지를 살펴보고, 해당 안 될 경우 표현대리 문제를 검토한다. 관련해서 부부의 재산관계와 인감보관이 대리권수여에 해당하나를 함께 언급해 주면 될 것이다.

2. 부부간의 재산관계

부부일방이 혼인 전부터 가진 재산(고유재산)과 혼인 중 자기 명의로 취득한 재산은 그의 특유재산이 되고, 누구 것인지 분명하지 않으면 공유로 추정된다(민법 제830조). 단 다른 일방 또는 쌍방이 대가를 부담해 취득한 것이 증명되면 추정이 번복된다.[102]

부동산실권리자명의등기에관한법률에 따른 명의신탁 금지는 부부간에는 적용되지 않는다(동법 제8조 제2호).

사안의 경우는 을의 특유재산이 될 것이다.

3. 부부간 일상가사대리권

가. 의 미

부부간 일상가사라 함은 부부의 공동생활에서 필요로 하는 통상의 일들을 말한다. 그 내용과 범위는 그 부부의 생활 방식, 정도, 그 지역 사회의 관습, 일반견해에 의해 정해질 것인데, 부부는 이런 일상가사에 대해 서로 대리권이 있다(제827조 제1항).

---

102) 대판 1990.10.23. 90다카5624.

나. 대리권의 성격

일상가사대리권을 법정대리권으로 보아 이를 기본권으로 하여 제126조의 표현대리가 성립할 수 있다고 보는 것이 다수설[103]과 법정대리권이 아닌 일종의 대표로 보아 일반적·추상적인 일상가사의 범위 내에서만 표현대리규정이 유추적용되고, 그 밖의 행위에 대하여는 대리권의 수여가 있는 경우에 한하여 이를 기초로 제126조가 적용된다는 설[104]이 있다.

판례는 다수설의 입장인데, 구체적으로는 일상가사의 범위 내로 오인될 수 있는 경우에만 표현대리를 인정하는 경우[105]와 상대방이 배우자가 그 행위에 관한 대리권을 주었다고 믿을 만한 정당한 이유가 있어야 표현대리를 적용할 수 있다는 경우[106]로 나뉜다.

다. 행 사

일반대리의 경우 본인을 위한 것임을 표시해야 하는 현명주의가 원칙이나(제114, 115조), 부부간 일상가사대리에는 현명주의가 적용되지 않는다는 것이 통설·판례이다. 대리행위 일반에 대해서 대리인임을 표시하여야 하는 것은 아니고 본인 명의로 할 수 있다.[107]

라. 일상가사의 범위

일상가사에는 의식주에 필요한 일상용품 구입, 의료비 지급, 거주용 가옥 임차, 공과금 납부 등이 해당하나 부동산 매각 등 처분행위와 담보제공행위에 대해서는 설이 대립한다.

---

103) 곽윤직 민법총칙 406 등, 대판.
104) 김주수 민법총칙 468.
105) 대판 1970.10.30. 71나1872.
106) 대판 1998.7.10. 98다18988.
107) 대판 1963.5.9. 63나67.

행위목적, 배우자일방의 부재, 의식불명 등 구체적 사정에 따라 해당한다는 설과 일반 추상적으로 파악해야 하므로 처분은 안 된다는 설이 있다.

판례는 부부공동체의 내부사정, 행위의 목적 외에 법률행위의 객관적 종류, 성질도 고려해야 한다고 본다.[108]

행위의 필요성이나 거래 상대방 보호의 필요성이 있다 해도 다른 방법(표현대리)으로 해결해야지 고유의 중요재산 처분행위를 일반적으로 인정하는 것은 곤란할 것이다.

사안의 경우는 중요재산에 해당하는 부동산의 처분이므로 일상가사에는 해당 않는다고 보아야 하고, 표현대리 여부가 문제된다.

4. 권한 넘은 표현대리

가. 민법 제126조 적용 여부

앞서 본 바와 같이 일상가사대리권을 법정대리권으로 보면 이를 기본대리권으로 보고 표현대리 규정을 적용할 수 있게 되나, 법정대리권이 아닌 대표권으로 보는 설도 결국은 표현대리취지 유추적용하고 있고, 판례는 경우에 따라 일상가사범위 내의 행위로 믿을 만한 정당한 이유가 있는가 또는 문제된 행위에 대한 수권이 있었는지 믿을 만한 정당한 이유가 있는가를 기준으로 하고 있으므로 믿을 만한 정당한 이유의 존부가 핵심이다.

일상가사 범위 넘었지만 별도의 대리권 있다고 믿은 경우 보호하려면 판례가 타당하다.

---

108) 대판 1997.11.28. 97다31229.

나. 정당한 이유

① 개 념

이에 관하여 다수설은 보통인이면 대리권 있다고 믿는 것이 당연한 경우, 즉 선의·무과실을 의미한다고 보고 판단 시기는 대리행위 시로 보나,109) 소수설은 제126조가 제125, 129조와는 달리 선의 무과실 아닌 정당한 이유 요구하는 것은 엄격한 요건하에 표현대리 인정하려는 것이라고 보아 좁게 인정하여 법권이 변론종결 시까지의 제반 사정을 고려하여 대리권의 존재가 명백하다고 할 수밖에 없는 경우라고 하거나,110) 대리행위 당시 또는 변론종결 당시까지의 제반 사정을 고려하여 보통인이라면 대리권이 있다고 믿을 것이 분명한 경우로 이해하기도 한다.111)

② 판단 시기

앞서 본 바와 같이 대리행위 당시로 보는 입장, 사실심변론종결 당시로 보는 입장 등이 있다.

판례는 사안에 따라 행위 이후의 사정을 고려하기도 하나(남편 정신 이상, 적정가격 처분, 생활비 충당 경우 정당사유 인정),112) 행위가 이루어지고 난 훨씬 뒤의 사정을 고려할 일은 아니라고 한다.113)

③ 증명책임

다수설은 법문상 상대방에게 있는 것처럼 보이나, 다른 표현대리와 같이 본인이 상대의 악의 과실 증명해야 한다고 보고,114) 소수설은 제126조가 제125, 129조와는 달리 단서가 아닌 본문에 정당한 이유를 규정하고 있으므로 상대가 자신에게 정당한 이유 있음을 증명해야 한다고 본다.115)

---

109) 곽윤직 민법총칙 282 등, 대판 1954.3.16. 4286민상215 등.
110) 이영준 민법총칙 635 등.
111) 송덕수 신민법강의 221, 김상용 민법총칙 632.
112) 대판 1970.10.30. 70다1812.
113) 대판 1987.7.7. 86다카2475.
114) 곽윤직 민법총칙 281 등.
115) 이영준 민법총칙 639 등.

판례는 유효하다고 주장하는 자인 상대방이 증명해야 한다고 본다.[116]

사례를 보면, 대리인이 당해 거래에 필요한 서류(등기필증, 인감도장, 인감증명서) 등을 갖고 있을 때 인정하나,[117] 본인과 대리인이 친족관계나 부부인 경우는 서류입수가 용이하다는 이유로 부인한다.[118] 부부 경우도 처분행위는 엄격하나 채무부담행위는 완화하고 있다.[119] 夫가 장기 외국, 지방체류로 살림 일체를 처에게 맡긴 경우, 夫 정신병원 입원으로 妻가 생활비 충당 위해 처분, 처가 인감증명 등 서류 갖고 있고, 인척을 통해 부부 사이 원만하다는 말 듣고 돈 빌려 주고 담보를 설정받은 경우 등은 인정한다.

5. 사안의 경우

을은 병에 대하여 자기 허락이 없었다는 이유로 소유권이전등기 말소청구를 할 것이나, 병은 일상가사대리 범위 내의 행위 또는 권한 넘은 표현대리 주장하여 책임 면하려 할 것이고, 법원은 일상가사대리권은 부인하고 표현대리를 인정하여 을의 청구를 기각할 것이다.

---

116) 대판 1968.6.18. 68다694.
117) 대판 1975.4.8. 74다2224.
118) 대판 1981.8.25. 80다3204.
119) 대판 1972.11.28. 72다1534, 1981.6.23. 80다609.

판 례

대법원 1997.11.28. 선고 97다31229 판결 【대여금 등】

가. 민법 제832조에서 말하는 일상의 가사에 관한 법률행위라 함은 공동생활에서 필요로 하는 통상의 사무에 관한 법률행위를 말하는 것으로, 그 구체적인 범위는 부부공동체의 사회적 지위·직업·재산·수입 능력 등 현실적 생활 상태뿐만 아니라 그 부부의 생활 장소인 지역 사회의 관습 등에 의하여 정하여진다고 할 것이나, 당해 구체적인 법률행위가 일상의 가사에 관한 법률행위인지 여부를 판단함에 있어서는 그 법률행위를 한 부부공동체의 내부 사정이나 그 행위의 개별적인 목적만을 중시할 것이 아니라, 그 법률행위의 객관적인 종류나 성질 등도 충분히 고려하여 판단하여야 할 것이다.

나. 원심이 인정한 사실관계에 의하더라도, 피고는 원심판시 석수동 주택 구입 및 위 주택을 담보로 한 신탁은행 대출금을 상환하는 데 금 177,00,000원과 금 63,000,000원, 꿈마을아파트 분양대금을 지급하고 교회에 건축 헌금을 하는 데 금 160,000,000원, 리나화장품 가게를 인수하는 데 금 95,000,000원, 장남의 교회 및 주택임차보증금으로 금 38,000,000원 등, 축협 및 농협 대출금 합계 금 200,000,000원에 대한 이자 지급과 자녀들의 학비를 포함한 생활비를 제외하고도 합계 금 533,000,000원 이상의 자금이 필요하여, 임옥이가 그 차용원리금의 변제, 생활비 조달 등을 위하여 원고들로부터 위와 같이 금원을 차용하고 원고 이금열로부터 수입품 코너의 물품 구입 명목으로 금원을 지급받게 되었다는 것인바, 판시 교회에의 건축 헌금, 화장품 가게의 인수대금, 장남의 교회 및 주택임대차보증금의 보조금, 200,000,000원이나 되는 거액의 대출금에 대한 이자 지급 등이 도저히 일상가사에 속한다고 볼 수는 없다고 하겠다.

뿐만 아니라 원심 판시의 석수동 주택 구입 비용이나 꿈마을아파트의 구입 비용의 경우 그와 같은 비용의 지출이 피고와 임옥이가 부부공동체를 유지하기 위하여 필수적인 주거 공간을 마련하기 위한 것이라면 일상의 가사에 속한다고 볼 여지가 있을 수 있겠으나, 기록에 의하면, 위 석수동 주택은 지상 3층 지하 1층의 근린생활시설로서(기록 40면), 그 매매대금만 하여도 금 440,000,000원에 이르는 것이고(기록 309면), 위 꿈마을아파트 역시 건평만 132.69㎡에 이르는 대형 아파트로서(기록 46면), 그 구입자금이 1억 6,000만 원에 이르는 것(기록 1084면)인 사실을 알 수 있는바, 위와 같은 대규모의 주택이나 아파트의 구입을 일상의 가사에 속하는 것이라고 보기는 어렵다고 할 것이다.

다. 다만, 임옥이의 위 각 차용행위가 원심이 인정한 바와 같이 '자녀들의 학비 등을 포함한 피고 가족 생활비'에 충당하기 위한 것이라면, 이는 일상의 가사에 속하는 것이라고 볼 수 있겠으나, 위 각 대여금 중 어느 부분이 위와 같이 '자녀들의 학비 등을 포함한 피고 가족 생활비'에 충당하기 위한 것인지에 관하여는 아무런 심리도 되어 있지 않다.

9 | 소멸시효

사 례

자동차 부품상인 갑은 2001.1.15. 자동차정비업소를 운영하는 을에게 1,000만 원 상당의 자동차부품을 대금지급기일을 2001.2.15.로 정하여 판매했고, 병은 을의 위 물품대금채무에 대하여 연대보증을 했다.

1. 그 후 을이 부도를 내고 잠적했고, 병은 자력이 없는 자였다, 갑은 을의 행방을 수소문한 끝에 2004.2.20.에야 다른 곳으로 정비업을 하고 있는 을을 찾아내 난 리 친 끝에 일부대금 500만 원을 받아냈고, 한 달 후 잔금을 받기로 했다.

가. 갑이 한 달 후 다시 찾아가니 을은 잔금지급은커녕 주지 않아도 되는 돈을 주었다며 기왕에 준 돈을 되돌려 달라고 한다. 가능한가?

나. 그 자리에 마침 병이 있어 병에게 잔금을 달라 했더니 그도 거절한다. 가능한가?

2. 을이 이행기에 변제를 않자 갑은 을을 상대로 재판을 걸어 인용판결이 2001.5.30. 확정되었는데도 받을 길이 없자, 갑은 2004.6.1. 병에게 보증채무 이행을 청구했다.

가. 병은 보증채무가 시효소멸했다고 주장한다. 가능한가?

나. 병이 연대채무자일 경우, 갑이 2001.6.5. 을 소유 부동산에 대해 경매신청하 여 2001.7.5. 경매개시 결정되었고, 2002.5.10. 위 경매절차에서 500만 원을 배당받았는데, 갑은 2004.6.1. 병에게 잔금지급을 청구했으나, 병은 자신의

채무가 시효소멸했다고 주장한다. 가능한가?

해 결

1. 논점의 정리

사안의 경우는 소멸시효완성의 효과를 묻는 것으로 시효완성 후 일부변제의 성질과 효과 및 연대보증인과의 관계, 재판상청구에 의한 시효중단과 연대보증, 연대채무와의 관계 등이 함께 문제되고 있다.

2. 소멸시효완성의 효과

가. 의 의

소멸시효란 권리자가 그 권리를 행사할 수 있음에도 불구하고 일정기간 동안 권리불행사 상태가 지속될 경우 그 권리를 소멸시키는 제도를 말한다.

나. 시효기간

권리를 행사할 수 있는 시효기간은 채권은 10년, 소유권 이외의 재산권은 20년이고, 그 외 법은 일정한 경우 단기시효기간을 인정하고 있다(제163, 164조).

시효기간의 기산점은 권리를 행사할 수 있는 때부터인데(제166조 제1항), 이와 관련 판례는 권리를 행사할 수 없는 때란 권리행사에 기한의 미도래나 조건의 불성취 등 법률상 장애사유가 있는 때를 말하고 사실상 권리의 존재나 권리행사가능성을 알지 못하였고 그에 과실이 없다 해도 법률상 장애사유가 되지 않는다는 것을 원칙으로 하고 있으나,[120] 권리자가 권리의 발생 여부를 알기 어려운 객관적 사정이 있고 모른데 과실이 없는 경우에는 권리자가 알게 된 때로부터 기산한다고 보기도 하는데,[121] 이는 보험금 청구 사건이나 단체의 내부적 법률관계가 개재된 경우 등 특정한 경우에 있어 법률지식의 미비 등으로 권리발생사실을 알기 어려운 경우가 많으므로 권리자의 보호라는 사회정의와 형평의 이념을 구체적으로 실현하기 위한 배려이다.

다. 효 과

시효기간완성의 효과에 관하여는 설이 나뉜다.

절대적 소멸설은 권리가 절대적으로 소멸한다는 것으로 구민법과 달리 시효원용에 관한 규정 없고, 부칙 제8조 제1항, 제369조, 제766조 제1항 등에서 시효로 인해 소멸한다고 규정하고 있는 것을 근거로 한다.[122] 판례의 입장이기도 하다.[123]

상대적 소멸설은 권리소멸을 주장할 권리가 생길 뿐이라고 본다. 당사자 의사 존중과 시효이익포기의 경우 포기대상이 존재하여 설명이 가능하다는 것을 근거로 한다.[124]

절대적 소멸설이라 해도 소송에서는 변론주의 원칙상 시효이익 받을 자가 원용하여야 고려대상이 되므로 실제론 차이가 없다.

사안의 경우 물품대금채권이므로 단기시효 3년에 해당하여 2004.2.15. 소멸한다.

---

120) 대판 2004.4.27. 2003두20763.
121) 대판 2001.4.27.2000다31168, 2002.10.25. 2002다13614, 2003.4.8. 2002다64957.
122) 곽윤직 민법총칙 477, 이영준 민법총칙 711-2 등.
123) 대판 1966.1.31. 65다2445.
124) 김증한·김학동 544.

3. 시효이익의 포기

가. 개 념

시효이익의 포기는 시효완성으로 받게 된 채권소멸의 이익을 받지 않겠다는 채무자의 의사표시로 포기하는 것으로 제184조 제1항의 반대해석상 시효완성 후에는 포기가 가능하다. 다만 시효이익의 포기는 알고서 한 것인가 여부에 따라 결과 차이가 있다.

나. 절대적 소멸설

이 입장에서는 알면서 해야 하고, 그 성격은 시효소멸의 이익을 받지 않겠다는 채무자의 의사표시로 시효완성의 이익이 생기지 않았던 것으로 된다. 판례는 시효완성사실을 알면서 일부 변제한 경우 시효이익의 포기로 봐야 하고, 특별한 사정이 없는 한 시효완성사실을 알면서 한 것으로 보고, 일부변제의 경우 채무 전부에 대한 포기로 본다.[125]

모르고 한 경우는 비채변제이나, 도의관념에 적합한 것으로 보아 반환청구를 못한다(제744조).

사안 1의 가에서 을이 시효완성 사실을 알면서 변제했다면 전부에 대한 시효이익 포기 되어 을은 잔금지급거절 못 하고, 이미 지급한 것은 도의관념적합 비채변제가 된다. 모르고 했다면 잔금 지급 거절이 가능하나, 기변제는 비채변제에 해당한다.

다. 상대적 소멸설

이 입장에서는 알면서 한 경우는 시효원용권 포기이고, 일부 변제는 특별한 의사표시 없는 한 전부에 대하여 효력이 있다.

---

125) 대판 1967.2.7. 66다2173.

모르고 한 경우는 존재하는 채무변제로 유효하나, 일부변제 시 잔액에 대한 시효원용권 포기는 아니다.

사안의 경우는 알고 변제했으면 변제는 유효하고 을은 잔금에 대해 시효원용불가하나, 모르고 한 경우는 을은 잔금에 대한 시효소멸 주장이 가능하다.

라. 연대보증인의 지위

보증채무의 부종성에 따라 보증인은 주채무자의 시효소멸항변을 원용할 수 있다.

주채무자가 시효완성을 알고 변제할 경우 시효이익포기의 효과는 인정범위에서 상대적이므로 포기할 수 있는 자가 다수인 경우 일인의 포기는 타에 영향이 없고,[126] 따라서 보증인은 시효완성을 주장하여 보증책임을 면할 수 있다.

주채무자가 모르고 변제할 경우 주채무자는 잔금에 대해서는 시효주장가능하므로 보증인도 가능하다.

사안 1의 나에서 병은 어느 경우든 잔금변제 거절이 가능하다.

4. 재판상 청구와 시효중단

가. 소멸시효의 중단

소멸시효의 중단이란 소멸시효가 진행하는 도중에 권리의 불행사 상태가 해소되면 이미 진행한 시효기간은 무의미해지므로 그 효력을 상실시키는 것을 말한다.

시효기간은 중단사유가 종료된 때로부터 다시 진행한다(제178조 제1항).

법은 중단사유로 재판상 청구 등을 들고 있는데(제168조 이하), 사안은 주채무자에 대한 시효중단 효과가 연대보증인에게도 미치는지를 묻고 있다.

---

126) 대판 1991.1.28. 89다카1114.

나. 주채무자에 대한 시효중단의 연대보증인에 대한 효과

재판상 청구에 의한 시효 중단은 보증인에게도 미친다(제170조, 440조).

중단된 시효의 기산점은 재판 확정 시부터이다(제178조 제2항).

단기시효에 걸리는 채권도 판결로 확정된 채권의 시효기간 10년(사안의 경우 2011.-5.30.)으로 연장되므로(제165조 제1항), 보증인에 대한 시효기간도 연장되는가의 문제가 있다.

이에 관하여는 판결에 의한 시효기간 연장은 당해판결의 당사자 사이에 한정하고 보증인에게는 영향이 없는 것으로 본다. 시효중단의 보증인에 대한 효력 규정은 보증채무의 부종성에 기한 것이라기보단 채권자 보호 내지 채권담보의 확보를 위한 특별규정으로 기간연장효과까지 미치는 것은 아니기 때문이다.[127] 따라서 보증인에 대한 시효는 판결 확정 후 3년이 된다.

사안 2의 가에서 병의 보증채무의 시효기간이 경과하였음이 역수상 명백하다.

다. 연대채무자의 경우

연대채무자의 한 사람에 대한 판결에 의한 시효기간 연장이 다른 사람에겐 영향이 없다. 사안의 경우 을의 시효는 2004.5.30.으로 연장되고, 병의 시효는 2004.2.15. 그대로이다.

한 연대채무자에 대한 이행청구는 다른 연대채무자에게도 효력이 있다(제416조).

연대채무자 1인에 대한 경매신청은 이행청구의 효력이 있다.[128]

단순 이행청구는 그 후 6개월 내에 재판청구, 압류 등을 해야 시효중단 효과 지속하고, 아니면 중단효과가 소급해서 없게 된다(제174조).

결국 연대채무자 1인에 대한 압류는 다른 연대채무자에게는 이행청구의 효력밖에 없으므로 다른 연대채무자에게 6개월 내에 재판청구, 압류 등을 하지 않는 한 그

---

127) 대판 1986.11.25. 86다카1569.
128) 대판 2001.1.21. 2001다22840.

압류에 의한 시효중단 효력은 다른 연대채무자에게 미치지 않는다.[129]

사안 2의 나에서 을에 대한 2001.5.30. 판결확정으로 중단된 소멸시효기간이 다시 진행되나, 2001.6.5.의 경매신청으로 병에 대한 이행청구는 한 셈이므로 일단 시효 중단되었는데, 갑은 병에 대한 별도의 압류를 하지 않은 채 2004.6.1. 병에게 채권행 사하면서 제416조를 원용해 2001.7.5. 경매개시결정으로 있게 된 을에 대한 압류를 병에게도 원용해 위 압류로 연장된 시효기간 내 행사라고 주장한 것이다. 이에 대하여 병은 을에 대한 경매신청으로 시효중단시켰더라도 6개월 내에 병에 대한 압류 등이 없었으므로 시효중단 효과는 없고, 또 판결에 의한 시효시간 연장효과는 다른 연대보증인에게는 미치지 않으므로 병에 대한 시효기간은 여전히 2004.5.30.라는 이 유로 이행 거절한 것이다. 병의 주장이 타당하다.

---

129) 대판 2001.1.21. 2001다22840.

대법원 1986.11.25. 선고 86다카1569 판결【대여금】

민법 제165조가 판결에 의하여 확정된 채권, 판결과 동일한 효력이 있는 것에 의하여 확정된 채권은 단기의 소멸시효에 해당한 것이라도 그 소멸시효는 10년으로 한다고 규정하는 것은 당해 판결 등 당사자 사이에 한하여 발생하는 효력에 관한 것이고, 채권자와 주채무자 사이의 판결 등에 의해 채권이 확정되어 그 소멸시효가 10년으로 되었다 할지라도 위 당사자 이외의 채권자와 연대보증인 사이에 있어서는 위 확정판결 등은 그 시효기간에 대하여는 아무런 영향이 없고, 채권자의 연대보증인의 연대보증채권의 소멸시효기간은 여전히 종전의 소멸시효기간에 따른다고 보아야 한다.

보증채무가 주 채무에 부종한다 할지라도 보증채무는 주 채무와는 별개의 독립된 채무의 성질이 있고, 민법 제440조가 주채무자에 대한 시효의 중단은 보증인에 대하여 그 효력이 있다고 규정하고 있으나 이는 보증채무의 부종성에 기한 것이라기보다는 채권자보호 내지 채권담보의 확보를 위한 특별규정으로서 이 규정은 주채무자에 대한 시효중단의 사유가 발생하였을 때는 그 보증인에 대한 별도의 중단조치가 이루어지지 아니하여도 동시에 시효중단의 효력이 생기도록 한 것에 불과하고 중단된 이후의 시효기간까지가 당연히 보증인에게도 그 효력을 미친다고 하는 취지라고는 풀이되지 아니한다.

10 | 물권적 청구권

사 례

갑은 그 소유의 건물을 을에게 임대해 주었는데, 을은 병 소유의 기계를 임차하여 갑의 건물에 부착시켜 놓고 사용해 오다 임대기간이 끝나자 위 기계를 방치한 채 퇴거해 버렸다. 갑은 을과 병에 대하여 어떤 조치를 취할 수 있는가(갑은 기계임대차관계를 알고 있다)?

해 결

1. 논점의 정리

사안의 경우 방치된 기계의 처리, 즉 건물의 소유권행사에 방해를 주고 있는 기계를 어떻게 할 것인가를 둘러싸고 문제가 생기는 것이다.

실생활에서는 당연히 건물임차인에 대하여 방해제거를 청구하게 되겠고, 뒤늦게 기계임대차관계가 밝혀져 기왕의 소송은 소용없게 되고, 기계임대인을 소송에 참가시키는 당사자 변경의 문제나, 그 임대인 스스로 당사자로 참가하는 문제가 발생할 것이지만, 이 사안에서는 부합문제의 언급 여부 확인을 위해 건물 소유주가 기계임대차 관계를 아는 것을 전제로 하고 있다.

건물 소유권자로서는 먼저 누구를 상대로 방해의 제거를 청구할 것인가를 정해야 하므로 기계소유자 내지 관리권자 확정이 우선이다.

다음으로 방해제거를 청구할 수 있는 권리인 물권적 청구권에 대해 알아보고, 관련하여 방해자의 불법행위 문제, 임대차 종료 시 임대인과 임차인의 관계를 따져 보면 될 것이다.

2. 기계소유권의 귀속

가. 부 합

건물에 기계를 부착했을 경우 부동산에 동산의 부합 문제가 발생한다. 부합이란 두 개의 물건이 합쳐져 한 개 물건으로 되는 것으로 동산과 동산의 부합도 가능하다.

나. 부동산 부합의 요건

1) 주물은 부동산이어야 하고, 부합물은 동산이다.
2) 부합의 정도, 즉 합체가 일정 정도에 이르러야 한다(제257조). 부동산 또는 부합한 동산을 훼손하지 않으면 분리할 수 없거나 분리에 과다 비용을 요하는 것이 그것이다.
3) 부합원인은 인공적이든 자연적이든 불문한다.

다. 부합의 효과

부동산소유자가 부합된 물건의 소유권 취득하는 것이 원칙이나, 권원(건물 사용권)에 의해 부속시켰을 경우에는 부속시킨 자(타인의 물건일 경우는 타인)의 소유가 된다(제256조). 단 부속된 물건이 완전히 부동산의 일부분이 될 경우(골조+배관 등)는 부동산 소유자가 될 것이다.

라. 사안은 부착 정도에 따라 다를 것이나 정황상 부합까지 이루어진 것은 아닐 것이고, 부합이더라도 권원에 따른 것이므로 병 소유가 된다.

3. 갑, 병의 관계

기계의 소유권자가 병이므로 갑은 병에게 어떤 권리를 근거로 방해를 제거할 것을 청구할 것인가의 문제가 있고, 그 권리가 물권적 청구권이다.

가. 물권적 청구권

1) 개 념

물권 내용의 실현이 방해당하고 있거나, 방해당할 염려가 있는 경우 물권자가 방해자에 대하여 반환, 방해제거, 예방에 필요한 조치를 취할 수 있는 권리를 말한다.

2) 성 격

일반의 청구권과 마찬가지로 채권이라는 설과 독립한 권리가 아니고 물권의 작용이라는 설도 있는데, 물권의 효력으로서 발생한 독립한 청구권이라는 절충설이 다수설이다.[130] 이에 따르면 특정인에게 어떤 행위를 청구하는 것이므로 지배권인 물권과 다르고, 물권과 운명을 같이하고 채권적 청구권에 우선한다는 점에서 채권과 다르다.

기본적인 물권과 독립하여 소멸시효 걸리는가에 관해서는 전면적으로 인정하는 입장[131]과 부정하는 입장,[132] 제한물권에 기한 물권적 청구권에 한해 인정하는 입장[133] 등이 있으나, 물권이 존재하는데도 물권적 청구권이 소멸시효에 걸린다면 물권은 실질을 상실하게 되고, 물권침해가 계속되는 한 청구권이 계속 발생하고 있으므로 걸릴 여지가 없다고 보는 것이 타당하다. 판례는 소유권에 기한 물권적 청구권의 경우 소멸시효 대상이 아니라고 한 경우가 있다.[134]

다른 청구권과의 관계를 보면 계약종료 후 반환청구권과는 제도목적을 달리하므로 경합하고, 불법행위에 따른 손해배상청구와는 요건·효과가 다르므로 경합한다.

한편 물권적 청구권은 부당이득의 특수경우이므로 경합 여부에 관하여 논의가 있는데, 경합을 인정하는 통설도 점유자의 반환범위에 관하여 제201조 내지 203조에 의해야 한다는 것이 다수설이나,[135] 부당이득의 일반 법리에 따라야 한다는 유력설도 있다.[136]

3) 발생요건

물권의 침해라는 객관적 사실과 침해의 위법성 있으면 된다. 고의나 과실은 필요 없다.

4) 당사자

청구권자는 침해당하고 있거나 침해당할 염려가 있는 물권자이다.

---

130) 곽윤직 물권법 23 등.
131) 이영준 물권법 58.
132) 김증한·김학동 물권법 28.
133) 곽윤직 물권법 23.
134) 대판 1982.7.27. 80다2968, 1993.12.21. 91다41170.
135) 곽윤직 채권각론 610이하 등.
136) 민법주해 5권 양창수 231-2.

상대방은 침해하고 있거나 침해염려를 발생시킨 자이다. 여기서 침해는 과거의 침해가 아닌 현재의 침해이다.

5) 비용부담

물권적 청구권을 행사해서 원상회복을 구할 경우 그 비용은 누가 부담하는가의 문제가 있다.

행위청구권설은 물권적 청구권은 방해자의 고의 여부를 불문하고 방해자의 행위를 요구할 수 있는 권리이므로 방해자인 상대가 부담해야 한다고 보나,[137] 돌담이 무너진 경우같이 반환과 방해제거 경합 시 먼저 청구하는 쪽이 유리하다는 불합리가 있다.

소유자책임설은 위 불합리를 제거하기 위하여 불가항력 내지 방해자에게 책임 없는 사유에 의한 경우의 반환청구권에 한하여 예외를 인정하여 점유자가 스스로 취득한 것이 아닌 한 소유자가 부담한다고 보나, 소유자는 언제나 부담한다는 문제가 있다.[138]

유책조건부행위청구권설은 방해에 대한 상대의 책임이 있을 때는 상대의 비용부담을 청구할 수 있으나, 없을 때는 자신이 배제하는 것을 수인시키는 데 그친다고 보나,[139] 법은 인용 아닌 청구로 규정하고 있어 법문에 반한다.

인용청구권설은 청구내용을 상대의 행위가 아닌 인용으로 보고, 귀책사유 있는 쪽이 비용부담하고, 쌍방에게 귀책사유 없으면 공평 부담한다고 본다.[140]

판례는 물건의 인도,[141] 건물철거,[142] 경작방해금지[143] 등을 명령하면서 비용부담에 관하여 따로 언급이 없는데, 이는 원·피고의 별도 청구가 없는 탓에 기인한 것

---

137) 이은영 물권법 67-8.
138) 김증한·김학동 물권법 210.
139) 곽윤직 물권법 24-5.
140) 김용한 물권법 54.
141) 대판 1966.10.4. 66다1421.
142) 대판 1967.2.28. 66다2228.
143) 대판 1961.11.16. 4293민상836.

으로 보이나, 판결주문에 따른 강제집행비용은 상대방이 부담하는 것이므로(민사집행법 제53조) 행위청구권설과 같은 결론이 된다.

나. 사안의 경우

갑은 병에게 방해제거청구(병은~를 수거해 가라)가 가능하다. 수거비용부담문제는 별도 청구하게 될 것인데, 병에게 귀책사유가 없으므로 갑 부담으로 결론이 날 것이다.

병은 갑에게 반환청구불가하고(갑의 점유설정의사가 있는 것은 아니므로), 수거허용청구 가능할 것이다. 수거비용은 자신이 부담해야 할 것이다.

불법행위책임문제는 쌍방에게 고의·과실 없으므로 문제되지 않을 것이다.

4. 갑, 을의 관계

갑, 을 간에는 임대차관계에 따른 권리의무가 있다.

임차인의 의무로서 차임지급의무, 임차물 보관의무, 임차물 반환의무, 원상회복의무가 있다.

임차인의 권리로서 임차권, 비용상환청구권(보존 필요비, 유익비), 부속물매수청구권(사용편익위해 임대인 동의 얻어 부속시킨 물건, 임대인으로부터 매수한 부속물건, 자기소유일 것을 요건으로 한다)이 있다.

사안의 경우 을은 원상회복의무 위반 채무불이행 책임과 동시에 불법행위책임이 있으나, 타인의 물건을 부착시킨 것이므로 부속물매수청구권은 없다. 책임내용으론 건물의 사용불능에 따른 임료상당 손해와 철거에 따른 제 비용 반환이 된다.

5. 을, 병의 관계

  임대차관계에 따른 의무가 있고, 다른 약정 없다면 을은 병에게 채무불이행, 불법행위에 기한 손해배상책임이 있다. 그 내용은 수거비용과 수거해 올 때까지 임료상당액이 될 것이다.

| 점유취득시효

갑은 1980년에 자기 소유의 A토지 상에 건물을 신축하면서, 인접한 을 소유의 B
토지와의 사이에 있던 철조망을 제거한 후, B토지 상에 건자재를 쌓아 놓고 사용하
다가 공사가 끝나고 담을 새로 쌓으면서, B토지가 관리되지 않고 있는 점을 틈타 B
토지를 10평 정도 침범해 쌓고 마당으로 사용해 오다가, 2001.4. 토지와 건물을 병
에게 매도하고 등기이전해 주었다.

한편 을은 1999.5. B토지를 정에게 매도했는데, 정은 2002.10. 건물을 짓기 위하
여 토지를 측량해 보고야 위와 같은 침해 사실을 알게 되었다.

정이 위 침범부분을 돌려받을 수 있는지 여부와 각 경우의 법률관계를 논하라.

1. 논점의 정리

이 사안은 타인의 토지를 무단으로 20년 이상 점유해 오다가, 현 상태로 타인에

게 매각한 뒤에 침해사실이 알려져 문제가 된 경우이므로 부동산의 점유취득시효(제245조)에 관련된 쟁점들에 대한 이해를 묻는 것이다. 우선 점유취득시효의 요건과 효과 및 이와 관련한 무단점유와 자주점유에 관한 전원합의체 판례, 점유승계, 토지 일부에 대한 시효취득에 관련된 일반문제들을 살펴본다. 이를 기초로 사안의 경우 시효취득이 인정될 경우와 아닌 경우로 나누어, 인정될 경우 시효취득자의 등기청구권의 성질과 행사, 방해배제청구권, 권리를 잃게 된 매수인에 대한 매도인의 담보책임을 살펴보고, 시효취득이 안 될 경우 토지인도, 불법점유 손해배상, 법률상 원인 없는 점유에 대한 부당이득 여부 등에 관하여 살펴보면 된다.

2. 점유취득시효 완성 여부

가. 요 건

1) 20년간의 점유

부동산에 대한 20년간의 점유가 있어야 한다.

이는 자기점유만으로도 되고, 전 점유자 점유와 합쳐서도 된다(점유승계 제199조 제1항). 전 점유자의 점유를 승계하는 경우에는 그 하자도 승계된다(동조 제2항).

점유는 계속되어야 하는데, 전후 양시에 점유한 사실이 인정되면 계속한 것으로 추정된다(제198조).

상속이 되는 경우 점유권은 현실적인 점유의 이전과 상관없이 상속인에게 당연히 이전되는데(제193조), 상속인 자신도 현실적인 지배를 취득하면 독자의 점유권을 인정할 것인가의 문제가 피상속인의 점유가 타주점유인 경우에 문제가 되나, 판례는 새로운 권원에 의하여 고유의 점유를 개시하지 않는 한 상속만으로는 독자의 점유권을 인정하지 않는다.[144]

---

144) 대판 1992.9.22. 92다22602.

20년 기간의 기산점에 관하여 판례는 과거에는 최초 점유가 시작된 때이면 시효취득 주장자가 임의로 선택하지 못한다고 하다가,[145] 시효기간 중 등기명의자가 동일한 경우에는 기산점을 어디다 두어도 무방하나, 시효기간만료 후 이해관계 있는 제3자가 있는 경우에는 기산점을 임의로 선택하지 못하는 것으로 바꾸었다가,[146] 취득시효완성 후 등기명의가 변경되고 다시 취득시효가 완성된 경우에는 등기명의 변경 시를 새로운 기산점으로 해도 되는 것으로 일부 수정했다.[147]

전 점유자가 수인일 경우 어느 점유자부터 승계할 것인가는 임의선택이 가능하다.

2) 소유의사(자주점유)

소유의 의사로 점유하여야 하는데, 소유의 의사는 소유자와 마찬가지의 배타적 지배를 사실상 행사하려고 하는 의사를 말하고, 법률상 지배권한, 즉 소유권이 있거나 있다고 믿어야 하는 것은 아니다.[148]

소유의사 유무 판정은 점유자의 주관적인 내심의 의사가 아닌 점유취득의 원인이 된 사실, 즉 권원의 성질에 의하여 객관적으로 판정한다.[149]

매매, 증여, 교환계약에 기한 점유는 자주점유가 되고, 지상권, 전세권, 임차인의 점유는 타주점유이다.

성질상 알 수 없는 경우는 자주점유가 추정된다(제197조 제1항). 이 경우 시효취득을 부정하는 쪽이 타주점유를 증명해야 한다. 따라서 점유자가 스스로 매매 또는 증여와 같은 자주점유의 권원을 주장하였으나 이것이 인정되지 않는 경우에도 그 사유만으로는 자주점유의 추정이 번복되거나 점유권원의성질상 타주점유라고 볼 수 없다.[150]

여기서 추정되는 소유의 의사는 사실상 소유할 의사가 있는 것으로 충분한 것이

---

145) 대판 1966.2.28. 66다208.
146) 대판 1977.6.28. 77다47.
147) 대판 전합 1994.3.22. 93다46360.
148) 대판 1998.10.11. 1996다23719.
149) 대판 전합 1997.7.21. 95다28625.
150) 대판 전합 1983.7.12. 82다708, 709.

지 반드시 등기를 수반하여야 하는 것은 아니므로 등기를 수반하지 않는 점유임이 밝혀졌다 하여 이 사실만 가지고 바로 타주점유라고 할 수 없다.[151]

점유기간 동안 수차 부동산소유권이전등기등에관한특별조치법이 시행됨에 따라 등기 기회가 있었으나 등기를 않았고, 오히려 소유자가 같은 법에 의하여 소유권보존등기를 마쳤으나 이에 대하여 아무런 이의를 않은 경우 외형적 객관적으로 보아 점유자가 타인의 소유권을 배제하고 점유할 의사가 없는 것으로 볼 수 있다.[152]

자기 소유 토지 상에 건물을 신축하면서 인접토지와의 경계를 확인해 보지 않은 탓에 착오로 건물이 인접토지의 일부를 침범하게 된 경우에 착오에 기인한 이상 소유의사가 없다고 할 수 없으나, 통상은 건물이 자리 잡을 위치와 면적을 도면 등에 의하여 확인하는 것이 보통이므로 침범면적이 통상 있을 수 있는 시공상의 착오 정도를 넘어 상당한 정도에 이르는 경우에는 자신의 건물이 인접 토지를 침범하여 건축된다는 사실을 알고 있었다고 보아야 하고, 따라서 그 점유는 권원의 성질상 소유의 의사가 있는 점유라 할 수 없다.[153]

악의 무단점유이더라도 소유의사가 있는 경우에 종전의 판례는 자주점유를 인정해 왔으나, 대법원은 전원합의체 판결로 소유권취득의 원인이 되는 법률행위 기타 법률요건 없이 그런 요건은 없다는 사실을 잘 알면서 점유한 경우는 특별한 사정이 없는 한 주관적으로 소유의사 있더라도 인정 않는 것으로 변경했다.[154] 이에 대하여는 선의를 요구하지 않는 점유취득시효제도인데 악의와 소유의사를 혼동하고 있다고 비판하는 소수의견이 있으나, 무단점유자를 보호하는 부당함에 대한 법감정에 충실한 결론으로, 이로써 최초점유자는 점유취득시효 인정이 사실상 불가능하게 되었고, 전득자만이 가능하게 되었다.

---

151) 대판 전합 2000.3.16. 97다37661.
152) 대판 2000.3.24. 99다56765.
153) 대판 2001.5.29. 2001다5913.
154) 대판 전합 1997.7.21. 95다28625.

3) 점유는 평온·공연하게 이루어져야 한다.

점유의 평온·공연은 추정되므로(제197조 제1항), 실제로는 소유자의 이의가 있었는지 여부에 따라 결정될 것이다.

4) 점 유

점유는 사실상 지배권 행사를 말하므로, 간접점유도 가능하다.

토지의 일부에 대한 시효취득 여부에 관하여는 인정하는 것이 통설·판례이나, 인정되기 위하여는 다른 부분과 구별되어 시효취득자의 점유에 속한다는 것을 인식하기에 족한 객관적 징표가 계속해서 존재해야 한다.[155]

나. 사 안

20년의 점유와, 평온·공연한 점유의 요건은 갖추었으나, 악의 점유로 판례의 다수의견에 따르면 자주점유 요건은 못 갖추었으므로 시효취득할 수 없고, 소수의견에 따르면 시효취득이 가능하다.

3. 시효취득이 인정되지 않는 경우

가. 정의 병에 대한 토지인도와 담장 철거청구가 가능하고, 점유자와 회복자의 관계에서 비용부담 문제가 발생한다.

행위청구권설은 물권적 청구권은 방해자의 고의 여부를 불문하고 방해자의 행위를 요구할 수 있는 권리이므로 방해자인 상대가 부담해야 한다고 보나, 돌담이 무너진 경우같이 반환과 방해제거 경합 시 먼저 청구하는 쪽이 유리하다는 불합리가 있다.

소유자책임설은 위 불합리를 제거하기 위하여 불가항력 내지 방해자에게 책임 없

---

155) 대판 1997.3.11. 96다37428.

는 사유에 의한 경우의 반환청구권에 한하여 예외를 인정하여 점유자가 스스로 취득한 것이 아닌 한 소유자 부담한다고 보나, 소유자는 언제나 부담한다는 문제가 있다.

유책조건부행위청구권설은 방해에 대한 상대의 책임이 있을 때는 상대의 비용부담을 청구할 수 있으나, 없을 때는 자신이 배제하는 것을 수인시키는 데 그친다고 보나, 법은 인용 아닌 청구로 규정하고 있어 법문에 반한다.

인용청구권설은 청구내용을 상대의 행위가 아닌 인용으로 보고, 귀책사유 있는 쪽이 비용부담하고, 쌍방에게 귀책사유 없으면 공평 부담한다고 본다.

판례는 물건의 인도, 건물철거, 경작방해금지 등을 명령하면서 비용부담에 관하여 따로 언급이 없는데, 이는 원·피고의 별도 청구가 없는 탓에 기인한 것으로 보이나, 판결주문에 따른 강제집행비용은 상대방이 부담하는 것이므로(민사집행법 제53조) 행위청구권설과 같은 결론이 된다.

나. 갑과 병의 법률상 원인 없는 점유에 대한 을과 정의 임료상당 부당이득반환청구가 가능하다.

반환범위와 관련해서는 점유자와 회복자의 관계 규정인 제201 내지 203조가 부당이득의 특칙으로 적용되어 선의 점유자의 과실취득권(제201조 제1항)이 인정되는데, 여기서 선의는 과실취득권이 있다고 오신하는 것이고, 무과실(오신할 만한 근거)도 필요하다는 것이 판례이다.[156]

병은 매수인에게 측량까지 기대하기는 곤란하고, 침범면적이 넓지 않아 외관으론 잘 알 수 없으므로 선의 점유자가 될 것이나, 침범사실을 안 후부터는 악의가 된다.

을과 정은 갑에 대해 받은 이익에 이자 붙여 반환청구 가능하고, 손해가 있으면 그 손해도 청구 가능하다(제201조 제2항). 부당이득반환청구권의 시효는 10년이므로 소제기 전 10년분까지 청구 가능하다.

---

156) 대판 1992.12.24. 92다22114.

다. 불법행위 손해배상청구

갑의 행위가 불법행위임은 의문이 없다.

병의 경우 선의점유자로서 과실취득권이 있으므로(제201조) 문제가 되는데, 다수설은 과실을 수취할 권리를 부여한 것이므로 원물소유권을 침해하는 결과가 되어도 불법행위책임이 없다고 하고,[157] 소수설은 점유자가 과실을 수취하는 것은 법률상 원인 없는 것으로 반환해야 하는 것이지만 특별한 입법이유에 의해 반환의무를 면제하는 것에 지나지 않아 불법행위 등 다른 점유자의 책임은 영향받지 않는다고 본다.[158] 판례는 선의점유자에게 과실취득권이 있다 하여도 과실이 있으면 불법행위가 성립된다고 보나,[159] 사안의 경우 요건 충족이 어려울 것이다.

불법행위 손해배상청구의 제척기간은 안 날로부터 3년이고, 행위 있은 날로부터 10년인데, 2002.10. 알았으므로 1992.10.부터의 손해만 청구 가능하다. 따라서 정은 갑에게 1999.5.부터 2002.4.까지, 을은 1992.10.부터 1999.5.까지의 손해에 대한 배상청구가 가능하다.

4. 시효취득이 인정될 경우

가. 시효취득자의 등기청구권

1) 등기청구권의 발생

시효취득자는 소유명의자에 대하여 등기청구권을 취득한다.

법은 등기해야 소유권을 취득한다고 규정하고 있으므로 점유취득시효완성의 효과는 소유권의 취득이 아니고 등기청구권의 발생이다. 법률행위에 의하지 않은 물권

---

157) 이영준 물권법 324 등.
158) 곽윤직 물권법 267 등.
159) 대판 1966.7.19. 66다994.

변동은 등기가 필요 없는 것이지만(제187조), 예외로 등기를 요구하고 있다.

시효취득자가 경료해야 할 등기의 종류에 대하여는 원시취득이므로 보존등기라는 설이 있으나, 다수설과 판례는 원시취득은 맞지만 이전등기형식에 의할 것을 전제로 하고 있다.[160]

2) 등기청구권의 성질

등기청구권의 성질에 관해서는 채권행위로부터 발생하며 채권적 청구권이라고 보는 것이 다수설·판례이다.[161]

따라서 채권의 소멸시효기간인 10년에 걸리나, 토지에 대한 취득시효완성으로 인한 소유권이전등기청구권은 그 토지에 대한 점유가 계속되는 한 시효로 소멸하지 아니하고,[162] 나아가 부동산을 인도받은 이상 이를 사용·수익하다가 그 부동산을 처분하여 점유를 승계하여 준 경우에도 소멸시효는 진행하지 않는다.[163]

다만 이를 등기하지 않고 있는 사이에 그 토지에 관하여 제3자에게 소유권이전등기가 마쳐지면 점유자가 그 제3자에게는 그 시효취득으로 대항할 수 없지만, 토지에 대한 점유로 인한 소유권취득시효완성 당시 미등기로 남아 있던 그 토지에 관하여 소유권을 가지고 있던 자가 그 취득시효완성 후 그 명의로 소유권보존등기를 마쳤다 하더라도 이는 소유권의 변경에 관한 등기가 아니므로 그러한 자를 그 취득시효완성 후의 새로운 이해관계인으로 볼 수 없고, 설사 위 소유권보존등기가 대한민국을 상대로 한 소유권확인청구소송에서의 확정판결에 기하여 이루어진 것이라 하여 다르지 않다.[164]

소유권취득의 효력은 점유를 개시한 때로 소급한다(제247조 제1항).

---

160) 곽윤직 물권법 194, 대판 2004.9.24. 2004다31463.
161) 곽윤직 물권법 105 등, 대판 전합 1976.11.6. 76다148.
162) 대판 전합 1976.11.6. 76다148.
163) 대판 전합 1999.3.18. 98다32175.
164) 대판 1995.2.10. 94다28468.

3) 등기청구권의 행사

① 청구권자

등기청구권자는 시효완성 당시의 점유자이다.

점유승계가 있는 경우 전 점유자의 등기청구권을 대위행사하는 것인가 등기청구권도 승계되는가의 문제가 있다.

이에 관하여 다수설은 점유를 상실해도 시효이익의 포기로 볼 수 없는 한 이미 발생한 등기청구권은 소멸하지 않고, 전 점유자의 점유승계는 점유 자체와 그 하자만을 승계하는 것이지 점유로 인한 법률효과까지 승계하는 것은 아니므로 현 점유자는 자신의 전 점유자에 대한 소유권이전등기청구권을 보전하기 위하여 전 점유자의 소유자에 대한 소유권이전등기청구권을 대위행사할 수 있을 뿐이라고 본다.[165]

소수설은 점유상실이면 원인을 불문하고 등기청구권을 행사할 수 없고, 점유승계인은 제199조 제1항에 의해 전 점유자의 점유를 아울러 주장할 수 있으므로 전 점유자 대위할 필요 없이 바로 소유자를 상대로 이전등기청구가 가능하다고 본다.

② 상대방

등기청구의 상대방은 소유명의자이다.

4) 사 안

병은 갑을 대위하여 정에 대하여 갑에게 소유권이전등기하라고 청구하고, 다시 갑에 대하여 자신에게 소유권이전등기하라고 청구해야 한다.

나. 시효취득자의 방해배제청구권

사안에는 나와 있지 않지만, 시효취득자는 등기부상의 소유명의자가 설치한 담장 등을 철거하지 않으면 그를 상대로 점유방해배제를 청구할 수 있다.[166]

---

165) 대판 전합 1995.3.28. 93다47745.
166) 대판 2005.3.25. 2004다23899.

다. 소유자의 처분과 시효완성자의 손해배상청구권 및 대상청구권

사안의 경우는 해당하지 않으나 시효완성자가 등기를 않고 있는 동안 소유자가 부동산을 처분하여 시효완성자가 소유권을 취득할 수 없게 된 경우에 소유자와 시효완성자 사이에 계약상의 채권·채무관계가 있는 것은 아니므로 채무불이행책임을 물을 수는 없으나,[167] 소유자에 대하여 시효완성을 이유로 권리를 주장하였거나 등기청구권을 행사한 때에는 대상청구권을 행사할 수 있다.[168]

소유자의 처분에 제3자가 적극 가담했다면 반사회질서행위가 되어 무효가 되고 불법행위책임을 물을 수 있다.[169]

라. 정의 담보책임 추궁(제572조)

정은 을에게 물건의 하자를 이유로 대금감액청구, 계약해제, 손해배상청구를 할 수 있다.

---

167) 대판 1995.7.11. 94다4509.
168) 대판 1996.12.10. 94다43825.
169) 대판 1999.9.3. 99다20926 등.

판 례

대법원 1983.7.12. 선고 82다708,709,82다카1792,1793 전원합의체 판결【부당이득금반환등 및 소유권이전등기】

1. 취득시효에 있어서 자주점유의 요건인 소유의 의사는 객관적으로 점유취득의 원인이 된 점유권원의 성질에 의하여 그 존부를 결정하여야 하는 것이나, 다만 점유권원의 성질이 분명하지 아니한 때에는 민법 제197조 제1항에 의하여 점유자는 소유의 의사로 점유한 것으로 추정되므로 점유자가 스스로 그 점유권원의 성질에 의하여 자주점유임을 입증할 책임이 없고 점유자의 점유가 소유의 의사 없는 자주점유임을 주장하는 상대방에게 타주점유에 대한 입증책임이 있다고 할 것이다.

그러므로 점유자가 스스로 매매 또는 증여와 같은 타주점유의 권원을 주장하였으나 이것이 인정되지 않는 경우에도 원래 위와 같은 자주점유의 권원에 관한 입증책임이 점유자에게 있지 아니한 이상 그 점유권원이 인정되지 않는다는 사유만으로 자주점유의 추정이 번복된다거나 또는 점유권원의 성질상 타주점유라고 볼 수는 없다(당원 1965.11.23 선고 65다1875 판결; 1968.6.18 선고 68다729 판결; 1976.3.9 선고 76다886,1887 판결; 1981.7.14 선고 80다2289 판결 및 1981.7.28 선고 78다1888 판결 각 참조).

당원은 종전에 부동산 취득시효에 관하여 위에서 판시한 견해와는 달리 점유권원의 성질이 분명하지 않은 경우에 자주점유의 추정을 인정하지 아니하고 자주점유를 주장하는 점유자에게 그 점유권원의 성질에 관한 입증책임이 있다는 취지의 견해를 표명한 바 있고(1967.10.25 선고 66다2049 판결 등), 또 점유자가 매수 또는 증여받은 사실이 인정되지 않은 경우에 자주점유로 추정되지 않는다는 취지의 견해를 표명한 바 있으나(1962.2.8. 선고 4294민상941 판결, 1974.8.30. 선고 74다945 판결 및 1981.12.8. 선고 81다99 판결 등), 이러한 견해는 폐기하기로 한다.

2. 원심판결 이유에 의하면 원심은 피고가 1923.4.9.부터 이 사건 토지 상에 수리시설인 양수장, 수로 및 그 부지와 양수장에 이르는 도로 등을 개설하여 현재까지 소유의 의사로 평온 공연하게 점유하여 옴으로써 20년이 경과한 1943.4.9일자로 취득시효가 완성되었다고 주장한 데에 대하여, 피고의 위 점유사실은 인정되나 피고가 이 사건 토지를 매수 또는 수용한 사실이 인정되지 않을 뿐 아니라 피고는 1963년경부터 1973년경 사이에 원고에게 이 사건 토지의 매수제의를 하였으나 거절당한 사실이 인정되므로, 피고가 이 사건 토지를 위 기간 동안 점유 사용하여 왔다는 것만으로는 피고의 이 사건 토지에 대한 점유권원의 성질상 소유의 의사로 이를 점유하였다고 볼 수 없고 달리 이를 인정할 증거가 없으므로 자주점유임을 전제로 한 위 피고의 주장은 이유 없다 하여 배척하고 있다.

그러나 위에서 설시한 이치와 같이 피고가 이 사건 부동산을 원심판시 기간 동안 점유하여 온 사실이 인정되는 이상 피고는 소유의 의사로 이를 점유한 것으로 추정되므로 피고 스스로 자주점유임을 증명하기 위하여 이 사건 부동산의 점유취득 원인이 매매 또는 수용인 사실을 입증할 책임이 없을 뿐 아니라, 이와 같이 피고에게 입증책임이 없는 매매 또는 수용사실이 인정되지 않는다고 하여 이것만으로 점유권원의 성질상 자주점유가 아니라고 볼 수는 없다.

또 피고가 원심판시와 같이 취득시효 기간이 경과한 후에 원고에게 이 사건 토지의 매수를 제의한 일이 있다고 하여도 일반적으로 점유자는 취득시효가 완성된 후에도 소유권자와의 분쟁을 간편히 해결하기 위하여 매수를 시도하는 사태가 허다함에 비추어 이와 같은 매수제의를 하였다는 사실을 가지고 피고의 점유를 타주점유라고 볼 수도 없는 것이다(당원 1966.1.25. 선고 65다1836 판결 참조).

대법원 2000.3.16. 선고 97다37661 전원합의체 판결 【건물철거 등】

2. 자주점유 추정의 번복 등에 관한 상고이유에 대하여 원심판결 이유에 의하면, 원심은 위에서 인정한 바와 같은 사실관계에 터 잡아 소외 김종대가 이 사건 토지를 매수하여 점유하기 시작한 1965년 1월경부터 이 사건 토지를 소유의 의사로 평온, 공연하게 점유하였다고 추정되고, 김종대가 망 양영혁 소유인 이 사건 토지를 망 조병옥으로부터 매수하여 그 점유를 취득하였다고 하더라도 그 사실만으로는 김종대의 이 사건 토지에 대한 점유를 타주점유라고 볼 수 없으며, 1985.1.31. 이 사건 토지에 관한 김종대의 점유취득시효가 완성되었으므로, 김종대에 대한 위 매매를 원인으로 한 소유권이전등기청구권을 보전하기 위하여 원고를 포함한 이 사건 토지의 공유자들에 대하여 김종대를 대위하여 위 취득시효 완성을 원인으로 한 소유권이전등기절차를 구할 지위에 있는 피고에게 원고가 이 사건 토지의 소유권에 기하여 그 지상 건물 등의 철거를 구하는 것은 신의칙에 반한다는 피고의 항변을 받아들여, 원고가 공유물의 보존행위로서 그 지상 건물 등의 철거를 구하는 이 사건 청구를 배척하고 있다.

민법 제197조 제1항에 의하면 물건의 점유자는 소유의 의사로 점유한 것으로 추정되므로 점유자가 취득시효를 주장하는 경우에 있어서 스스로 소유의 의사를 입증할 책임은 없고, 오히려 그 점유자의 점유가 소유의 의사가 없는 점유임을 주장하여 점유자의 취득시효의 성립을 부정하는 자에게 그 입증책임이 있는 것이고, 부동산 점유취득시효에 있어서 점유자의 점유가 소유의 의사 있는 자주점유인지 아니면 소유의 의사 없는 타주점유인지 여부는 점유자의 내심의 의사에 의하여 결정되는 것이 아니라 점유 취득의 원인이 된 권원의 성질이나 점유와 관계가 있는 모든 사정에 의하여 외형적·객관적으로 결정되어야 하는 것이기 때문에 점유자가 성질상 소유의 의사가 없는 것으로 보이는 권원에 바탕을 두고 점유를 취득한 사실이 증명되었거나, 점유자가 타인의 소유권을 배제하여 자기의 소유물처럼 배타적 지배를 행사하는 의사를 가지고 점유하는 것으로 볼 수 없는 객관적 사정, 즉 점유자가 진정한 소유자라면 통상 취하지 아니할 태도를 나타내거나 소유자라면 당연히 취했을 것으로 보이는 행동을 취하지 아니한 경우 등 외형적·객관적으로 보아 점유자가 타인의 소유권을 배척하고 점유할 의사를 갖고 있지 아니하였던 것이라고 볼 만한 사정이 증명된 경우에도 그 추정은 깨어지는 것이므로, 점유자가 점유 개시 당시에 소유권 취득의 원인이 될 수 있는 법률행위 기타 법률요건이 없이 그와 같은 법률요건이 없다는 사실을 잘 알면서 타인 소유의 부동산을 무단점유한 것임이 입증된 경우에도 특별한 사정이 없는 한 점유자는 타인의 소유권을 배척하고 점유할 의사를 갖고 있지 않다고 보아야 할 것이어서 이로써 소유의 의사가 있는 점유라는 추정은 깨어진다고 할 것임은 상고이유에서 지적하는 바와 같다(대법원 1997.8.21. 선고 95다28625 전원합의체 판결 등 참조).

그러나 현행 우리 민법은 법률행위로 인한 부동산 물권의 득실변경에 관하여 등기라는 공시방법을 갖추어야만 비로소 그 효력이 생긴다는 형식주의를 채택하고 있음에도 불구하고 등기에 공신력이 인정되지 아니하고, 또 현행 민법의 시행 이후에도 법생활의 실태에 있어서는 상당기간 동안 의사주의를 채택한 구민법에 따른 부동산 거래의 관행이 잔존하고 있었던 점 등에 비추어 보면, 토지의 매수인이 매매계약에 의하여 목적 토지의 점유를 취득한 경우 설사 그것이 타인의 토지의 매매에 해당하여 그에 의하여 곧바로 소유권을 취득할 수 없다고 하더라도 그것만으로 매수인이 점유권원의 성질상 소유의 의사가 없는 것으로 보이는 권원에 바탕을 두고 점유를 취득한 사실이 증명되었다고 단정할 수 없을 뿐만 아니라, 매도인에게 처분권한이 없다는 것을 잘 알면서 이를 매수하였다는 등 다른 특별한 사정이 입증되지 않는 한, 그 사실만으로 바로 그 매수인의 점유가 소유의 의사가 있는 점유라는 추정이 깨어지는 것이라고 할 수 없다(대법원 1993.10.12. 선고 93다1886 판결, 1996.3.22. 선고 95다53768 판결 등 참조). 그리고 민법 제197조 제1항이 규정하고 있는 점유자에게 추정되는 소유의 의사는 사실상 소유할 의사가 있는 것으로 충분한 것이지 반드시 등기를 수반하여야 하는 것은 아니므로 등기를 수반하지 아니한 점유임이 밝혀졌다고 하여 이 사실만 가지고 바로 점유권원의 성질상 소유의 의사가 결여된 타주점유라고 할 수도 없을 것이다. 만일 이와 반대의 입장에 선다면 이는 등기부취득시효제도만을 인정하고 있는 일부 외국의 법제와 달리 우리 민법이 점유취득시효제도를 인정하고 있는 그 취지 자체를 부정하는 결과에 이를 것이다.

더욱이 이 사건에 있어서와 같이 목적 토지를 매수한 시기가 현행 민법이 시행된 후 얼마 지나지 않은 1965년 1월 무렵이고 특히 그 토지가 현행 민법에 따른 부동산 거래의 관행이 비교적 늦게 정착되었다고 할 농촌지역에 소재하고 있는 점을 보태어 보면, 원심이 인정한 사실관계에서 본 바와 같이 김종대에게 이 사건 토지를 매도한 망 조병옥이 등기부상 소유자가 아니어서 김종대가 그에 의하여 바로 이 사건 토지의 소유권을 유효하게 취득할 수 없기는 하나, 기록상 김종대가 망 조병옥에게 이 사건 토지에 대한 처분권한이 없다는 것을 잘 알면서 매매에 이르렀다고 볼 자료가 없는 이상 망 조병옥이 이 사건 토지의 등기부상 소유자가 아니라는 사정만으로 김종대의 점유가 점유권원의 성질상 소유의 의사가 없는 것으로 보이는 권원에 바탕을 둔 것이라고 할 수 없을 뿐만 아니라, 김종대가 매매 당시 매도인에게 처분권한이 없음을 알고 있었다고 추단할 수도 없다고 할 것이므로 그에 의하여 소유의 의사가 있는 점유라는 추정이 깨어진다고 할 수 없다.

4. 대법관 조무제의 다수의견에의 보충의견은 다음과 같다.

반대의견은, 요컨대, 법률행위로 인한 부동산 물권의 변동에 관하여 형식주의를 취하는 우리 민법 아래에서, 등기를 수반하지 아니한 채 소유권 이전 목적의 법률행위만에 의한 부동산의 점유는 그 권원의 성질상 타주점유라고 보아야 하고 자주점유에 관하여 다른 견해를 표시한 대법원 판례들은 변경되어야 한다는 취지이다. 그러한 반대견해가 타당하기 위하여서는, 점유취득시효제도가 법률행위에 의한 부동산 소유권 취득의 제도일 것과 점유취득기간 완성의 효과로서 점유자가 등기 없이 그 부동산의 소유권을 취득하게 되는 규정적 장치가 전제되어야 할 것이다. 그런데 점유로 인한 부동산 소유권의 취득시효제도는 법률행위로 인한 부동산 물권 취득제도가 아니라 법률의 규정에 의한 부동산 물권의 취득제도로 이해되고 그의 법적 성격에 관한 이러한 풀이에는 이견이 없다.

나아가 덧붙이자면, 민법 제245조 제1항이 점유자는 그의 시효기간 완성 후 등기를 함으로써 그 점유 부동산의 소유권을 취득한다고 규정하고 있지만 그 규정 때문에 점유취득시효제도의 법적 성격을 법률행위에 의한 물권변동으로 볼 수 있는 것도 아니다.

그리고 점유로 인한 부동산 물권의 취득은 법률의 규정에 의한 물권변동이지만 민법 제187조의 예외로서 점유기간 완성 후에 등기를 하여야 비로소 그 물권의 취득이 이루어지도록 마련되어 있어서, 시효기간을 완성시킨 점유자로서는 그 완성으로써 등기 없이 바로 그 점유 부동산의 소유권을 취득하게 되는 것이 아니라, 채권적 청구권인 당해 부동산의 소유권이전등기청구권을 취득함에 그치는 것이다(대법원 1981.9.22. 선고 80다3121 판결, 1980.9.24. 선고 79다2129 판결들 참조).

반대의견처럼 점유취득시효 완성을 주장하는 사람이 등기를 수반하는 점유를 하는 것을 그 시효 완성의 요건으로 삼는다면 그 시효 완성 후에라야 그 시효기간 완성의 효과로서 등기청구권을 취득하게 되는 점유취득시효제도에 있어서 그 등기를 할 수 있기 위한 요건으로서 등기를 수반해야 한다는 순환론적 모순에 빠지고 마는 것이다.

이와 같이 어느 모로 보아도 취득시효에서의 점유권원에 등기가 수반되어야 할 근거는 찾아볼 수 없다 할 것임에도, 점유권원인 법률행위의 성격에 치중한 나머지 점유취득시효제도를 법률행위에 의한 부동산 소유권 취득제도와 마찬가지로 민법 제186조의 규정과 관련지우는 반대견해는 입법론으로서는 별론으로 하더라도 해석론으로서는 불합리한 면을 지니고 있다 하겠다.

따라서 점유권원이 등기를 수반하는 경우에만 소유의 의사로 보아야 한다는 논거에서 자주점유의 해석에 관하여 반대견해가 시도하는 새로운 해석 태도는 위에서 본 불합리성을 피할 수 없다 하겠고, 반대의견이 그러한 불합리성을 띤다는 사실 자체가 반면으로 다수의견의 정당성을 뒷받침해 준다고 할 것이다.

그러므로 자주점유란 소유자와 동일한 지배를 하려는 의사를 가지고 하는 점유를 의미할 뿐 소유권자의 지위에서 하는 점유라던가 소유권이 있다고 믿고 하는 점유를 의미하는 것이 아니라는 취지인 대법원 1996.10.11. 선고 96다23719 판결을 비롯한 수많은 판례들은 존중되어야 하고 그들이 변경될 필요는 없다고 본다.

5. 다수의견 중 자주점유 추정의 번복 등에 관한 판단에 대하여 대법관 이돈희, 대법관 김형선, 대법관 송진훈의 반대의견은 다음과 같다.

가. 민법은 제245조 제1항에서 "20년간 소유의 의사로 평온, 공연하게 부동산을 점유하는 자는 등기함으로써 그 소유권을 취득한다."라고 규정하고, 제197조 제1항에서 "점유자는 소유의 의사로 선의, 평온 및 공연하게 점유한 것으로 추정한다."라고 규정하고 있는바, 여기에서 '소유의 의사'라고 함은 점유자가 타인의 소유권을 배제하여 자기의 소유물처럼 배타적으로 지배하는 의사를 말하는 것으로서, 점유자의 점유가 이러한 소유의 의사가 있는 자주점유인지 아니면 소유의 의사가 없는 타주점유인지 여부는 점유자의 내심의 의사에 의하여 결정되는 것이 아니라 점유권원의 성질이나 점유와 관계가 있는 모든 사정에 의하여 외형적·객관적으로 결정되어야 하는 것이다(대법원 1997.8.21. 선고 95다28625 전원합의체 판결 등 참조). 또한, 여기에서 점유권원이라 함은 점유를 정당화하는 법적 원인이 되는 사실관계라는 의미로 이해할 수 있고, 이러한 점유권원에는 매매, 임대차 등과 같은 법률행위를 비롯하여 무주물 선점, 매장물 발견 등과 같은 비법률행위 또는 상속, 공용징수, 판결, 경매 기타 법률의 규정에 의한 물권의 취득 사유 등도 있을 수 있는바, 어떠한 부동산 점유의 권원이 등기를 수반하지 아니한 매매 등 소유권이전 목적의 법률행위로 밝혀졌다면, 그 점유에 대하여는 민법 제197조 제1항이 규정하는 자주점유의 추정은 더 이상 유지될 여지가 없어지고, 나아가 부동산 물권의 변동에 관하여 의사주의가 아닌 형식주의를 취하고 있음이 명백한 현행 민법 아래에서 그러한 점유는 권원의 성질상 타주점유로 보아 이로 인한 소유권의 취득시효를 부정하여야 할 것이다. 그 이유는 다음과 같다.

나. 먼저, 부동산 소유권에 관한 점유취득시효의 요건인 점유를 앞서 본 권원과의 관계에서 고찰하여 볼 때, 권원이 없음이 밝혀진 경우와 권원의 존부가 불분명한 경우 및 권원이 있음이 밝혀진 경우로 나누어 볼 수 있고, 권원이 있음이 밝혀진 경우도 그 권원의 성질이 불분명한 경우와 분명한 경우로 다시 나눌 수 있을 것인바, 이들 중에서 자주점유의 추정이 깨어지지 아니하는 것은 권원의 존부가 불분명한 경우와 권원이 있어도 그 성질이 불분명한 경우라고 할 것이고, 이와는 달리 권

원의 성질이 분명한 경우에는 그 성질에 따라 자주점유 여부가 명백히 가려질 것이므로 자주점유의 추정은 더 이상 유지될 수 없는 것이다. 따라서 어떠한 부동산의 점유권원이 등기를 수반하지 아니한 매매 등 소유권이전 목적의 법률행위로 밝혀졌다면, 이는 점유권원의 성질이 분명한 경우에 해당하므로 그에 따라 자주점유인지 여부를 가리면 되고, 거기에서 또 다시 민법 제197조 제1항에 따른 자주점유의 추정 문제로 돌아갈 것은 아니다.

다. 그러면 과연 어떠한 부동산의 점유권원이 등기를 수반하지 아니한 매매 등 소유권이전 목적의 법률행위로 밝혀진 경우 그 점유를 자주점유로 보아야 할 것인가? 아니면 타주점유로 보아야 할 것인가? 이 점에 관하여 구민법이 적용되던 시절부터 매매, 교환, 증여 등 소유권 이전을 목적으로 하는 법률행위는 그 성질상 자주점유의 권원이라고 보는 견해가 통설이고, 현행 민법하에서도 이러한 견해를 전제로 한 대법원 1992.12.8. 선고 91다42494 판결 등 상당수의 판례가 있음은 사실이다. 그러나 이러한 견해는 다음과 같은 이유에서 변경되어야 할 것이다.

(1) 취득시효는 예외적인 제도이므로 그 요건은 엄격하게 해석되어야 하고, 따라서 그 요건의 하나인 '소유의 의사'를 판별하기 위하여 점유권원의 성질을 규명함에 있어서도 엄격한 태도를 취하여야 할 것이다. 또한, '소유의 의사'란 앞서 본 바와 같이 외형적·객관적으로 '소유하는 의사'를 의미할 뿐, 주관적으로 '소유하려는 의사'를 의미하지는 않는 것인바, 이는 타인의 부동산을 임차하여 점유하는 자가 장래에 이를 소유하려는 의도를 가지고 있다고 하더라도 그 권원의 성질상 타주점유에 불과하다는 점에 비추어 보아도 분명하다.

그런데 구민법의 의사주의하에서는 소유권이전 목적의 법률행위가 이루어지면 이로써 곧바로 소유권이전의 효력이 발생하므로(구민법 제176조), 이러한 법률행위에 의하여 부동산을 점유한 경우 그 점유가 권원의 성질상 자주점유에 해당한다고 보는 데에 아무런 문제도 없지만, 현행 민법은 구민법과는 달리 등기라는 공시방법을 갖추어야만 법률행위로 인한 부동산 물권의 득실변경의 효력이 생긴다는 형식주의를 채택하고 있으므로(민법 제186조), 현행 민법 아래에서는 위와 같은 논리가 그대로 유지될 수는 없다. 오히려 소유권이전 목적의 법률행위에 의하여 부동산을 점유하였다고 하더라도 궁극적인 소유권이전의 효력발생요건인 등기를 도외시하고서는 그 점유를 자주점유라고 할 수 없다고 함이 정당한 논리적 귀결이며, 등기를 하지 아니한 부동산 매수인이 장차 등기를 하여 당해 부동산을 소유하려는 목적이나 의도를 가지고 있다고 하더라도 이러한 목적이나 의도를 소유의 의사와 동일시할 수는 없음은 물론이고 그러한 목적이나 의도가 권원의 성질을 좌우할 수도 없는 것이다. 그리고 매매계약 자체를 의사주의하에서와 같이 자주점유의 권원으로 보는 것은 소유권이전의 외관을 갖추지 못한 사실관계를 소유권이전의 외관이 있는 것으로 의제하여 이와 동일하게 취급하려는 것으로서, 이는 물권취득에 관한 규정의 강행법규성에 반할 뿐만 아니라, 공시의 원칙을 취한 형식주의의 입법취지에도 역행하는 것이라고 생각된다.

따라서 종래의 견해는 우리 민법의 부동산 물권관계에 관한 등기제도와 형식주의의 취지를 정당하게 고려하지 아니한 채 구민법적 사고방식을 타성적으로 답습한 것은 아닌지 검토할 필요가 있다고 할 것이고, 현행 민법이 종래의 의사주의를 버리고 형식주의를 채택한 이상, 등기를 수반하지 아니한 소유권이전 목적의 법률행위만에 의한 부동산의 점유는 소유권이전의 효력발생요건인 등기를 도외시함으로써 여전히 타인 소유의 부동산을 점유하는 것에 불과하여 그 권원의 성질상 외형적·객관적으로 소유의 의사가 결여된 타주점유라고 볼 수밖에 없다.

(2) 또한, 소유의 의사 자체를 자연적·사실적 의사라고 보더라도 그 존부를 객관적으로 판단함에 있어서는 규범적 고려가 필요하다.

이 점에 관하여 대법원은, 소유권 관계 공부가 멸실되었음을 기화로 허위 내용의 관계 서류에 의하여 소유권회복등기를 한 것만으로는 그 등기명의자가 회복등기를 마친 때부터 소유의 의사로 점유하였다고 볼 수 없다고 하고(대법원 1983.3.8. 선고 80다3198 판결 등 참조), 매도인이 무권리자이거나 행정청의 인가를 받지 못하였다는 등 이유로 점유취득의 원인인 매매 등의 법률행위가 무효인 경우에 매수인이 그 무효인 사실을 알았다면 자주점유가 아니라고(대법원 1976.11.9. 선고 76다486 판결 등 참조) 누차 판시하여 왔다. 그런데 이와 같은 사안에 있어서 자연적·사실적 의사만을 기준으로 할 때에는 점유자에게 당해 부동산에 대한 소유 의사가 있어 보이고 또한 그것도 통상의 경우에 비하여 의욕의 정도가 더욱 강하다고 할 것이지만, 판례는 이 경우 자주점유를 인정하는 것이 부당하다는 규범적 고려를 하여 자주점유의 추정이 깨어지거나 타주점유라고 판단한 것인바, 이러한 판례의 태도를 그 연장선 위에서 검토하여 보면, 등기하지 아니한 부동산 매수인의 점유도 역시 타주점유로 보아야 마땅할 것이다. 왜냐하면 형식주의를 취한 현행 민법이 적용되는 상황에서 등기하지 아니한 부동산 매수인은 매매로 인한 소유권이전의 효력이 발생하지 아니한다는 사실을 능히 알고 있다 할 것이어서, 결국 그가 등기를 하지 아니한 것은 의사주의하에서 매매가 무효로서 소유권을 취득할 수 없다는 사정을 알고 있다는 것과 비교하여 그 법적 평가가 다를 것이 없다고 보아야 하기 때문이다.

(3) 나아가, 부동산에 대하여 소유자가 할 수 있는 것과 같은 배타적 지배를 행사한다는 의미는 당해 부동산의 사용가치와 교환가치 전부를 배타적으로 지배하는 것을 뜻하는바, 소유권등기를 하지 아니한 채 부동산을 점유하는 매수인으로서는 그 부동산의 사용가치를 배타적으로 지배하는 의사가 있을지는 몰라도 담보권을 설정하는 등 그 부동산의 교환가치를 제대로 지배할 수는 없고, 오늘날의 경제생활에 있어서 토지의 교환가치가 갖는 의미는 과거에 비하여 그 비중이 더욱 크다고 할 것이므로, 이러한 매수인에게 '온전한 소유의 의사'가 있다고 보기도 어려운 것이며, 다른 한편, 매수인이 무권리자나 무권대리인 등으로부터 토지를 매수하여 점유하고 있는 경우에, 당해 토지에 관하여 등기를 갖추고 이를 담보로 제공하여 교환가치를 지배하고 있는 진정한 소유자를 보호할 필요가 더욱 큰 반면, 매수하였으면서도 법이 요구하는 등기를 갖추지 아니한 자를 보호할 필요는 그다지 크다고 할 수 없을 것이다.

(4) 한편, 현행 민법이 시행된 이래 40년이 지나고 있고 등기에 관한 국민의 법의식도 상당히 향상된 오늘날 부동산의 매수인은 당연히 소유권이전등기를 하여야만 당해 부동산을 배타적으로 지배할 수 있다고 생각할 것이고, 소유권등기를 하지 아니한 채로 소유자가 할 수 있는 것과 같은 배타적 지배를 하려는 의사를 갖는 경우란 극히 예외에 해당할 것이다. 이러한 현상은, 앞서 본 법의식이 규범적으로 반영되어 1990.8.1. 제정된 부동산등기특별조치법이 부동산의 소유권 이전을 내용으로

하는 계약을 체결한 자에게 소정의 기간 내에 소유권이전등기를 신청하도록 규정함과 동시에 상당한 사유 없이 이를 위반하는 경우에는 과태료를 부과하는 외에 일정한 경우에는 형벌까지 부과하고 있음에 비추어 보아도 더욱 분명하다. 이러한 측면에서도 종래의 견해는 변경되어야 하고, 이제 그 시점이 도래하였다고 본다.

(5) 구체적 정의나 타당성의 측면에서 보더라도, 소유권등기를 하지 아니한 채 부동산을 점유하고 있는 매수인을 취득시효제도에 의하여 굳이 보호할 것은 아니라고 생각된다.

점유자가 정당한 매수인이라면 그의 소유권 취득은 매매를 원인으로 한 소유권이전등기를 함으로써 충분하고, 특히 이 경우 매수인의 이전등기청구권은 그 소멸시효도 진행하지 아니한다는 것이 대법원의 입장이므로(대법원 1999.3.18. 선고 98다32175 전원합의체 판결 등 참조), 매수인이 당해 부동산의 진정한 소유자에 대하여 매매의 효력을 주장할 수 없는 특별한 경우에만 비로소 점유취득시효가 그 효용을 발휘할 것이다. 그런데 이러한 매수인을 두텁게 보호하는 것이 정의에 합당한지는 의문이 아닐 수 없는 반면, 예컨대 멀리 떨어져 있는 임야 등과 같이 현실적인 점유·사용을 계속적으로 유지하기가 곤란하거나 그것이 큰 의미가 없는 토지에 관하여 소유권등기를 마쳐 두고 있는 진정한 소유자가 소멸시효에 걸리지도 아니하는 소유권을 상실하게 되는 것이 정의에 부합하는 것이라고는 도저히 볼 수 없을 것이다.

또한, 과거 부동산의 진정한 매수인이 매매 사실의 입증 자료를 확보하지 못한 경우에 점유취득시효제도가 어느 정도 진정한 매수인의 구제에 기여를 하였던 점은 부정하기 어려울 것이지만, 다른 한편, 진정한 매수인의 대부분은 등기권리증이라도 보관하는 것이 보통이고 그동안 수차에 걸쳐 시행된 부동산소유권이전등기등에관한특별조치법 등에 의하여 등기를 함으로써 구제되었다는 사정 또한 간과되어서는 아니 될 것이다. 그럼에도 불구하고 여전히 등기를 수반하지 아니한 부동산 매수인의 점유를 자주점유로 본다면, 이는 진정한 매수인의 구제보다는 매매를 빙자한 점유자의 부당한 권리취득을 용인하는 결과가 될 것이다.

(6) 부동산 물권변동에 관하여 형식주의를 채택하고 있는 다른 나라들의 제도와 비교하여 보더라도 부동산에 대한 점유취득시효는 그 인정 범위를 좁히는 것이 바

람직한 방향이다. 독일에서는 부동산에 관한 등기를 하지 않은 자의 단순한 점유취득시효는 아예 인정하지 아니하고 등기부취득시효만을 규정하고 있을 뿐이며, 스위스에서는 등기부취득시효를 정규적인 취득시효로 규정하되, 부동산 자체가 등기부에 등기되지 아니하였거나 등기부상 소유자를 알 수 없거나 또는 소유자로 등기된 자가 취득시효기간 개시 당시에 사망하였거나 실종선고를 받은 경우에 한하여 엄격한 요건 아래에서만 점유취득시효를 인정하고 있을 뿐이다.

(7) 현행 민법이 부동산 물권변동에 관하여 형식주의를 취하면서 등기부취득시효 이외에 별도로 점유취득시효에 관한 규정을 두고 있다고 하더라도 그 결론이 달라지는 것은 아니다. 왜냐하면 매수인이 등기를 하지 아니한 채 매매 목적 부동산을 점유하고 있는 경우는 다음과 같은 경우와 분명히 구별되고, 이러한 경우가 바로 현행 민법이 부동산에 관하여 등기부취득시효 이외에 점유취득시효를 별도로 규정한 취지로 보아야 하기 때문이다.

그 예로는, 우선 점유권원이나 그 성질이 밝혀지지 아니한 경우는 물론이고 그 외에 ① 매수인이 매매 목적 토지에 관하여 소유권이전등기를 하였지만, 착오로 인접한 타인의 토지의 일부까지 매수한 것으로 믿고 이를 함께 점유하는 경우, ② 실제로는 A토지를 매수하였는데, 그 토지를 등기부상 B토지로 착각하여 B토지에 관하여 소유권이전등기를 하고 A토지를 점유한 경우, ③ 매매 목적 토지에 관하여 소유권이전등기를 하고 이를 점유하였는데, 그 이전등기가 중복등기 중 후등기에 해당하여 무효인 경우, ④ 착오로 작성된 지적도에 기초한 등기가 표상하는 토지를 매수하고 이전등기까지 한 다음, 착오로 작성된 지적도의 경계대로 당해 토지를 점유한 경우, ⑤ 무권리자인 등기명의인으로부터 부동산을 매수하여 소유권이전등기를 하고 점유한 매수인이 선의이지만 과실이 있는 경우, ⑥ 상속, 공용징수, 판결, 경매 기타 법률의 규정에 의한 물권의 취득 사유를 권원으로 부동산을 점유한 경우 등을 열거할 수 있다.

라. 그런데 다수의견은, 현행 민법이 부동산 물권변동에 관하여 형식주의를 취하면서도 등기에 공신력이 인정되지 아니한다는 점을 내세우나, 등기의 공신력은 이 사건에서 문제가 된 점유취득시효 외에 별도의 소유권 취득원인인 선의취득과 관련

하여 거래의 동적 안전을 보호하려는 취지의 제도로서, 부동산 매매 등의 권원의 성질을 논함에 있어 등기의 공신력이 문제될 여지는 없는 것일 뿐만 아니라, 등기에 공신력이 인정되지 아니한다고 하여 점유의 태양이 달라질 수도 없는 것임은 동산의 경우와 비교하여 보면 자명하므로, 합당한 근거가 되지 못한다고 할 것이다.

또한 다수의견은, 현행 민법의 시행 이후에도 상당한 기간 동안 의사주의를 채택한 구민법에 따른 부동산 거래의 관행이 잔존하고 있었던 점과 이 사건 토지의 매수 시기가 현행 민법이 시행된 후 얼마 지나지 않은 시점인 점 및 이 사건 토지가 부동산 거래의 관행이 비교적 늦게 정착된 농촌지역에 소재하고 있는 점을 그 논거로 삼고 있으나, 이는 부동산 물권변동에 관한 현행 민법의 규정이 강행규정으로서 이른바 부동산 거래의 관행을 이유로 배제될 수 없다는 점과 부동산 점유취득시효의 요건인 '소유의 의사'가 가지는 규범적 측면을 간과한 것일 뿐만 아니라, 이러한 다수의견에 의하더라도 현행 민법에 따른 부동산 거래의 관행이 정착되고 있는 추세에 비추어 과연 그러한 논거가 언제까지 유지될 수 있을 것인지도 의문이 아닐 수 없다. 점유권원의 성질은 거래의 관행이나 시간의 경과 또는 부동산의 소재지에 따라 변하는 것은 아닐 것이다.

나아가 다수의견은, 민법 제197조 제1항에 따라 추정되는 소유의 의사는 사실상 소유할 의사가 있는 것으로 충분하고 반드시 등기를 수반하여야 하는 것은 아니라는 점을 논거로 내세우고 있으나, 민법 제197조나 제245조 등에서 규정한 '소유의 의사'를 '사실상 소유할 의사'로 볼 민법상 근거가 없음은 물론이고 그 개념조차도 모호할 뿐만 아니라, 이 사건이 앞서 본 여러 점유권원들 가운데서 부동산 물권변동에 관하여 별도로 등기가 요구되는 소유권이전 목적의 법률행위를 그 점유권원으로 하는 사안이라는 점을 간과하고 있는 것으로 보이며, 다수의견 가운데 점유자가 점유 개시 당시에 소유권 취득의 원인이 될 수 있는 법률행위 기타 법률요건이 없이 그러한 사실을 잘 알면서 타인 소유의 부동산을 무단점유한 것임이 입증된 경우 자주점유가 인정되지 아니한다고 하거나, 매도인에게 처분권한이 없다는 것을 잘 알면서 이를 매수한 경우에는 자주점유가 아니라고 한 설시부분과 어떻게 서로 조화될 수 있는지도 의문이다. 또한, 우리 민법이 부동산에 관하여 점유취득시효제도를 둔 취지와 그 적용 사례는 앞서 본 바와 같으므로, 반대의견이 점유취득시효제도 자체를 부정하는 것이 아님은 더 말할 나위도 없는 것이다.

자주점유의 추정과 점유권원의 성질과의 관계는 앞에 나 항에서 밝혀 보았거니와 다수의견은 이 양자의 문제를 혼동하고 있다는 비난을 면하기 어려울 것이다.

한편 다수의견의 보충의견은, 민법 제245조 제1항이 부동산 점유취득시효가 완성되었더라도 그 점유자가 등기를 함으로써 소유권을 취득한다고 규정하고 있는 점에 비추어 보면, 위와 같이 등기의 수반을 거론하는 반대의견은 논리적 모순에 빠져 있을 뿐만 아니라, 점유취득시효제도를 법률행위에 의한 물권변동 사유로 잘못 파악하고 있다는 취지인 것으로 보인다.

그러나 반대의견은 민법 제245조 제1항의 등기의 원인을 법률행위로 보는 것이 아니고 그 등기의 원인이 되는 취득시효 완성의 성립요건 중에 하나인 점유자의 '소유의 의사'를 확정함에 있어 당해 점유권원이 매매 등 법률행위로 밝혀진 경우에 형식주의를 취한 현행 민법하에서 등기를 도외시하고는 그 법률행위를 자주점유의 권원이라고 할 수 없고 타주점유의 권원으로 보아야 한다는 것일 뿐이다. 앞서 밝힌 바와 같이 자주점유와 관련하여 등기를 수반하여야 하는 점유권원은 법률행위인 경우로서, 그 부동산을 점유하는 자가 당해 법률행위를 원인으로 등기까지 마쳤다면 이로써 당해 부동산의 소유권을 취득하는 것이 원칙이고, 이와 달리 점유취득시효가 문제되는 경우는 앞에 다. (7)항에서 이미 예시한 바와 같은바, 그 가운데에 ⑤를 제외한 나머지 경우에는 취득시효가 완성된 부동산에 관하여 점유자가 취득시효 완성을 원인으로 하여 등기를 함으로써 비로소 소유권을 취득하게 됨이 분명하고, ⑤의 경우에는 그 등기가 실체관계에 부합하게 되는 것일 뿐이다. 필경 보충의견은 반대의견의 취지를 오해한 것이 아닌가 생각된다.

마. 돌이켜 이 사건에 관하여 살피건대, 원심이 확정한 사실관계 및 기록에 의하면, 이 사건 토지에 관하여는 1929.12.16. 소외 망 양영혁 명의로 소유권보존등기가 마쳐지고, 1990.7.23. 원고 등의 명의로 1957.10.2일자 상속을 원인으로 한 소유권이전등기가 되었다는 것인데, 소외 김종대는 1965년 1월경 양영혁 등 진정한 권리자가 아닌 소외 조병옥으로부터 이 사건 토지를 매수하여 이를 점유하여 왔지만 소유

권이전등기를 한 바가 전혀 없고, 그러한 상태에서 피고가 다시 1985년 5월경 이 사건 대지를 김종대로부터 매수하였다는 것이다.

사정이 이러하다면, 이 사건 토지에 대한 김종대의 점유권원은 등기를 수반하지 아니한 매매로 밝혀졌다고 할 것이므로, 여기에 민법 제197조 제1항의 자주점유 추정 규정은 적용될 여지가 없고, 이러한 점유는 그 권원의 성질상 타주점유로 보아야 할 것이니 이러한 점유를 전제로 하는 피고의 취득시효 주장은 이를 받아들여서는 아니 될 것이다.

대법원 1997.8.21. 선고 95다28625 전원합의체 판결 【소유권이전등기】

2. 민법 제197조 제1항에 의하면 물건의 점유자는 소유의 의사로 점유한 것으로 추정되므로 점유자가 취득시효를 주장하는 경우에 있어서 스스로 소유의 의사를 입증할 책임은 없고, 오히려 그 점유자의 점유가 소유의 의사가 없는 점유임을 주장하여 점유자의 취득시효의 성립을 부정하는 자에게 그 입증책임이 있다 할 것이다. 그런데 점유자의 점유가 소유의 의사 있는 자주점유인지 아니면 소유의 의사 없는 타주점유인지의 여부는 점유자의 내심의 의사에 의하여 결정되는 것이 아니라 점유 취득의 원인이 된 권원의 성질이나 점유와 관계가 있는 모든 사정에 의하여 외형적·객관적으로 결정되어야 하는 것이기 때문에 점유자가 성질상 소유의 의사가 없는 것으로 보이는 권원에 바탕을 두고 점유를 취득한 사실이 증명되었거나, 점유자가 타인의 소유권을 배제하여 자기의 소유물처럼 배타적 지배를 행사하는 의사를 가지고 점유하는 것으로 볼 수 없는 객관적 사정, 즉 점유자가 진정한 소유자라면 통상 취하지 아니할 태도를 나타내거나 소유자라면 당연히 취했을 것으로 보이는 행동을 취하지 아니한 경우 등 외형적·객관적으로 보아 점유자가 타인의 소유권을 배척하고 점유할 의사를 갖고 있지 아니하였던 것이라고 볼 만한 사정이 증명된 경우에도 그 추정은 깨어진

다고 보아야 할 것이다(대법원 1991.11.26. 선고 91다25437 판결, 1994.11.8. 선고 94 다28680 판결, 1995.3.17. 선고 94다14445, 14452 판결, 1995.11.24. 선고 94다53341 판결 등 참조).

그러므로 점유자가 점유 개시 당시에 소유권 취득의 원인이 될 수 있는 법률행위 기타 법률요건이 없이 그와 같은 법률요건이 없다는 사실을 잘 알면서 타인 소유의 부동산을 무단점유한 것임이 입증된 경우에도 특별한 사정이 없는 한 점유자는 타인의 소유권을 배척하고 점유할 의사를 갖고 있지 않다고 보아야 할 것이므로 이로써 소유의 의사가 있는 점유라는 추정은 깨어졌다고 할 것이다. 따라서 종래 이와 달리 점유자가 타인 소유의 토지를 무단으로 점유하여 왔다면 특별한 사정이 없는 한 권원의 성질상 자주점유에 해당한다는 취지의 판례(대법원 1992.12.22. 선고 92 다43654 판결, 1994.4.29. 선고 93다18327, 18334 판결, 1994.10.21. 선고 94다17475 판결, 1996.1.26. 선고 95다863, 870 판결 등)와 지방자치단체가 도로로 편입시킨 토지에 관하여 공공용 재산으로서의 취득절차를 밟지 않은 채 이를 알면서 점유하였다고 인정된 사안에서 지방자치단체의 위 토지 점유가 자주점유의 추정이 번복되어 타주점유가 된다고 볼 수 없다는 취지의 판례(대법원 1991.7.12. 선고 91다6139 판결 등)의 견해는 모두 변경하기로 한다.

4. 대법관 이용훈의 다수의견에 대한 보충의견은 다음과 같다.

일반적으로 법은 공동체 안에서 살고 있는 평균인의 최소한도의 도덕이라고 할 수 있지만 재산법은 비교적 도덕으로부터 중립적이거나 무관심한 경향을 취하고 있다고 말하여지고 있다. 그러나 재산법에도 신의성실의 원칙이나 선량한 풍속 등과 같이 평균인의 보편적 도덕성을 하나의 해석 기준으로 삼을 수밖에 없는 일반적 준칙이 있을 뿐만 아니라 민법이 조리를 법원(법원)의 하나로 규정하고 있는 점에 비추어 볼 때, 재산법도 평균인의 보편적 도의관념을 도외시한 법체계라고 말할 수는 없다. 따라서 재산법의 해석에 있어서도 평균인의 보편적 도의관념이 존중되어야 함은 당연하다.

이 사건에서 문제가 된 부동산 점유취득시효에 있어서 점유자의 소유의사의 추정의 문제도 단순한 점유자의 내심의 의사의 유무에 관한 문제에 그치는 것이 아니라 점유제도의 사회적 작용 때문에 그 판단에 있어서는 당연히 규범적 고려를 하여야 하는 것이므로, 그 해석에 있어서 이러한 평균인의 보편적 도의관념은 당연히 고려되어야 하는 것이다. 다수의견이 점유자의 점유가 소유의 의사가 있는 점유인지 여부를 점유자의 내심의 의사가 아니라 점유 취득의 원인이 된 권원의 성질이나 점유와 관계가 있는 모든 사정에 의하여 외형적·객관적으로 결정하여야 한다고 한 것은 소유의 의사가 점유자의 자의에 따라 변하여서는 아니 된다는 규범적 의미를 가지고 있음을 긍정한 것이다.

점유자가 점유 개시 당시에 소유권 취득의 원인이 될 수 있는 법률행위 기타 법률요건이 없이 그와 같은 법률요건이 없다는 사실을 알면서 타인 소유의 부동산을 무단점유한 경우에 그 점유자가 정상적인 사고와 행동을 하는 평균인이라면, 동산과는 달리 은닉하여 소유권자의 추급을 회피할 수도 없는 부동산을 점유 개시 당시부터 진정한 소유자의 소유권을 배척하고 점유할 의사를 갖고 있었던 것이 아니라, 오히려 진정한 소유자가 그 반환을 구하는 경우에 이를 반환할 것이지만 그동안 일시적으로 사용하겠다는 의사나 장차 그 소유권자로부터 본권을 취득할 의사로 점유를 개시하였다고 보는 것이 사회통념과 우리의 생활경험에 합치하는 것이고, 그것이 바로 평균인의 보편적 도의관념이라고 할 것이다. 부동산의 무단점유의 경우에 동산을 절취한 자와 같이 처음부터 진정한 소유권을 배척하려는 의사를 가지고 점유를 개시하려는 자가 전혀 없다고 할 수는 없겠지만, 이와 같은 사람은 평균인의 보편적 도의관념과는 동떨어진 사고를 가진 극히 예외적인 반사회적인 사람이라고밖에 볼 수 없을 것이다. 그럼에도 불구하고 이러한 예외적인 사람의 의사를 기준으로 하여 그것이 무단점유자의 일반적 의사인 것처럼 취급하거나 법적 효과를 발생하는 소유의 의사가 있는 것으로 추정하는 것은 평균인의 일반적 사고를 기준으로 하여야 하는 법적 판단의 기본원칙에 반하고, 법이 그 기초를 두고 지향하여야 할 정의관념에도 반한다고 하지 않을 수 없다. 점유자의 점유에 소유의 의사가 있는지 여부는 점유자의 선의·악의와는 상관없는 이와 같은 평균인의 사고를 기준으로 한 규범적 판단의 문제이다. 따라서 타인 소유의 부동산을 무단점유한 것임이 증명된 경우에는 그 점유자의 소유의 의사의 추정이 깨어진다고 봄이 마땅하다.

더욱이 민법 제197조 제1항이 물건의 점유자가 그 물건을 소유의 의사로 점유한 것으로 추정한다고 한 규정은 물건의 점유라는 전제 사실로부터 점유자의 소유의 의사를 추정하는 법률상의 사실 추정 규정으로서 사물의 개연성을 바탕으로 한 경험칙을 법규화한 것이다. 여기에서 소유의 의사라 함은 요컨대 타인을 배제하면서 자기의 소유물처럼 배타적 지배를 행사할 의사를 말한다고 할 것인데, 점유하는 물건이 동산인 경우에는 점유가 소유권의 공시방법이므로 그 점유자에게 위와 같은 소유의 의사가 존재할 개연성은 아주 높다고 할 수 있을 것이다. 그러나 법률행위로 인한 부동산 물권의 득실변경은 등기라는 공시방법을 갖추어야만 비로소 그 효력이 생긴다는 형식주의를 채택한 현행 민법 아래서는 부동산을 소유할 의사가 있는 사람은 등기를 하여야 소유권을 취득한다고 생각하는 것이 보통이며 소유권의 등기를 하지 않은 채 부동산을 소유하고자 하는 경우란 극히 예외적이라고 할 것이다. 그렇다면 점유하는 물건이 부동산인 경우에도 동산과 마찬가지로 점유 그 자체로부터 점유자의 소유의 의사를 추정하는 것은 등기 없이 부동산에 관한 물권을 취득하도록 하는 의사주의를 채택하였던 구민법 아래서는 그 시대의 사회실정을 반영한 사고방식이었다고 할 수 있을지 모르겠으나, 형식주의를 채택한 현행 민법이 시행된 지 오랜 세월이 지난 오늘날에 이르기까지 그러한 법감정이 그대로 타당하다고 볼 수는 없다.

그리고 부동산은 등기로써 그 권리관계가 공시되기 때문에 일반적으로 소유자라고 하여 항상 물리적인 점유를 하고 있어야 하는 것도 아니므로 점유와 물건의 견련 정도가 미약할 수밖에 없고, 따라서 소유자가 모르는 사이에 소유자의 의사에 반하는 점유의 개시는 동산의 경우와 달리 그 가능성이 높다고 할 수 있다. 그런데도 부동산 점유자의 경우에 민법 제197조 제1항이 규정한 소유의 의사의 추정을 쉽게 깨어질 수 없는 강력한 것으로 본다면, 점유취득시효를 주장하는 점유자는 위 추정 규정의 혜택을 받아서 너무 쉽게 부동산에 대한 소유권을 취득하게 되는 반면에 등기한 진정한 소유자는 그 추정을 깨기가 어려운 관계로 절대적 권리인 소유권을 너무 쉽게 상실하는 결과에 이르게 될 것이다. 이는 바로 부동산 물권관계에서 등기와 점유가 각기 가지는 역할이 전도되는 결과를 승인하는 것이 되어 바람직하지 않다.

그러므로 물권변동에 관하여 의사주의를 채택하고 있는 구민법의 경우와 달리 형식주의를 채택하고 있는 현행 민법 아래에서는 소유의 의사의 추정 규정을 해석함에 있어서 등기제도가 부동산 물권관계 전반에서 가지는 일반적 의미를 정당하게 고려하여야 할 것이며, 부동산 물권관계에 관한 우리 법생활의 실태도 충분히 고려하여야 할 것이다. 물론 민법 제197조 제1항이 동산·부동산을 구별하지 않고 점유자는 소유의 의사로 점유한 것으로 추정한다고 규정하고 있는 이상 실정법의 명문규정을 뛰어넘어 부동산 점유취득시효에 있어서 점유자의 소유의 의사를 법률상 추정하지 않을 방법은 없다고 하더라도, 그 추정을 쉽게 깨어질 수 없는 확고부동한 것으로 보아서는 아니 될 것이고, 오히려 그 추정을 쉽게 깨어 가능한 한 취득시효를 주장하는 자에게 취득시효의 요건사실을 입증하도록 함이 온당하다고 할 것이다. 법률상 사실 추정은 일반적으로 입증책임을 전환하는 효과가 있다는 이론에 집착하여 점유에 의한 소유의 의사의 추정을 깨지기 힘든 절대적인 것으로 보는 견해는 오늘날 우리 민법의 부동산 물권관계에 관한 등기제도의 의미와 법생활의 실태를 충분히 반영하지 못한 채 구민법적 사고방식을 그대로 답습하는 것이라고밖에 볼 수 없다. 그동안 취득시효제도 운영에 많은 비판이 행하여지고 있는 것도 이와 같은 평균인의 보편적 도의관념을 도외시한 법률해석에서 비롯된 것이라고 할 것이므로, 이제는 더 이상 구민법적 사고방식을 고집할 일이 아니다.

오늘날 우리 사회에 살고 있는 평균인의 보편적 도의관념에 비추어 볼 때 부동산을 무단점유한 경우에 자주점유의 추정이 깨어진다고 보는 것은 지극히 타당한 법적 판단이며, 최소한도의 도의관념을 가진 평균인의 사고라고 할 것이다.

5. 대법관 김형선의 다수의견에 대한 보충의견은 다음과 같다.

일찍이 대법원 1983.7.12. 선고 82다708, 709, 82다카1792, 1793 전원합의체 판결에서는 취득시효에 있어서 자주점유의 요건인 소유의 의사는 객관적으로 점유 취득의 원인이 된 점유 권원의 성질에 의하여 그 존부를 결정하여야 할 것이나, 점유 권원의 성질이 분명하지 아니한 때에는 민법 제197조 제1항에 의하여 점유자는 소유의 의사로 점유하는 것으로 추정된다고 판시하였고, 이 사건 다수의견은 점유자의 점유가 소유의 의사가 있는 점유인지의 여부를 점유자의 내심의 의사가 아니라 점유 취득의 원인이 된 권원의 성질이나 점유와 관계가 있는 모든 사정에 의하여 외형적·객관적으로 결정되어야 한다고 하면서 점유 권원에 대한 그 이상의 설명을 하고 있지 아니하나, 여기에서 점유 권원이라 함은 점유 취득의 원인이 된 사실관계라는 의미로 이해할 수 있고, 위와 같은 점유 취득의 원인이 된 권원에는 매매, 임대차 등과 같은 법률행위와 무주물 선점, 매장물 발견 등과 같은 비법률행위도 있을 수 있으며, 그것은 적법한 권원과 부적법한 권원이 있을 수 있는데, 점유 '취득의 원인'이 된 사실관계가 없는 이른바 무단점유는 권원 그 자체가 없는 점유라고 할 것이다.

점유를 위와 같은 권원과의 관계에서 고찰하여 볼 때, 권원이 없음이 밝혀진 경우와 권원의 존부가 불분명한 경우 및 권원이 있음이 밝혀진 경우로 나누어 볼 수 있고 권원이 있음이 밝혀진 경우도 그 권원의 성질이 불분명한 경우와 그 성질이 분명한 경우로 나눌 수 있을 것이다. 그런데 이 경우 자주점유의 추정이 깨어지지 아니하는 것은 권원의 존부가 불분명한 경우와 권원이 있어도 그 성질이 불분명한 경우에 한한다고 할 것이며, 반면 권원의 성질이 분명한 경우에는 그 성질에 따라 자주점유 여부가 결정될 것이므로 점유의 추정은 유지될 수 없는 것이고 권원이 없음이 밝혀진 경우에도 자주점유의 추정은 깨어진다 할 것이다. 왜냐하면 권원이 없는 점유의 권원의 성질의 불분명 여부는 생각할 수 없기 때문이다.

6. 대법관 박준서의 별개의견은 다음과 같다.

가. 악의의 무단점유라는 사실 자체만으로 민법 제197조 제1항의 자주점유의 추정이 깨어진다는 취지의 다수의견에 찬성할 수 없으나, 뒤에서 보는 바와 같이 원고의 이 사건 대지에 대한 점유는 그 권원의 성질상 타주점유로 보아야 하므로, 원심판결이 파기환송되어야 한다는 결론에는 찬성하여 별개의견을 표시하는 것이다.

나. 우선 다수의견은 우리 민법과 기존 판례에 저촉된다고 본다.

다수의견은 소유의 의사 추정이 깨어지는 이른바 악의의 무단점유를 점유자가 점유 개시 당시에 소유권 취득의 원인이 될 수 있는 법률행위 기타 법률요건이 없이 그와 같은 법률요건이 없다는 사실을 잘 알면서 타인 소유의 부동산을 무단점유하는 것이라고 정의하고 있으나, 이는 민법 제197조가 점유 태양에 따라 분류한 기준에 의하면 선의 점유의 반대 개념인 악의 점유의 태양에 해당한다고 할 것인데, 민법 제197조는 악의 점유자에게도 소유의사를 추정하고 있고, 대법원 1995.9.15. 선고 95다18956 판결 등 많은 판례가 이미 이를 확인하여 왔으므로, 악의의 무단점유라는 사실 자체만으로 소유의사 추정을 배척하는 것은 이러한 법률과 판례에 저촉된다고 할 것이다.

그리고 점유의 소유의사 추정과 그 입증책임에 관한 당원의 기본 판례인 대법원 1983.7.12. 선고 82다708, 709, 82다카1792, 1793 전원합의체 판결은 "취득시효에 있어서 자주점유의 요건인 소유의 의사는 객관적으로 점유 취득의 원인이 된 점유 권원의 성질에 의하여 그 존부를 결정하여야 하는 것이나, 다만 점유 권원의 성질이 분명하지 아니한 때에는 민법 제197조 제1항에 의하여 점유자는 소유의 의사로 점유한 것으로 추정되므로 점유자가 스스로 그 점유 권원의 성질에 의하여 자주점유임을 입증할 책임이 없고 점유자의 점유가 소유의 의사 없는 타주점유임을 주장하는 상대방에게 타주점유에 대한 입증책임이 있다."라고 판시한 바가 있다.

먼저 위 판례에서 말하는 점유 권원의 의미에 관하여 이견이 있으므로 그 명백한 해석이 필요하다. 여기서 권원이라 함은 의용 민법 제185조에서 유래된 용어로서 적법한 점유 권원을 뜻하는 것이 아니고 점유권의 원인이 된 사실을 뜻한다고 함이 통설적 견해이다.

따라서 무단점유도 여기의 점유 권원에 해당되는 것이므로 위 전원합의체 판결에 따라 무단점유의 경우에도 1차로 그 점유 권원의 성질, 즉 무단점유의 원인, 경위 등에 의하여 소유의사 존부를 판단하고, 2차로 그 성질이 불분명한 때에 한하여 민법 제197조 제1항에 의하여 소유의사를 추정하여야 할 것이다.

그런데 무단점유의 경우, 구체적인 사건에 따라 쌍방 증거자료에 의하여 그 성질이 밝혀짐에도 불구하고 그동안 일부 실무에서 그 성질이 밝혀지지 않은 경우에 비로소 적용되는 법리인 소유의사 추정을 곧바로 적용하였던 잘못이 있었던 것이다.

우리 판례는 이미 소유의사의 개념을 "타인의 소유권을 배제하여 자기의 소유물처럼 배타적 지배를 행사하려는 의사"로 누차 정의하고 있으므로 기록에 나타난 무단점유의 성질과 위 소유의사 개념에 의하여 무단점유의 사안에 따라 소유의사 존부를 판단할 수 있을 것이다.

일반적으로 타인 소유의 토지를 일시 사용하는 것을 소유자가 용인할 것으로 기대하고 하는 태양의 무단점유는 소유의사 요건을 충족하지 못할 것이고, 동산 절도는 물론 부동산의 경우에도 위 소유의사가 객관적으로 표출된 무단점유의 경우에는 소유의사를 인정해야 할 것이며 그 성질이 불분명한 경우는 이를 추정해야 할 것이다.

다수의견이 폐기하는 당원의 판례의 사안들은 모두 민법 제197조 제1항과 위 전원합의체 판례에 따라 그 무단점유의 성질에 비추어 소유의사가 인정되거나 그것이 불분명하여 소유의사가 추정된 판례로서 그대로 유지되어야 한다.

이와 같이 무단점유의 소유의사는 위 전원합의체의 판례를 유지하는 한 권원의 성질, 즉 무단점유의 성질에 따라 마치 법률행위 해석과 마찬가지로 무단점유의 취지를 파악하여 소유의사 존부를 판단하고, 그것이 불가능한 때에는 민법 제197조 제1항의 규정대로 소유의사를 추정할 수밖에 없는 것이다.

다수의견의 견해에 의하면 무단점유의 표본인 동산절도의 경우, 타인의 부동산을 소유권등기까지 하며 무단점유하는 경우 또는 타주점유자가 소유자에게 소유의사를 표명한 무단점유의 경우까지도 논리상 소유의사를 부정할 수밖에 없게 되어 현재의 통설·판례와 저촉된다. 다수의견이 밝힌 특별한 사정을 내세워 그 소유의사를 인정한다면 이는 결국 새로운 사정이 아닌 무단점유 자체의 성질에 따라 소유의사를 인정하는 결과가 될 것이다.

다. 다수의견은 무단점유가 입증된 경우 특별한 사정이 없는 한 소유의사 추정은 깨어진다고 하여 무단점유의 경우 소유의사를 인정할 특별한 사정의 입증책임을 점유자가 부담한다는 취지인 것으로 이해되나 이는 법률상 추정의 일반법리에 어긋나고 위 전원합의체 판례에 저촉된다.

법률상의 추정은 개연성만이 아니라 소송에서 어느 쪽 당사자의 지위를 우대할 것인가 하는 입법정책적 고려에서 비롯된 것이다.

민법 제197조 제1항은 모든 점유자에게 소유의사를 추정하고 있으므로 위 전원합의체 판결이 밝힌 바와 같이 소유의사를 복멸시키는 입증책임은 상대방에게 있는 것이고, 따라서 무단점유의 경우에도 법관은 그 점유의 성질이 불명하여 소유의사에 관하여 확신에 이르지 못하더라도 법률의 규정에 의하여 소유의사를 추정할 수밖에 없는 것이고, 상대방이 본증으로서 권원의 성질상 소유의사 없음을 법관이 확신하도록 입증하여야만 위 법률상 추정은 비로소 복멸되는 것이다.

점유자의 소유의사를 복멸시키는 상대방의 입증이 법률상의 추정을 깨기 위한 입증책임에 의한 본증이므로, 상대방이 소유의사 없는 것으로 사실상 추정되도록 입증에 거의 성공하여 점유자가 다시 소유의사를 인정할 특별한 사정을 입증하는 경우에도 점유자의 이러한 입증은 법관의 확신을 저지하기 위한 것으로 여전히 반증인 것이지 입증책임에 의한 본증이 될 수 없는 것이다.

다수의견은 악의의 무단점유를 타주점유로 사실상 추정하여 자주점유로 볼 특별한 사정의 입증책임을 점유자에게 전환시키고 있는 취지로서 결국 민법 제197조 제1항의 법률상 추정을 외면하는 결과가 되므로, 이는 추정 복멸에 관한 법관의 확신이 있기까지 법률상 추정이 유지된다는 법률상 추정의 일반법리에 어긋나는 것이고 또한 위 전원합의체 판결이 밝힌 점유에 있어서 소유의사 입증책임의 판례와도 저촉된다.

라. 한편, 타인 소유 지상의 주택만이 매도되는 경우에는 특별한 사정이 없는 한 매수인은 그 주택의 부지에 대하여 점용권만을 매수하는 것으로 보아야 할 것이므로 이러한 경우 그 토지의 점유는 소유자를 배제하여 자기의 소유물처럼 배타적 지배를 행사하려는 것이 아니고 권원의 성질상 타인 소유임을 용인한 타주점유로 봄이 상당하다고 할 것이다(대법원 1997.1.24. 선고 96다41335 판결, 1997.2.14. 선고 96다50223 판결 등).

마. 돌이켜 이 사건에 관하여 살피건대, 원심이 적법하게 확정한 사실관계에 의하면, 소외 강영조가 1971.8.12. 그 소유의 서울 강서구 공항동 14의 81 대 473㎡와 그에 인접한 이 사건 대지 중 일부의 지상에 이 사건 주택을 건축하고 이 사건 대지를 차고, 물치장 및 마당 등으로 무단으로 점유하여 왔는데, 원고가 1991.3.18. 위 강영조로부터 위 공항동 14의 81 대지와 그 지상의 주택을 매수한 이래 이 사건 대지를 같은 용도로 점유·사용하여 왔다는 것인바, 사정이 이와 같다면 원고의 이

사건 대지에 대한 점유는 그 점용권만의 매수에 기초한 것으로서 그 권원의 성질상 타인 소유임을 용인한 타주점유로 봄이 상당하다고 할 것이다.

그럼에도 불구하고 원심이 원고가 위 강영조로부터 위 공항동 14의 81 대지와 그 지상의 주택을 매수한 이래 이 사건 대지를 같은 용도로 점유·사용하여 왔다는 사정만으로 원고의 이 사건 토지에 대한 점유도 자주점유라고 단정하여 위 강영조가 그 점유를 개시한 때로부터 20년이 경과한 1991.8.12. 이 사건 대지를 점유 취득하였다고 인정한 조처는 자주점유에 관한 법리를 오해한 위법을 저지른 것이라 아니할 수 없고, 이는 판결에 영향을 미쳤음이 명백하므로 이 점을 지적하는 논지는 이유 있다. 따라서 원심판결을 파기하여 사건을 다시 심리·판단하게 하기 위하여 원심법원에 환송함이 상당하다고 할 것이다.

7. 대법관 천경송의 반대의견은 다음과 같다.

가. 민법 제197조 제1항의 규정에 의하면, 점유자는 소유의 의사로 점유한 것으로 추정되므로 점유자가 취득시효를 주장하는 경우에 있어서는 스스로 소유의 의사를 입증할 책임이 없고 오히려 점유자의 점유가 소유의 의사 없는 점유임을 주장하여 점유자의 취득시효의 성립을 부정하는 자에게 그 입증책임이 있는 것으로 보아야 한다는 점과 소유의 의사 자체는 의사적 요소이지만 점유자의 점유가 소유의 의사 있는 자주점유인지 아니면 소유의 의사 없는 타주점유인지의 여부는 점유자 내심의 의사가 아니라 점유 권원의 성질이나 점유와 관계있는 모든 사정에 의하여 외형적·객관적으로 결정되어야 한다는 점 및 민법 제197조 제1항에 의하여 점유자는 소유의 의사로 점유한 것으로 추정되지만, 점유자가 지상권, 전세권, 임차권 등과 같이 점유의 성질상 소유의 의사가 없었던 것으로 볼 권원에 터 잡아 점유를 취득한 사실이 증명되거나 또는 경험칙상 소유의 의사가 없었던 것으로 볼 객관적인 사정, 즉 점유자가 점유 중에 진정한 소유자라면 통상 취하지 아니할 태도를 나타내거나 소유자라면 당연히 취했을 것으로 보이는 행동을 취하지 아니한 경우 등 외형적·객관적으로 보아 점유자가 타인의 소유권을 배척하고 점유할 의사를 갖지 않았던 것으로 볼 만한 사정이 증명되었을 때에도 그 추정은 깨어지는 것이라는 점에 대하여는 다수의견과 견해를 같이하는 바이다.

그러나 점유 개시 당시에 소유권 취득의 원인이 될 수 있는 법률행위 기타 법률요건이 없이 그와 같은 법률요건이 없다는 사실을 잘 알면서 타인 소유의 부동산을 무단점유한 것임이 입증된 경우에는 점유자가 타인의 소유권을 배척하고 점유할 의사를 갖고 있지 않다고 보아야 할 것이므로 이로써 소유의 의사가 있는 점유라는 추정이 깨어진다는 다수의견의 견해에는 찬성할 수 없다.

그 이유는 다음과 같다.

민법 제245조 제1항이 규정하고 있는 부동산 점유취득시효제도는 부동산에 대한 소유의 의사로써 하는 사실상의 지배(점유)가 장기간 계속되는 경우 그 상태가 진실한 권리관계에 부합하는지 여부를 묻지 않고 그 점유자에게 소유권을 취득하게 하는 제도이고, 위 규정상의 소유의 의사는 "소유자와 동일한 지배를 사실상 행사하려는 의사" 또는 "타인의 소유권을 배제하여 자기의 소유물처럼 배타적 지배를 행사하는 의사"를 일컫는 것이다.

그러나 이는 사실상 지배자의 자연적 의사일 뿐이고 자기에게 법률상 그러한 지배를 할 수 있는 권한이 있거나 소유권이 있다고 믿는 것을 의미하는 것은 아니며(대법원 1980.5.7. 선고 80다671 판결, 1992.6.23. 선고 92다12698, 12704 판결, 1993.4.9. 선고 92다41498 판결 등 참조), 점유자의 점유가 소유의 의사 있는 자주점유인지 아니면 소유의 의사 없는 타주점유인지의 여부는 점유 취득의 원인인 권원의 객관적 성질에 의하여 결정되어야 하는 것이지만 여기에서 말하는 권원은 부동산을 점유·사용할 본권 자체나 본권의 취득을 목적으로 하는 법률행위 내지 법률관계를 의미하는 것이 아니라 점유 취득의 원인된 사실관계를 말하는 것이다.

그러므로 점유 개시 당시에 소유권 취득의 원인이 될 수 있는 법률행위 기타 법률요건이 없이 그와 같은 법률요건이 없다는 사실을 잘 알면서 타인 소유의 부동산을 무단점유한 것임이 입증되었다고 하더라도 그중에는 예컨대, 참칭상속인이 진정한 상속인을 제쳐 놓고 상속 대상 부동산을 점유·사용하는 경우처럼 점유 권원의 성질상 점유자가 소유자와 동일한 의사로 점유하는 것으로 보아야 할 경우도 있고, 반대로 진정한 소유자의 반환요구가 있으면 반환하겠다는 의사로 점유하는 경우도 있을 수 있어 점유자의 의사가 그 어느 쪽인지 분명하지 아니하므로, 위와 같은 입증이 있다는 것만으로 점유자의 점유가 권원의 객관적 성질상 소유의 의사가 없는 점유라고 단정할 수는 없는 노릇이며, 또 다른 부가적 사정 없이 단순히 점유자가 점유 개시 당시에 소유권 취득의 원인이 될 수 있는 법률행위 기타 법률요건이 없이 그와 같은 법률요건이 없다는 사실을 잘 알면서 타인 소유의 부동산을 무단점유하였다(아래에서 이러한 점유자를 편의상 '악의의 무단점유자'라고 부른다)는 사정만으로 외형적·객관적으로 보아 점유자가 진정한 소유자라면 통상 취하지 아니할 태도를 나타내거나 소유자라면 당연히 취했을 것으로 보이는 행동을 취하지 아니한 경우에 해당된다고 볼 수도 없기 때문이다.

그리고 점유취득시효에 있어서는 점유자가 선의임을 그 요건으로 삼지 않고 있어 악의의 점유자도 자주점유라면 시효취득을 할 수 있는 것이므로, 위와 같은 법률요건이 없다는 사실을 잘 알면서 점유한다는 것은 그 점유가 악의의 점유라는 것을 의미하는 것일 수는 있어도 그 점유가 자주 또는 타주점유인지 여부와는 직접적인 관련이 없는 것이므로 이러한 사정만으로 자주점유의 추정을 깨뜨리는 사정이 입증되었다고 볼 수는 없다.

만약 다수의견과 같이 '악의의 무단점유자'의 경우는 소유의 의사가 없는 것이라 한다면 실질적으로는 법문에도 없는 점유자의 선의나 점유권원의 존재를 소유의 의사의 요건 내지 점유취득시효의 전제조건으로 삼는 것이 될 것이고, 이는 종래 당원이 밝히고 있는 소유의 의사 또는 점유 권원의 개념이나 민법 제245조 제1항의 규정 내용과 정면으로 배치되는 것이다.

나. 다수의견은 '악의의 무단점유자'의 경우에 왜 점유자의 소유 의사의 추정이 깨어지는 것인지 그 이유를 구체적으로 명시하지 않고 있다.

다수의견은 타인 소유의 부동산을 소유자와 아무런 법률관계를 맺지 아니하고 무단점유한 경우에는 점유자가 진정한 소유자의 소유권을 배척하려는 의사를 가지고 점유를 개시한 것이라기보다는 진정한 소유자가 그 반환을 구하면 이를 반환하겠지만 그동안 일시적으로 사용하겠다는 의사로 점유를 개시하였을 개연성이 더 높다는 것을 입론의 근거로 하고 있는 듯하다.

그러나 무단점유자들에게 도덕적으로 위와 같은 반환의사를 요구함은 몰라도 원래 물건을 점유하여 권리를 행사하는 것은 다른 사람을 위하여 하는 것이라기보다는 자기를 위하여 하는 것이 보통일 터이므로 무단점유자들의 의사를 다수의견과 같이 보기 어려울뿐더러 다수의견이 내세우는 개연성만으로 법률상의 추정인 민법 제197조 제1항이 규정한 점유자의 소유의사의 추정이 번복될 리 없다.

더욱이 이 사건과 같이 경계를 침범하여 타인의 토지를 자기 소유의 건축물의 부지로 계속 점유하여 오고 있는 경우는 진정한 소유자를 배제하고서 자신이 소유자인 것처럼 배타적이고도 공연하게 점유하는 특성이 한층 뚜렷하고, 진정한 소유자와 사이에 가족관계나 공유관계 등 특별한 관계가 없이 토지 소유자에게 아무런 대가도 지급하지 아니한 채 독립하여 점유하는 것이므로 그 점유기간 중 외형적·객관적으로 나타난 점유행태로 볼 때는 오히려 자주점유로 인정될 여지가 더 크다고 할 것이어서 다수의견과 같이 자주점유의 추정이 깨어진다고 단정하여서는 안 될 것이다.

다. 또한 다수의견은 취득시효제도의 존재이유가 진정한 권리자의 권리 증명을 절약하여 오래된 사실에 대한 입증의 곤란으로부터 구제하는 데에 있다는 관점에서 타인의 부동산을 자신의 것이 아님을 알면서 소유자와 아무런 법률관계를 맺지 아니하고 무단점유한 것으로 밝혀진 경우까지 취득시효의 성립을 인정하여 보호할 가치는 없다고 보고 있는 것으로 여겨지고, 이는 우리들의 법감정상 이해되지 않는 바가 아니나, 민법이 규정하고 있는 취득시효제도의 존재이유는 이에 그치는 것이 아니라 사실상태가 장기간 계속된 경우에는 그 상태가 진실한 권리관계에 합치되는지 여부를 묻지 않고 영속된 사실상태를 권리관계로 끌어올려 보호함으로써 법질서의 안정을 기하려고 하는 데에 중점을 둔 것이라고 보아야 하고(대법원 1973.8.31. 선고 73다387, 388 판결, 1979.7.10. 선고 79다569 판결, 1992.6.30. 선고 92다12698, 12704 판결 등 참조), 따라서 여기에 어떠한 규범적 고려가 개입할 여지는 없는 것이다.

취득시효제도가 존재하는 결과 진정한 권리자가 아니라고 하더라도 법이 정하는 일정한 요건을 충족한 경우에는 법의 보호를 받게 되는 것이고, 그 결과 자기 권리를 장기간 행사하지 않고 권리 위에 잠자고 있던 자가 권리를 상실하는 경우가 생긴다고 하더라도 이는 위에서 본 취득시효제도의 본질과 존재이유에 비추어 어쩔 수 없는 것이다.

타인의 부동산을 점유하게 된 원인이야 무엇이든 간에 부동산을 점유·사용하여 마치 권리자처럼 보이는 외형이 오랫동안 계속되어 왔다면 이를 존중하여 그 점유자 및 그러한 외형을 신뢰하고 그와 거래한 자를 보호할 가치와 필요가 충분히 있다 할 것이고(이와 같은 법리는 현행 민법이 법률행위로 인한 부동산 물권의 득실변경에 관하여 형식주의를 채택하고 있다고 하여 달리 볼 것은 아니다), 이와 같은 취득시효제도의 사회적 기능과 역할은 결코 과소평가되어서는 안 될 것이다.

다수의견이 말하는 '악의의 무단점유자'를 점유취득시효의 보호 대상에서 제외하려면 민법 제245조 제1항 소정의 점유취득시효의 성립요건에도 등기부취득시효의 경우와 같이 점유자의 선의를 새로이 규정하든가 점유자의 소유의 의사의 추정 규정인 민법 제197조 제1항을 개정하는 등 입법적으로 해결하는 것은 별론으로 하고 현행 민법 규정과 소유의 의사의 의미에 관한 당원의 판례를 그대로 유지하는 이상 다수의견과 같은 해석을 허용할 수는 없다고 할 것이다.

그리고 다수의견이 들고 있는 소유의 의사가 있는 점유라는 추정이 깨어지는 경우란 점유 개시 당시에 토지 소유자와 소유권 취득의 원인이 될 수 있는 아무런 법률행위 등을 맺음이 없이 사실행위로서 타인의 부동산을 무단점유하는 경우를 말하는 것으로 이해되나, 원래 '무단점유'라는 개념 자체가 그 폭이 넓은 개념이고, 또 다수의견에서 제시하고 있는 "점유 개시 당시에 소유권 취득의 원인이 될 수 있는 법률행위 기타 법률요건이 없이 점유하는 경우"란 구체적으로 어떠한 경우인지 그 범위가 명확하지 아니하여 앞으로 실무상 민법 제197조 제1항이 규정한 점유자의 소유의 의사의 추정이 번복되는지 여부를 판단하는 데 오해와 혼란을 초래할 여지가 많음을 지적하지 않을 수 없다.

라. 결론적으로 점유취득시효를 주장하는 자가 점유 개시 당시에 소유권 취득의 원인이 될 수 있는 법률행위 기타 법률요건이 없이 그와 같은 법률요건이 없다는 사실을 잘 알면서 타인 소유의 부동산을 무단점유한 것임이 입증되었다고 하더라도 그러한 사정만으로는 소유의 의사의 추정이 깨어지는 것은 아니라고 보아야 할 것이다.

같은 취지의 원심의 판단은 정당하고, 따라서 상고를 기각하여야 할 것이다.
이상의 이유로 다수의견에 반대하는 것이다.

대법원 1995.3.28. 선고 93다47745 전원합의체 판결 【소유권이전등기】

2. 원래 취득시효제도는 일정한 기간 점유를 계속한 자를 보호하여 그에게 실체법상의 권리를 부여하는 제도이므로, 부동산을 20년간 소유의 의사로서 평온 공연하게 점유한 자는 민법 제245조 제1항에 의하여 점유부동산에 관하여 소유자에 대한 소유권이전등기청구권을 취득하게 되는 것이며, 점유자가 취득시효기간의 만료로 일단 소유권이전등기청구권을 취득한 이상, 그 후 점유를 상실하였다고 하더라도 이를 시효이익의 포기로 볼 수 있는 경우가 아닌 한, 이미 취득한 소유권이전등기청구권은 소멸되지 아니한다고 할 것이다(당원 1989.4.25. 선고 88다카3618 판결; 1990.11.13. 선고 90다카25352 판결; 1992.11.13. 선고 92다14083 판결 등 참조).

그리고 전 점유자의 점유를 승계한 자는 그 점유 자체와 하자만을 승계하는 것이지 그 점유로 인한 법률효과까지 승계하는 것은 아니므로 부동산을 취득시효기간 만료 당시의 점유자로부터 양수하여 점유를 승계한 현 점유자는 자신의 전 점유자에 대한 소유권이전등기청구권을 보전하기 위하여 전 점유자의 소유자에 대한 소유권이전등기청구권을 대위행사할 수 있을 뿐, 전 점유자의 취득시효 완성의 효과를 주장하여 직접 자기에게 소유권이전등기를 청구할 권원은 없다고 할 것이다.

이와 견해를 달리하여 점유자가 그 점유 당시 취득시효가 완성되었다고 하더라도 이를 현 점유자에게 인도하여 점유를 상실한 이상 등기부상 소유자에 대하여 스스로 취득시효완성을 주장하여 소유권이전등기를 청구할 수 없고, 이는 직전 점유자가 점유를 잃게 된 원인이 이를 현 점유자에게 매도하였기 때문이고, 직전 점유자가 현 점유자에게 소유권이전등기의무를 지고 있다고 하여도 마찬가지라는 취지의 견해를 표명한 바 있는 당원 1991.12.10. 선고 91다32428 판결은, 이를 폐기하기로 한다.

대법관 천경송, 대법관 김형선, 대법관 신성택의 반대의견은 다음과 같다.

1. 다수의견은, 부동산에 대한 취득시효기간이 만료되면 그 당시의 점유자가 소유자에 대한 실체법상의 소유권이전등기청구권을 취득하고, 그 사람이 그 후 점유를 상실하였다 하더라도 이를 시효이익의 포기로 볼 수 있는 경우가 아닌 한, 이미 취득한 소유권이전등기청구권은 소멸되지 아니하며, 취득시효 완성 당시의 점유자로부터 점유를 승계한 현 점유자는 전 점유자의 소유자에 대한 소유권이전등기청구권을 대위행사할 수 있을 뿐, 직접 자기에게 취득시효 완성을 원인으로 한 소유권이전등기를 청구할 권원이 없다고 보면서, 이러한 견해에 어긋나는 당원 1991.12.10. 선고 91다32428 판결은 폐기되어야 한다고 하고 있다.

그러나 다수의견의 이러한 견해는 취득시효 완성으로 인한 소유권이전등기청구권 및 점유승계에 관한 법리를 오해한 데에서 비롯된 것으로 볼 수밖에 없어 찬성할 수 없으므로, 다음과 같은 반대의견을 표시하는 것이다.

즉 점유취득시효기간이 만료된 이후 부동산에 대한 점유를 상실한 사람은 그 상실원인이 무엇이든지 간에 등기부상 소유자를 상대로 시효취득을 주장하여 소유권이전등기를 청구할 수 없고, 취득시효기간만료 후 부동산에 대한 점유승계가 이루어진 경우에는 점유를 승계한 현 점유자는, 민법 제199조 제1항에 의하여 자기의 점유와 전 점유자의 점유를 아울러 주장할 수 있으므로(즉 자기의 점유기간과 승계한 전 점유자의 점유기간을 병합하여 그 전 기간에 대한 법률효과를 주장할 수 있으므로), 승계한 점유의 시초부터 현재까지 자기가 점유를 계속한 경우와 동일하게 전 점유자를 대위할 필요 없이, 등기부상 소유자에 대하여 직접 취득시효 완성을 원인으로 한 소유권이전등기를 청구할 수 있다고 봄이 상당하다.

2. 그렇게 보는 이유는 다음과 같다.

첫째로, 부동산을 현실적으로 점유하고 있는 자에 한하여 점유취득시효를 주장할 수 있다고 해석하는 것이 취득시효제도의 존재이유에 부합하기 때문이다.

원래 부동산에 대한 취득시효제도는 부동산을 점유, 즉 사실상 지배하는 상태가 오랫동안 계속된 경우 이러한 권리자로서의 외형을 지닌 사실적 지배상태를 존중하여, 그것이 실제의 권리관계를 반영하고 있는지를 묻지 아니하고, 그 외형에 맞는 권리를 인정하여 줌으로써 사회질서의 안정을 도모하는 한편, 영속된 사실상태는 진실한 권리관계와 일치될 개연성이 높다는 고려에서 권리관계에 관한 분쟁이 생긴 경우 점유자의 입증곤란을 구제하기 위하여 마련된 제도라 할 것이므로, 이러한 취득시효제도의 존재이유에 비추어 본다면, 시효기간만료를 원인으로 시효취득을 주장할 수 있는 권리자는 목적부동산을 현실적으로 점유하고 있어 권리자의 외형을 보유하고 있는 자에 한정하고, 과거에 부동산을 장기간 점유하였던 자라도 점유를 상실하여 권리자의 외형을 갖추지 못하고 있는 자는 시효취득 주장을 할 수 없다고 하는 것이 취득시효제도의 본래의 취지에 비추어 당연한 것이라고 생각된다.

둘째로, 민법 제245조 제1항은 "20년간 소유의 의사로 평온·공연하게 부동산을 '점유하는 자'는 등기함으로써 소유권을 취득한다."라고 규정하고 있는바, 그 문리상 현재 부동산을 점유하고 있는 자만이 점유취득시효 주장을 할 수 있는 것으로 규정하고 있는 것임이 분명하다고 할 것이다.

의용민법하에서는 취득시효의 완성 당시의 점유자가 점유부동산의 소유권을 취득하게 되므로(의용민법 제162조 제1항), 그 후 점유가 타인에게 이전되더라도 취득시효 완성 당시의 점유자는 여전히 소유권에 기한 또는 소유권의 변동과정과 일치시키기 위한 등기청구권을 갖는다고 해석할 수 있지만, 형식주의를 취한 현행 민법하에서는 부동산을 소유의 의사로 평온 공연하게 20년간 점유하였다는 것만으로는 소유권을 취득할 수 없고 등기하여야만 비로소 소유권을 취득하게 되므로, 의용민법하에서의 취득시효 완성으로 인한 등기청구권과는 그 본질이 다르다고 아니할 수 없다. 그것은 민법 부칙 제10조 제3항의 규정에 비추어 보더라도 의문의 여지가 없다.

현행 민법하에서는 소유의 의사로 평온·공연하게 20년간 계속된 장기점유권 자체의 권능으로서 현재의 점유자만이 소유자에 대하여 취득시효 완성으로 인한 소유권이전등기청구를 할 수 있고, 따라서 점유를 잃으면 그 등기청구권도 없게 되는 것이라고 함이 민법 제245조 제1항에 충실한 해석이라고 할 것이다.

셋째로, 다수의견에 의하면, 취득시효제도의 근본 취지와 상충되는 다음과 같은 문제점이 따르게 된다.

다수의견과 같이 취득시효 완성으로 인한 소유권이전등기청구권을 점유와 분리하여 행사할 수 있는 것이라고 하면, 취득시효 완성 당시의 점유자는 타인에게 부동산을 양도하여 점유를 이전한 후에도 점유자를 제쳐 놓고 소유자와 야합하여 시효이익을 포기할 수도 있고, 또 점유자 이외의 제3자에게 부동산을 이중으로 양도하여 그 사람이 등기를 마쳐 버리면 점유자는 소유권을 취득할 수 없게 되어 부동산에 대한 현실적 지배를 보호하려는 취득시효제도의 취지에 반하는 결과가 된다.

또한, 다수의견과 같이 취득시효만료 당시의 점유자로부터 점유를 승계한 현 점유자는 전 점유자의 소유자에 대한 소유권이전등기청구권을 대위행사할 수 있을 뿐, 직접 자기에게 시효취득을 원인으로 한 소유권이전등기를 청구할 권원이 없다고 한다면, 이는 전 점유자의 점유를 승계한 현 점유자의 민법 제199조에 터 잡은 점유승계의 주장과 효과를 아무런 근거 없이 제한하는 것이 될 것이다.

그리고 다수의견은 취득시효 완성으로 인한 등기청구권의 법적성질을 물권적인 것으로 파악하는지 채권적인 것으로 파악하는지 밝히고 있지 않지만, 만일 채권적인 것으로 보는 것이라면, 그 등기청구권은 점유를 이전한 후 10년을 경과함으로써 소멸시효가 완성되고 이를 소유자 측에서 주장하면 현 점유자로서는 속수무책이 되고 말 것이다.

넷째로, 취득시효관련소송의 절차적인 측면에 비추어 보아도 위의 견해가 다수의견의 견해에 비하여 보다 합리성이 있다고 할 것이다.

취득시효기간이 만료된 후 부동산에 대한 점유가 전전 이전된 경우, 다수의견에 따른다면 최후의 점유자가 취득시효 완성을 원인으로 한 소유권이전등기를 소송으로 청구하자면 (1) 소유자뿐 아니라 취득시효기간 만료 당시 및 그 후의 전 점유자도 피고로 삼아야 하고 (2) 부동산을 20년간 점유한 사실 외에 취득시효기간 만료 후 전전 이전된 점유자들 사이의 법률관계가 무엇인지를 밝혀서 그것이 순차적으로 채권자 대위를 가능하게 하는 법률관계임을 주장, 입증하여야만 하는 반면, 현 점유자가 소유자를 상대로 직접 청구가 가능하다는 견해를 취할 경우에는 현재의 점유자는 (1) 소유자만을 피고로 하면 되고 (2) 입증사항도 목적부동산의 점유관계만 입증하면 되는 것이라 할 것이므로, 이러한 소송절차적인 측면을 비교하여 보더라도 다수의견이 취하는 견해는 소송경제적인 측면에서도 불합리할 뿐 아니라, 취득시효 제도에 걸맞지 아니한 것임을 쉽게 알 수 있다.

그리고 취득시효를 주장하는 자가 장기간에 걸쳐 순차 이어지는 점유승계의 원인 된 법률관계가 무엇인지, 특히 채권자 대위의 근거로 삼을 수 있는 소유권이전의 합의가 있었다는 사실을 입증하는 것은 결코 용이한 일이라고 할 수 없을 것인데, 이 점에 대한 입증부족 때문에 시효취득 주장이 배척된다면 그러한 결과는 영속된 사실상태를 권리관계로 끌어올려 보호하는 한편, 분쟁이 생긴 경우 점유자의 입증 곤란을 구제하기 위하여 마련된 취득시효제도 본래의 취지에 반하는 것이라고 할 것이다. 더구나 부동산 소유자로 등기된 자가 따로 있고 그 이외의 사람들 사이에 점유승계가 순차 이루어진 통상의 경우에 있어서 점유자들 사이에 부동산에 대한 점유의 승계에 관한 합의 이외에 목적부동산의 소유권이전에 관한 합의까지 하였다 고 볼 수 있는 경우도 많지 아니 할 것이다. 왜냐하면 자기가 가지고 있는 권리 이 상을 남에게 넘겨준다는 것은 이례적인 일이기 때문이다.

3. 이상의 이유로 다수의견에는 찬동할 수 없고, 다수의견과 견해를 같이하는 당원 1989.4.25. 선고 88다카3618 판결; 1990.11.13. 선고 90다카25352 판결; 1992.11.13. 선고 92다14083 판결; 1992.12.11. 선고 92다29665,29672 판결 등은 모두 폐기되어야 할 것이다.

대법원 1994.3.22. 선고 93다46360 판결 【건물철거 등】

취득시효를 주장하는 자는 점유기간 중에 소유자의 변동이 없는 토지에 관하여는 취득시효의 기산점을 임의로 선택할 수 있고, 취득시효를 주장하는 날로부터 역산 하여 20년 이상의 점유사실이 인정되고 그것이 자주점유가 아닌 것으로 밝혀지지 않는 한 취득시효를 인정할 수 있는 것임은 당원의 확립된 견해이고, 이는 취득시 효완성 후 토지소유자에 변동이 있어도 당초의 점유자가 계속 점유하고 있고 소유자가 변동된 시점을 새로운 기산점으로 삼아도 다시 취득시효의 점유기간이 완성되는 경우에도 역시 타당하다 할 것이므로 시효취득을 주장하는 점유자로서는 소유권 변동 시를 새로운 취득시효의 기산점으로 삼아 취득시효의 완성을 주장할 수 있다고 보아야 할 것이다.

만약 이와 달리 당초의 점유자가 제3취득자의 등기 후에도 계속 점유함으로써 다시 취득기간이 완성되었는데도 시효취득할 수 없다고 한다면 일단 취득시효기간이 경과한 후 제3자 명의로 이전등기된 부동산은 새로운 권원에 의한 점유가 없는 한 영구히 시효취득의 대상이 아니게 되고 시효기간 경과 후의 제3취득자는 시효취득의 대상이 되지 아니하는 부동산을 소유하게 됨으로써 보통의 소유자보다도 더 강력한 보호를 받게 되며, 이 경우에는 취득시효제도가 사실상 부인되는 결과가 초래되어 부당하다 할 것이다.

당원이 취득시효완성을 주장하는 자가 임의로 그 기산점을 선택하지 못하도록 한 취지는 시효취득을 주장하는 자가 임의로 그 기산점을 선택하게 한다면 시효완성 후에 등기명의를 취득한 자를 시효완성 당시의 등기명의 취득자로 볼 수 있게 되어 시효완성을 주장하는 당사자는 등기를 하지 않고도 언제나 제3취득자에 대하여 시효완성으로 인한 등기청구를 할 수 있게 되므로 등기제도의 기능을 몹시 약화시키고 부동산에 관한 거래의 안전을 해할 우려가 있으므로 이를 방지하자는 데 있는 것임에(당원 1976.6.22. 선고 76다487,488 판결 참조) 반하여 이 사건과 같이 취득시효완성 후 제3자가 등기를 취득하였지만 그 등기 후 현재까지 소유자의 변동 없이 20년간 자주점유함으로써 다시 취득시효가 완성되었다는 새로운 법률관계가 형성된 경우에는 취득시효의 기산점을 제3자의 취득등기 시로 한다 하더라도 등기제도의 기능을 약화시키거나 부동산거래의 안전을 해할 우려는 없다 할 것이고 오히려 장기간의 사실상태를 존중하여 권리관계로까지 높인다는 본래의 시효제도의 취지에 부합된다 할 것이다.

따라서 이와 취지를 달리하는 당원 1982.11.9. 선고 82다565 판결은 이를 폐기하기로 한다.

사 례

갑은 1980.2.5. 자신의 토지를 을에게 매도하고 점유를 이전해 주었고, 을은 1989.-10.24. 위 토지를 병에게 매도하고 점유를 이전해 주었는데, 을·병 모두 위 토지에 대한 소유권이전등기를 하지 않았고, 병은 현재까지 위 토지를 계속 점유사용하고 있는데, 2007.6. 갑의 상속인이라는 정이 나타나 위 토지가 자신이 갑으로부터 상속받은 땅이니 내놓으라고 한다.

병은 어떻게 구제받을 수 있는가.

해 결

1. 논점의 정리

이 사안은 병이 정당하게 매수하여 점유사용 중인 토지에 대하여 자기 앞으로 등기를 하지 않은 탓에 등기부상 종전 소유자명의등기가 그대로 남아 있음으로 해서 발생한 것이므로, 병이 이제라도 종전소유자로부터 매매를 원인으로 한 소유권이전등기를 받을 수 있는지가 주된 논점이 될 것이다.

정은 갑의 상속인의 지위에서 본인명의로 병에 대하여 소유권에 기한 토지명도 및 무단점유로 인한 임료상당의 부당이득반환청구를 할 것이고(을에 대한 부당이득반환청구는 기간상 실익이 없을 것임), 병은 매매를 원인으로 한 소유권이전등기청구의 반소 또는 별소를 제기할 것이다. 이 경우 중간자인 을을 제외하고 바로 정에게 청구할 수 있는지도 함께 문제된다. 매매를 원인으로 한 이전등기가 불가능할 경우 점유취득시효의 완성으로 인한 소유권이전등기청구권의 행사를 검토하면 될 것이다.

2. 병의 매매를 원인으로 한 소유권이전등기청구권

가. 이 사안의 경우는 을의 갑(상속인 정, 이하 갑이라고만 한다)**에 대한 등기청구권과 병의 을에 대한 등기청구권이 있는데, 등기청구권 발생 후 상당한 기간이 지났으므로, 시효소멸한 것이 아닌가 하는 점이 우선 문제되고, 시효소멸하지 않았을 경우에 그 행사방법으로 병이 을에 대한 자신의 등기청구권을 보전하기 위하여 을의 갑에 대한 등기청구권을 대위행사하여 갑으로부터 을로 등기이전되게 한 다음에 병이 을에 대하여 이전등기를 청구하는 방법과 병이 갑에게 직접 이전등기를 청구하는 방법을 생각할 수 있다.**

나. 등기청구권의 시효소멸 여부

1) 등기청구권의 성질

법률행위에 의한 물권변동의 경우 등기청구권의 발생원인 및 성질에 관한 입장에 따라 등기청구권이 소멸시효 대상인지에 관하여 결론이 달라지므로 우선 그 견해들을 살펴본다.

제1설은 원인행위인 채권행위에서 발생하며, 그 성질은 채권적 청구권이라고 한다. 이 설도 물권행위의 독자성을 인정하는 입장[170]과 부인하는 입장이 있다.[171]

제2설은 물권행위가 행해진 경우에는 물권행위의 효력으로, 채권행위가 물권행위를 동반하지 않는 경우에는 채권행위의 효력으로 등기청구권이 발생하며, 그 성질은 모두 채권적 청구권이라고 한다.[172]

제3설은 등기청구권은 매매계약 기타 채권계약의 효력으로서 발생할 수도 있고, 물권적 합의와 부동산의 인도가 있는 경우에는 취득자에게 물권적 기대권이 생기고 이 효력으로도 생기는데, 앞의 경우는 채권적 청구권, 뒤의 경우는 물권적 청구권이라고 본다.[173]

제4설은 등기청구권은 물권적 합의 중에 당연히 포함되어 있는 것으로 그 성질도 물권적이라고 한다.[174]

제5설은 등기청구권은 물권적 합의로부터 나오는 것이지만 등기 전단계로서의 물권적 합의는 물권행위로까지 완성된 것이 아니므로 채권적 청구권으로 본다.[175]

물권행위 내지 물권적 합의의 개념은 등기와 무관하게 물권변동이 일어나는 법제에서는 의미가 있는 것이지만 우리 법처럼 등기가 있기 전에는 물권행위나 물권적 합의가 있더라도 물권변동이 일어나지 않는 경우에는 불필요한 개념이므로 등기청구권은 채권행위로부터 발생하는 채권적 청구권으로 봄이 옳다.

2) 시효소멸 여부

등기청구권을 채권적 청구권으로 보게 되면 시효소멸 대상이 되고, 물권적 청구

---

170) 이은영 물권법 204.
171) 곽윤직 물권법 105, 대판 전합 1976.11.6. 76다148.
172) 김기선 물권법 102.
173) 김증한·김학동 물권법 98.
174) 김용한 물권법 141.
175) 이영준 물권법 198.

권으로 보게 되면 시효소멸 대상이 아니다.

판례는 시효소멸 대상이라고 보면서도 부동산의 매수인이 그 부동산을 인도받아 사용·수익하고 있는 경우에는 권리 위에 잠자고 있는 것으로 볼 수도 없고, 매도인 명의로 잔존하고 있는 등기보다는 매수인의 사용수익 상태를 보호할 필요성이 더 크다는 이유로 소멸시효에 걸리지 않는다고 하고,[176] 나아가 부동산 매수인이 그 부동산을 인도받은 이상 이를 사용·수익하다가 그 부동산에 대한 적극적인 권리행사의 일환으로 이를 처분하여 점유를 승계해 준 경우에는 스스로 계속 사용·수익하는 것과 다를 바 없으므로 이때도 이전등기청구권의 소멸시효는 진행하지 않는다고 본다.[177]

3) 사안의 경우

을이나 병 모두 등기청구권이 발생한 지 10년 이상이 경과했으므로, 설에 따라 등기청구권의 소멸 여부가 달라지나, 판례에 따르면 매수인들이 목적물을 인도받아 점유·사용해 왔으므로 등기청구권을 행사할 수 있다. 이하 등기청구권을 행사할 수 있는 것을 전제로 한다.

다. 병의 갑에 대한 을의 등기청구권 대위행사

1) 채권자대위권의 요건

① 채권자가 자기채권을 보전할 필요가 있어야 한다.

채권보전의 필요성과 관련하여 판례는 금전채권이거나 불이행 시 손해배상채권으로 변하여 금전채권으로 되는 경우에는 채무자의 무자력을 요건으로 하고(요구하지 않는 경우도 있음), 특정채권(등기청구권, 임차인이 임대인의 방해배제 청구권을 대위행사하는 경우)의 보전을 위한 경우에는 무자력이 요건이 아니라고 보고 있고,[178] 학설은 판례를 지지하거나 무자력을 전면적으로 요구하거나 요구하지 않는 입장이

---

176) 위 판례.
177) 대판 전합 1999.3.18. 98다32175.
178) 대판 1992.10.27. 91다483.

있다. 판례가 일정한 입장을 갖고 있지 않은 것은 사안에 따라 구체적 타당성을 추구하기 때문인 것으로, 그렇다면 굳이 무자력을 요건으로 하여 채권자가 자기 권리행사의 일환으로 적당한 방법을 선택하여 행사하는 것을 막을 필요는 없을 것이다.

② 채무자가 스스로 그 권리를 행사하고 있지 않아야 한다.

③ 채권자의 채권이 이행기에 있어야 한다.

2) 사안의 경우

을과 병의 등기청구권이 모두 존재하고 있고, 병은 을이 그 권리를 행사하지 않고 있으므로 자기의 등기청구권을 보전하기 위하여 을의 등기청구권을 대위행사할 필요가 있어, 병은 을을 대위하여 갑에게 을 앞으로 등기이전을 청구함과 동시에 을에게 자기 앞으로 등기이전할 것을 청구할 수 있다.

라. 병의 갑에 대한 등기청구권의 직접행사

1) 중간생략등기

병과 갑은 직접 매매당사자가 아닌 최초의 양도인과 최후의 양수인의 지위에 있는데, 이러한 경우 병이 중간자인 을을 제외하고 직접 갑에게 이전등기를 청구할 수 있는가, 그러한 등기가 유효한가의 문제가 발생하는데, 이것이 중간생략등기의 문제이다.

2) 중간생략등기의 유효성

부동산등기에 관한 특별조치법(제2, 8조)은 중간생략등기를 금지하고 있으나, 이는 효력규정이 아닌 단속규정으로 보기 때문에(벌칙에 의한 제재 외에 사법상 효력까지 문제 삼으면 거래안전을 보호할 수 없기 때문임) 그 유효성 여부는 학설과 판례에 맡겨져 있다.

학설로는 위 규정을 효력규정으로 보는 절대적 무효설, 거래안전상 제3자가 있을 경우는 무효를 주장할 수 없다는 상대적 무효설, 3자간에 합의가 있으면 유효하다는 조건부 유효설, 등기청구권을 물권적기대권으로 보아 을의 갑에 대한 물권적 기대권을 양도받은 것이니 병은 갑에게 바로 청구할 수 있고 따라서 유효하다는 물권적 기대권설, 갑을 사이에는 등기협력청구권을 목적으로 하는 제3자를 위한 계약이 성립되어 있고, 따라서 병은 을의 동의 없이도 갑에게 직접 청구할 수 있다는 제3자를 위한 계약설 등이 있는데, 판례는 3자 간에 합의가 있으면 유효하고, 없더라도 일단 등기된 이상 무효를 주장하지 못하며, 등기청구권이 인정되려면 관계당사자 전원의 합의가 필요하다고 본다.[179]

> 3) 사안의 경우 갑·을·병 사이에 중간생략등기의 합의가 있다면 판례에 따라 병의 갑에 대한 직접 청구가 가능할 것이다.

3. 점유취득시효

> **가. 사안의 경우 등기청구권이 시효소멸한 것으로 보면** 점유취득시효의 완성을 이유로 한 갑에 대한 이전등기청구를 생각해 볼 수 있다.

> **나. 부동산의 점유취득시효 요건**

소유의 의사로 평온·공연한 점유가 20년간 계속되어야 한다.

소유의사, 평온·공연한 점유는 추정된다(제197조 제1항).

20년 기간의 기산점에 관하여 판례는 과거에는 최초 점유가 시작된 때이면 시효취득 주장자가 임의로 선택하지 못한다고 하다가,[180] 시효기간 중 등기명의자가 동일한 경우에는 기산점을 어디다 두어도 무방하나, 시효기간만료 후 이해관계 있는 제3자가 있는 경우에는 기산점을 임의로 선택하지 못하는 것으로 바꾸었다가,[181] 취

---

179) 대판 1969.7.8. 69다648, 1994.5.24. 93다47738.
180) 대판 1966.2.28. 66다208.

득시효완성 후 등기명의가 변경되고 다시 취득시효가 완성된 경우에는 등기명의 변경 시를 새로운 기산점으로 해도 되는 것으로 일부 수정했다.[182]

점유는 전 점유자의 점유를 승계할 수 있다(제199조).

다. 등기청구권의 성질

점유취득시효의 요건을 구비하면 등기청구권이 발생하는데(제245조 제1항), 그 성질에 관하여는 채권적 청구권이라는 설과, 물권적기대권의 효력으로 발생한다는 설이 있고, 판례는 채권적 청구권이고 점유가 계속되는 한 시효소멸 않는다고 본다. 이때의 등기는 성질상 보존등기이어야 하나 형식상 이전등기가 행해진다.

라. 등기청구권의 행사

1) 등기청구권자는 시효완성 당시의 점유자이다.

점유승계가 있는 경우 전 점유자의 등기청구권을 대위행사하는 것인가, 등기청구권도 승계되는가의 문제가 있다.

이에 관하여 다수설은 점유를 상실해도 시효이익의 포기로 볼 수 없는 한 이미 발생한 등기청구권은 소멸하지 않고, 전 점유자의 점유승계는 점유 자체와 그 하자만을 승계하는 것이지 점유로 인한 법률효과까지 승계하는 것은 아니므로 현 점유자는 자신의 전 점유자에 대한 소유권이전등기청구권을 보전하기 위하여 전 점유자의 소유자에 대한 소유권이전등기청구권을 대위행사할 수 있을 뿐이라고 본다.[183]

소수설은 점유상실이면 원인을 불문하고 등기청구권을 행사할 수 없고, 점유승계인은 제199조 제1항에 의해 전 점유자의 점유를 아울러 주장할 수 있으므로 전 점유자 대위할 필요 없이 바로 소유자를 상대로 이전등기청구가 가능하다고 본다.

---

181) 대판 1977.6.28. 77다47.
182) 대판 전합 1994.3.22. 93다46360.
183) 대판 전합 1995.3.28. 93다47745.

2) 등기청구의 상대방은 소유명의자이다.

마. 사안의 경우

을·병이 정당하게 매수한 것이고, 합하여 20년의 점유기간을 넘기고 있으므로 갑에 대한 병의 시효취득을 원인으로 한 등기청구권 행사에 지장이 없다.

병은 을을 대위하여 갑의 상속인인 정에게 을 앞으로 소유권이전등기를 청구함과 동시에 을에게 자기 앞으로 등기이전할 것을 청구할 수 있다.

4. 결 론

사안의 경우 어떤 형식이 되든 병은 보호받을 수 있을 것이나, 단순 반소만으로 권리를 행사할 경우에는 을을 피고로 참여시킬 수가 없으므로 을의 등기청구권을 대위행사하는 방식을 취할 경우에는 정과 을을 피고로 하는 별소를 제기하여 정이 제기한 소송에 병합시키는 수밖에 없다. 반소로 할 경우에는 매매계약을 원인으로 하려면 판례의 취지에 따라 갑·을·병 사이에 중간생략등기의 합의가 있음이 전제가 되어야 하는데 증명에 문제가 있을 것이고, 점유취득시효를 원인으로 해서는 정에게 직접 등기이전을 청구할 수 없으므로 별소를 제기하여야 할 것이다.

대법원 1976.11.6. 선고 76다148 전원합의체 판결【소유권이전등기】

시효제도는 일정기간 계속된 사회질서를 유지하고 시간의 경과로 인하여 곤란하게 되는 증거·보전으로부터의 구제 내지는 자기 권리를 행사하지 않고 소위 권리 위에 잠자는 자는 법적 보호에서 이를 제외하기 위하여 규정된 제도라 할 것인바, 토지나 건물 등 부동산을 매수한 자가 아직 자기 명의로 그 소유권이전등기를 경료하지 못하였으나, 그 매매 목적물의 인도(명도)를 받아 이를 사용수익하고 있는 경우에는 물권변동에 있어서 형식주의를 취하는 우리의 법제상으로 보아 매수인에게 법률상의 소유권은 이전된 것이 아니므로 매수인의 등기청구권은 채권적 청구권에 불과하여 소멸시효제도의 일반 원칙에 따르면 매매목적물을 인도받은 매수인의 등기청구권도 소멸시효에 걸린다고 할 것이지만 부동산 매매에 있어서 거래 당사자의 채권채무의 내용은 다른 경우와 달라서 목적물의 인도와 등기이전이라는 두 가지 형태로 나누어져 있어서 비록 부동산거래의 공시방법을 여행시킬 목적으로 규정된 법률상으로는 등기이전이 물권변동의 요건일 뿐 목적물의 인도는 그 요건이 아니라 할 것이니 매매의 목적물은 부동산 자체이고 등기는 다만 부동산의 거래상황을 공시하기 위한 등기법상의 절차에 불과하므로 부동산의 매수인으로서 그 목적물을 인도받아서 이를 사용수익하고 있는 경우에는 위 시효제도의 존재이유에 비추어 보아 그 매수인을 권리 위에 잠자는 것으로 볼 수도 없고, 또 매도인의 명의로 등기가 남아 있는 상태와 매수인이 인도받아 이를 사용수익하고 있는 상태를 비교하면 매도인 명의로 잔존하고 있는 등기를 보호하기보다는 매수인의 사용수익 상태를 더욱 보호하여야 할 것이며 만일 이러한 경우의 등기청구권도 다른 일반채권과 동일하게 소멸시효에 걸린다면 매도인의 등기이전의무가 소멸되는 데 그치는 것이 아니고 더

나아가 매도하여 기히 매수인에게 인도까지 완료한 매매목적물이 매도인에게 환원되어야 하는 결과가 되어 비록 그 책임이 매수인의 등기 청구권행사의 태만에 있다고는 할지라도 우리나라 부동산 거래의 현 실정에 비추어 심히 불합리하다고 아니할 수 없다. 따라서 부동산을 매수한 자가 그 목적물을 인도받은 경우에는 그 매수인의 등기청구권은 다른 채권과는 달리 소멸시효에 걸리지 않는다고 해석함이 타당하다.

다수 의견은 토지와 건물에 관한 매매를 할 경우에 매수인이 가지는 소유권이전등기청구권은 채권적 권리라고 설시하면서, 매수인이 이미 목적물의 인도나 명도를 받지 않고 있는 경우에는 그 등기청구권은 소멸시효의 대상인 권리가 되지마는 그 인도나 명도를 받고 있는 경우에는 그 설시와 같은 여러 이유를 들어 그 등기청구권은 소멸시효의 대상인 권리가 될 수 없다고 설시하고 있다. 그러나 우리 법제상 위와 같은 등기청구권이 매매목적물의 인도나 명도를 받은 경우와 받지 아니하고 있는 경우를 가려서 그와 같이 해석할 수 있는 법적근거를 찾아볼 수 없으니 위 등기청구권은 그 인도나 명도를 받은 여부에 불구하고 채권적 권리로서 모두 소멸시효의 대상이 된다고 보아야 할 것이다. 다만 매수인이 그 매매계약의 이행으로서 목적물의 인도나 명도를 받고 있으면 달리 특별한 사유가 없는 한 매도인은 매수인에 대한 위 등기의무의 존재를 승인하였고, 그 승인의 상태는 계속하고 있다고 보아야 할 것이다. 그러므로 본 건의 경우 매도인인 피고가 매수인인 원고에게 본 건 토지를 의무의 이행으로서 인도하였고, 그 상태가 계속하고 있다면 달리 특별한 사유가 없는 한 피고는 원고에 대한 그 소유권이전등기의무의 존재를 승인하였고, 그 상태가 계속하고 있다고 보아야 할 것이니 위 인도 시까지 위 등기청구권이 시효의 완성으로 이미 소멸된 것이 아니라면, 인도로써 그 청구권의 소멸시효는 중단되고 그 상태는 계속되어 있다고 보아야 할 것이다.

대법원판사 홍순엽, 김윤행의 별개 의견은 다음과 같다.

다수의견과 위 별개의견은 다 같이 부동산을 매수한 자가 가지는 소유권이전등기청구권은 원인행위인 채권행위로부터 발생하고 따라서 그 성질은 채권적 청구권이라는 전제에 서면서 다만 다수의견은 그 등기청구권은 원칙적으로 소멸시효에 걸린다고 할 것이지만 매수인이 그 매매목적물에 관하여 인도(명도)를 받은 경우에는 시효제도의 성질상 다른 채권과는 달리 소멸시효에 걸리지 않는다고 설시하고 있고, 위 별개의견은 등기청구권은 매매목적물의 인도 여부에 불구하고 당연히 소멸시효의 대상이 되지만 매수인이 매매목적물의 인도를 받고 있다면 특별한 사유가 없는 한 매도인은 매수인에 대한 등기의무의 존재를 승인하였고, 그 승인상태가 계속되고 있다고 보아 소멸시효가 중단되는 것이라고 설시하고 있다.

그러나 부동산의 매매와 같은 법률행위에 의한 경우에 있어서 매수인이 매도인에 대하여 가지는 등기청구권은 그 원인 행위인 채권행위로부터 발생한다고 볼 것이 아니라 당사자 사이에 그 목적 부동산의 소유권을 이전한다는 합의, 즉 이른바 물권적 합의가 있어 이 합의로부터 당연히 소유권 이전등기청구권이 발생한다고 봄이 상당할 것이고, 따라서 그 성질은 다분히 물권적인 것에 가깝다고 보아야 할 것이다.

이와 같이 등기청구권이 물권적 합의에 그 발생근거가 있다고 본다면 적어도 시효제도에 관한 한 등기청구권은 그 자체가 독립하여 소멸시효의 대상이 될 수 없는 것이라고 생각한다.

대법원 1999.3.18. 선고 98다32175 전원합의체 판결【토지소유권이전등기】

시효제도는 일정기간 계속된 사회질서를 유지하고 시간의 경과로 인하여 곤란해지는 증거보전으로부터의 구제를 꾀하며 자기 권리를 행사하지 않고 소위 권리 위에 잠자는 자는 법적 보호에서 이를 제외하기 위하여 규정된 제도라 할 것인바, 부동산에 관하여 인도, 등기 등의 어느 한쪽만에 대하여서라도 권리를 행사하는 자는 전체적으로 보아 그 부동산에 관하여 권리 위에 잠자는 자라고 할 수 없다 할 것이고, 매수인이 목적 부동산을 인도받아 계속 점유하는 경우에는 그 소유권이전등기청구권의 소멸시효가 진행하지 않는다는 것이 당원의 확립된 판례인바(당원 1976.11.6. 선고 76다

148 전원합의체 판결, 1988.9.13. 선고 86다카2908 판결, 1990.12.7. 선고 90다카25208 판결 등 참조), 부동산의 매수인이 그 부동산을 인도받은 이상 이를 사용·수익하다가 그 부동산에 대한 보다 적극적인 권리행사의 일환으로 다른 사람에게 그 부동산을 처분하고 그 점유를 승계하여 준 경우에도 그 이전등기청구권의 행사 여부에 관하여 그 가 그 부동산을 스스로 계속 사용·수익만 하고 있는 경우와 특별히 다를 바 없으므 로 위 두 어느 경우에나 이전등기청구권의 소멸시효는 마찬가지로 진행되지 않는다고 보아야 할 것이다(당원 1976.11.23. 선고 76다546 판결, 1977.3.8. 선고 76다1736 판결, 1988.9.27. 선고 86다카2634 판결 참조). 이와 다른 취지의 당원 1996.9.20. 선고 96다 68 판결, 1997.7.8. 선고 96다53826 판결, 1997.7.22. 선고 95다17298 판결의 견해는 이를 변경하기로 한다.

대법관 이돈희, 김형선, 신성택, 송진훈, 조무제의 반대의견은 다음과 같다.

1. 다수의견은, 부동산의 매수인이, 그 부동산을 인도받은 이상, 이를 사용·수익 하다가 그 부동산에 대한 보다 적극적인 권리행사의 일환으로 다른 사람에게 그 부 동산을 처분하고 그 점유를 승계하여 준 경우에도 그 이전등기청구권의 행사 여부 에 관하여 그가 그 부동산을 스스로 계속 사용·수익만 하고 있는 경우와 특별히 다를 바 없으므로, 위 두 어느 경우에나 이전등기청구권의 소멸시효는 마찬가지로 진행되지 않는다고 보면서, 이러한 견해에 어긋나는 당원 1996.9.20. 선고 96다68 판결, 1997.7.8. 선고 96다53826 판결, 1997.7.22. 선고 95다17298 판결은 변경되어 야 한다고 하고 있다.

그러나 다수의견의 이러한 견해는 법률행위를 원인으로 한 소유권이전등기청구권 과 그 소멸시효에 관한 법리를 오해한 데에서 비롯된 것으로 볼 수밖에 없어 찬성 할 수 없으므로, 다음과 같은 반대의견을 표시하는 것이다.

즉 부동산의 매수인이 매매목적물을 인도받아 이를 사용·수익하고 있는 동안에 는 그 소유권이전등기청구권의 소멸시효가 진행하지 않는다고 보아야 할 것이나, 매수인이 목적물의 점유를 상실하여 더 이상 사용·수익하고 있는 상태가 아니라면 점유의 상실원인이 무엇이든지 간에 점유 상실 시점으로부터 그 이전등기청구권에 관한 소멸시효가 진행한다고 봄이 상당하다.

2. 그 논거는 다음과 같다.

가. 의사주의를 취하던 의용민법하에서 부동산의 매수인은 매매계약만으로도 부동산의 소유권을 취득하고 그 이전등기는 대항요건에 불과하므로, 매수인은, 인도받은 부동산의 점유를 상실한 경우에도, 그 소유권에 기한 등기청구권을 갖는다고 해석할 수 있었다. 그러나 형식주의를 취하는 현행 민법하에서 등기는 법률행위로 인한 부동산 물권변동의 효력발생요건으로서, 부동산의 매수인은 그 이전등기를 경료하여야만 소유권을 취득할 수 있으므로, 그 등기청구권은, 부동산의 인도 여부를 불문하고, 매매계약에 기한 채권적 청구권으로 볼 수밖에 없으며, 이는 민법 부칙 제10조 제1항의 규정에 비추어 보더라도 의문의 여지가 없다.

따라서 부동산 매수인의 등기청구권은 일반 채권과 마찬가지로 소멸시효에 걸린다 할 것이지만, 부동산의 매수인이 매매목적물을 인도받아 이를 사용·수익하고 있는 경우에는, 시효제도의 존재이유가 영속된 사실상태를 존중하고 권리 위에 잠자는 자를 보호하지 않는다는 데에 있고, 특히 소멸시효에 있어서는 후자의 의미가 강할 뿐만 아니라, 매수인의 매매목적물에 대한 사용·수익이 매도인의 매매계약상 의무의 이행에 터 잡은 것임에 비추어, 그러한 매수인을, 매매계약의 상대방인 매도인에 대한 관계에서는, 권리 위에 잠자는 것이라고 볼 수는 없으므로, 매수인의 부동산에 대한 점유·사용이 계속되는 동안에는 그 이전등기청구권의 소멸시효가 진행하지 않는다고 해석할 여지가 있다 할 것이다.

그러나 매수인이 목적물의 점유를 상실하여 더 이상 사용·수익하고 있는 상태가 아니라면, 매도인에 대한 관계에서 권리의 주장 내지 행사가 계속되고 있다고 볼 만한 사정이 없고, 비록 매수인이 그 부동산을 다른 사람에게 처분하고 인도하여 준 경우라고 하더라도, 그 처분은 타인의 권리를 전매한 것에 불과할 뿐이고 그 소유권을 처분 내지 행사하였다고 볼 수는 없으며, 그 인도 또한, 매수인이 새로운 매매계약에 따른 자신의 의무를 이행한 것에 지나지 아니할 뿐만 아니라, 오히려 그 점유를 이전함으로써 목적물에 대한 사용·수익의 상태에서 벗어나게 된 것이므로 위 처분 내지 인도를 가리켜 매도인에 대한 관계에서 권리행사라고 볼 수도 없는 것이므로, 점유의 상실원인이 무엇이든지 간에 점유 상실 시점으로부터 그 이전등기청구권의 소멸시효가 진행한다고 봄이 상당하다.

나. 다수의견에 의하면, 소멸시효제도 및 등기제도의 근본취지와 상충되는 다음과 같은 문제점이 따르게 된다.

(1) 다수의견은 그와 같이 해석하는 이유로서, 부동산에 관하여 등기, 인도 등의 어느 한쪽만에 대하여서라도 권리를 행사하는 자는 전체적으로 보아 그 부동산에 관하여 권리 위에 잠자는 것이라고 할 수 없고, 매수인이 인도받아 사용·수익하던 부동산을 보다 적극적인 권리행사의 일환으로 다른 사람에게 처분하고 그 점유를 승계하여 준 경우에도 그 이전등기청구권의 행사 여부에 관하여 그가 그 부동산을 스스로 계속 사용·수익만 하고 있는 경우와 특별히 다를 바 없다고 한다.

그러나 소멸시효는 객관적으로 권리가 발생하여 그 권리를 행사할 수 있는 때로부터 진행하고 그 권리를 행사할 수 없는 동안만 진행하지 아니하며, 권리자가 재판상 그 권리를 행사하는 등 권리 위에 잠자는 것이 아님을 표명한 때에는 시효중단사유가 되고, 그러한 사유가 종료한 때로부터 새로이 소멸시효가 진행되는 점에 비추어 볼 때, 시효의 진행을 방해하거나 시효의 대상으로 삼을 수 없는 정도의 권리의 행사가 있다고 하려면, 적어도 시효소멸의 대상이 된 권리를 그 채무자에 대한 관계에서 행사하고 있는 상태가 계속되고 있다고 볼 수 있어야 할 것이다. 그런데 매수인이 인도받은 부동산을 제3자에게 처분하고 그 점유를 이전하여 준 것은, 제3자와의 매매계약에 따른 의무의 이행일 뿐이고, 그 계약과 무관한 매도인에 대하여 권리를 행사하였다고는 도저히 볼 수 없으며, 다수의견은 채권관계와 물권관계의 구별을 간과하거나 외면하려는 것이 아닌지 의아스럽다. 가사 백보를 양보하여 위 처분을 매도인에 대한 권리의 행사로 본다고 하더라도, 그 권리의 행사가 위 처분 이후로도 계속되고 있다고 볼 수 없음은 명백하다.

(2) 또한 다수의견이, 부동산이 전매된 경우, 위와 같이 이론적으로 근거가 박약함에도 불구하고, 매수인이 부동산을 계속하여 사용·수익하고 있는 경우와 마찬가지로 그 이전등기청구권의 소멸시효가 진행하지 않는다고 해석하는 데에는, 매도인보다는 최종 매수인을 두텁게 보호하여야 할 현실적 필요성이 강하게 요청됨을 전제로 하는 것으로 여겨진다.

생각건대, 현행 민법의 시행 초기에는, 의사주의를 취하던 의용민법의 영향이 잔존하여 매수인이 매도인으로부터 등기권리증과 부동산의 인도를 받으면 소유권을 취득한 것으로 관념하여 그 이전등기를 게을리 하는 경향이 있었으므로, 부동산을 인도받은 매수인의 등기청구권을 다른 채권과 달리 보아 소멸시효의 대상에서 제외할 필요성이 강하게 대두되었고, 당원은 위 전원합의체 판결 등을 통하여, 부동산의 매수인이 매매목적물을 인도받아 사용·수익하는 동안에는 그 이전등기청구권은 소멸시효에 걸리지 아니한다고 해석함으로써 위와 같은 현실적 요청과 소멸시효제도의 존재이유라는 상충하는 두 이념의 조화를 꾀하였다. 그런데 오늘날의 부동산거래에서는 형식주의를 취하는 현행 민법이 정착되어 부동산을 전매한 때로부터 10년의 시효기간이 경과하도록 이전등기를 경료하지 아니하는 경우는 매우 드물게 되었고, 그동안 간단한 방법으로 실체적 권리관계에 부합하는 등기를 할 수 있도록 하는 각종 특별법이 시행되었으며, 최근에는 이를 강제하는 부동산실명제가 실시되기에 이른 점에 비추어, 미등기인 채로 부동산을 전전 매수한 자를 특별히 보호하여야 할 필요성도 그만큼 줄어들었다 할 것이다.

또한, 현행 민법이 형식주의를 채택하여 실체관계에 부합하는 부동산등기를 장려하고 있고, 나아가 법률의 규정에 의하여 부동산물권을 취득함에는 등기를 요하지 아니하나, 등기를 하지 아니하면 이를 처분하지 못하도록 하여, 부동산등기가 물권변동의 과정을 정확히 반영하도록 함으로써 거래의 안전을 도모하고 있음에 비추어 볼 때, 부동산 매수인이 그 이전등기를 경료하지 아니하여 소유권을 취득한 바가 없는 상태에서 이를 처분하였음에도 불구하고 그 등기청구권이 여전히 소멸시효에 걸리지 않는다고 보는 것은 등기의 공시기능을 현저하게 약화시키는 결과를 초래하여 형식주의를 취하는 현행 민법의 체계 및 부동산등기제도의 이념과도 맞지 아니한다 할 것이다.

다. 다수의견이, 부동산에 대한 점유를 상실한 시효취득자의 이전등기청구권이 소멸시효에 걸리는지에 관한 당원의 종래 입장과 조화될 수 있는 것인지에 대하여도 우려하지 않을 수 없다.

당원은, 부동산에 대한 취득시효기간이 만료되면 그 당시의 점유자가 소유자에 대하여 소유권이전등기청구권을 취득하고, 취득시효 완성 당시의 점유자로부터 점유를 승계한 현 점유자는 전 점유자의 소유자에 대한 소유권이전등기청구권을 대위행사할 수 있을 뿐, 직접 자기에게 취득시효 완성을 원인으로 한 소유권이전등기를 청구할 권원이 없으며(당원 1995.3.28. 선고 93다47745 전원합의체 판결 참조), 부동산의 시효취득자가 부동산을 양도하여 점유의 승계가 이루어진 사안에서, 부동산에 대한 점유취득시효 완성을 원인으로 하는 소유권이전등기청구권도 채권적 청구권으로서, 취득시효가 완성된 점유자가 그 부동산에 대한 점유를 계속하는 한 소멸시효가 진행하지 아니하나, 그 점유를 상실한 때로부터 10년간 이를 행사하지 아니하면 소멸시효가 완성한다(당원 1995.12.5. 선고 95다24241 판결, 1996.3.8. 선고 95다34866, 34873 판결 등 참조)고 본다.

그런데 다수의견과 같이, 부동산의 처분과 그에 따른 점유의 승계를 부동산에 대한 점유·사용보다 적극적인 권리행사의 일환으로 파악하여 이와 같은 경우에도 그 이전등기청구권의 소멸시효가 진행하지 아니한다고 본다면, 위와 같이 취득시효 완성 당시의 점유자가 부동산을 처분하고 그 점유를 이전하여 준 경우에 그의 소유자에 대한 이전등기청구권도 소멸시효에 걸리지 아니한다고 보아야 할 것이다. 따라서 위 판례들은, 이를 변경하는 것이 아닌 한, 다수의견과 실질적으로 저촉될 뿐만 아니라 형평에도 맞지 아니하므로, 다수의견은 이러한 불합리한 결과를 신중히 고려하였어야 할 것이다.

3. 이상의 이유로 다수의견에는 찬동할 수 없고, 다수의견이 변경하여야 한다는 당원 1996.9.20. 선고 96다68 판결, 1997.7.8. 선고 96다53826 판결, 1997.7.22. 선고 95다17298 판결들은, 위에서 본 바와 같이 부동산 물권변동에 관한 우리 민법의 체계가 의사주의에서 형식주의로 바뀌고, 그로부터 상당 기간이 경과하여 부동산등기의 실태와 그에 관한 법의식이 변화한 최근의 현실 상황을 반영한 것으로서 그대로 유지함이 옳으며, 오히려 다수의견과 견해를 같이하는 당원 1976.11.23. 선고 76다546 판결, 1977.3.8. 선고 76다1736 판결, 1988.9.27. 선고 86다카2634 판결은, 의사주의를 취하던 의용민법의 영향이 잔존하던 시기의 이론과 현실에 터 잡은 것으로서 이들을 폐기하여야 할 것이다. 이와 정반대의 견해를 취하는 다수의견은 현행

민법의 이론적 체계와도 맞지 아니할 뿐만 아니라, 시대의 조류에도 역행하는 것으로서 부당하다고 하지 않을 수 없다.

대법관 박준서의 다수의견에 대한 보충의견은 다음과 같다.

1. 부동산의 매수인은 매도인에 대하여 소유권이전등기청구권과 인도청구권을 행사하게 된다. 위 이전등기청구와 인도청구는 일반적으로 그 자체가 채권이라고 이해하고 있으나 그 법률적 성질은 소유권을 이전받을 매수인의 채권에 기한 채권적 권리행사인 것이고 따라서 매수인이 이전등기청구를 하거나 또는 인도청구를 하는 것은 모두 매수채권을 행사하였다는 점에서 동일한 것이다.

또한 매수인이 인도받음으로써 인도에 관한 채권행사는 일단 완료된 것이고 그 이후 이를 점유·사용하는 것은 매수채권 행사 자체가 계속되는 것이 아니고 그 권리행사 결과의 상태가 유지되는 것뿐이므로 목적물을 매수인 본인이 점유·사용하든지 또는 제3자에 양도하여 점유·사용하게 하든지 매수인의 인도청구권 행사의 결과에 따른 상태는 마찬가지로 유지되고 있어 권리행사의 상태가 관건이 되는 시효 적용에서 이를 구별할 필요가 없는 것이다. 더욱이 어느 경우에나 매수인의 이전등기청구권 행사 여부에 관하여 하등 다른 점이 없음은 물론이다.

매수인이 10년간 이전등기청구권을 행사하지 않는 경우에 그 이전등기청구권이 시효로 소멸한다고 통상적으로 표현하지만 정확히 분석하면 시효소멸의 대상은 채권적 청구권이 아니고 그 기초가 되는 채권 자체이므로 매매로 인한 매수인의 채권이 소멸하여 인도청구도 불가능하게 되는 것이다.

따라서 반대의견이 주장하는 것처럼 을이 갑으로부터 부동산을 매수 인도받아 점유하다가 미등기 상태로 다시 병에게 전매 인도한 지 10년이 경과한 경우 을의 갑에 대한 소유권이전등기청구권이 시효소멸한다고 하면 이는 갑에 대한 위 매매로 인한 을의 채권이 시효소멸한 것이 되어 갑이 매도를 부인하며 소유권에 기하여 병에게 인도청구를 하는 경우 병은 을을 대위하여 갑에게 매수인으로서 인도를 구할 지위에 있음을 내세워 이를 거절하려 하여도 병이 대위할 을의 채권이 소멸하여 그 인도를 거부할 수 없게 될 것이다.

위 당원 1976.11.6. 선고 전원합의체 판결은 세세한 논리설명은 생략하였으나 이러한 점에 착안하여 위와 같은 경우 이전등기청구권의 시효소멸을 인정하면 매수인이 그 목적물을 매도인에게 환수당하는 불합리한 결과를 초래한다고 이미 적절히 지적하고 있는 것이다.

2. 위 전원합의체 판결은 사안 자체는 부동산의 매수인이 목적물을 인도받아 사용·수익하고 있는 경우이었으나 모름지기 판례란 구체적인 사건에서 선언된 일반 법리를 뜻하는 것인바, 위 전원합의체 판결은 "따라서 부동산을 매수한 자가 그 목적물을 인도받은 경우에는 그 매수인의 등기청구권은 다른 채권과는 달리 소멸시효에 걸리지 않는다고 해석함이 타당하다."라고 판시하고 있으므로 위 전원합의체 판례를 적용함에 있어 매수인이 인도받은 후 계속 점유를 필요로 한다고 해석할 수 없을 것이다.

물론 위 전원합의체 판결이 위 판례의 법리를 채택하는 근거의 하나로서 "부동산의 매수인으로서 그 목적물을 인도받아서 이를 사용·수익하고 있는 경우에는 위 시효제도의 존재이유에 비추어 보아 그 매수인을 권리 위에 잠자는 것으로 볼 수도 없고……."라고 설시하고 있으나 이는 그 사안이 매수인이 점유·사용 중이었으므로 그 사안에 부합되게 설시한 것뿐이지 매수인이 인도받아 처분하여 점유를 이전한 때부터는 권리 위에 잠자는 자에 해당된다고 차별화하는 취지는 아니다. 위 전원합의체 판결은 판례가 되는 결론부분의 위 일반 법리에서 "부동산을 매수한 자가 그 목적물을 인도받아 점용하는 경우에는……."이라고 설시하지 않고 "부동산을 매수한 자가 그 목적물을 인도받은 경우에는……."이라고 설시하고 있다는 점을 주목해야 할 것이다.

따라서 위 전원합의체 판결을 유지하는 한 다수의견이 지적하는 판례의 견해는 마땅히 변경되어야 하는 것이다.

13 | 선의취득과 자력구제

반도체 부품 제조업을 하는 을은 갑의 공장에서 반도체 검사 장비를 절취하여 사용해 오던 중, 긴급 자금이 필요하여 사정을 모르는 병에게 매각한 다음 다시 이를 병으로부터 임차하여 사용해 오다가 장비가 고장이 나서 이를 수리하고 그 수리비를 병에게 청구하여 받기도 했다. 그러던 중 소문을 듣고 찾아온 갑이 위 장비를 자력으로 탈환해 갔다. 이 경우 갑·을·병 간의 관계는?

1. 논점의 정리

이 사안은 도난당한 물건(동산)이 원 소유자에게 돌아간 경우이나, 병은 자기물건을 탈취당했다고 생각할 수밖에 없으므로 일단은 갑을 상대로 물건반환청구소송을 할 것이고, 갑은 도난당했다는 이유로 반환을 거부하는 한편 그동안의 물건사용과 실반환청구의 반소를 제기할 것이고, 병은 선의취득이 인정되지 않을 경우를 대비하여 점유권에 기한 목적물반환청구 및 수리비반환청구를 추가하는 청구변경을 하게 될 것이고, 이에 대해 갑은 점유권에 기한 목적물반환청구가 인용될 경우에 대비한 조치를 취해야 한다.

결국 현재시점에서 물건의 소유자가 누구인가를 확정하는 것이 우선이고, 그 결론에 따라 갑·을·병 삼자 간에 어떤 권리와 의무가 발생하는지를 살펴보면 소송상 가능한 주장과 항변이 드러나게 된다.

물건의 소유자와 관련해서는 병이 동산을 도난품인 줄 모르고 구입했으므로 선의취득(민법 제249조)을 할 수 있는가의 점, 갑·을·병 삼자의 관계에서는 갑이 자력으로 물건을 탈환했으므로 점유자와 회복자의 관계에 관한 민법규정과 관련 학설·판례에 대한 검토가 필요하다.

2. 선의취득의 성립 여부

가. 선의취득의 요건

1) 객 체

① 동산에 한한다. 다만 금전은 가치의 표상일 뿐일 경우에는 부당이득의 대상이 될 뿐이나, 기념화폐와 같이 액면가치만을 나타내는 것이 아닐 경우에는 선의취득의 대상이 될 것이다.

② 등기·등록으로 공시되는 동산(선박, 자동차)·명인방법으로 공시되는 지상물(수목)은 점유 외 별도의 공시방법이 있으므로 제외되나, 일부가 분리된 경우에는 예외이다.

③ 화물상환증이나 선하증권 같은 증권에 의하여 표상되는 물건도 증권 없이 처분되었다면 선의취득 대상이 되고, 증권 자체도 선의취득 대상이 되나, 양자

경합 시는 물건의 취득이 우선한다.

④ 권리는 물건이 아니므로 선의취득 대상이 아니나, 지시채권이나 무기명채권 같은 증권적 채권은 선의취득이 인정된다(민법 제514, 524조).

⑤ 법령에 의해 유통이 금지되는 물건(지정문화재, 마약)은 선의취득이 안 된다.

2) 양도인

양도인은 무권리자로서 동산을 점유하고 있어야 한다.

무권리자는 소유권이 없는 경우나 처분권(대리인의 경우)이 없는 경우이다.

점유는 직접점유·간접점유, 자주점유·타주점유를 불문한다. 점유보조자는 점유권이 인정되지 않지만 외관상 사실상 지배하고 있으므로 이 요건을 충족시킬 수 있다.

3) 유효한 거래행위에 의한 권리승계취득

거래의 안전을 보호하기 위한 제도이므로 유효한 거래행위에 의하여 권리를 승계 취득하여야 한다.

거래행위는 사법적 법률행위만을 가리킨다. 경매는 임의경매든 강제경매든 사법상의 매매계약의 성질을 가지므로 선의취득의 전제가 된다는 것이 통설이나, 거래가 아닌 법규정에 의한 소유권취득이라고 보는 입장도 있다.[184] 양도담보도 거래행위이다. 상속이나 사실행위에 의한 원시취득(타인의 임야를 자기 소유로 오인하고 벌목)은 안 된다. 무상의 증여행위도 거래행위로 보는 것이 다수설이다.

유효해야 하므로 무효이거나 취소되면 선의취득이 성립하지 않는다.

4) 양수인의 점유취득

양수인의 점유취득은 현실의 인도, 간이인도에 의해서 가능하나 점유개정에 의할 경우에 대해서는 설이 나뉜다.

점유개정에 의할 경우 다수설과 판례[185]는 외관상 원권리자와 처분자 사이의 간

---

184) 송덕수 신민법강의.
185) 곽윤직 물권법 125 등, 대판 1981.8.20. 80다2530.

접점유관계에 변화가 없고, 원권리자의 지배범위에서 벗어나지 못하였기 때문에 거래의 정적안전이 더 보호되어야 한다는 이유로 선의취득을 부정하나, 인도의 방법으로 점유개정을 인정하고 있는 이상 제한할 이유가 없다는 소수설과,[186] 점유개정으로 족하지만 그 후 현실의 인도가 있어야 수유권의 취득이 확정된다는 절충설[187]이 있다. 거래의 안전과 원권리자 보호의 양면을 고려하고, 점유개정이 불완전한 양도방법이고, 가장하여도 이를 막을 가능성이 적은 점을 고려하면 다수설과 판례의 입장이 옳다.

반환청구권의 양도에 의한 양수인의 점유취득도 가능하나, 지명채권양도의 대항요건을 갖추어야 한다.[188]

5) 점유취득의 평온 · 공연 · 선의 · 무과실

평온 · 공연 · 선의는 민법 제197조 제1항에 의하여 추정된다. 선의는 무권리자임을 알지 못하는 것이고, 무과실은 이에 과실이 없는 것이다. 선의 · 무과실의 기준 시점은 물권행위가 완성되는 때, 즉 물권적 합의와 인도 중에서 나중에 갖추어진 요건이 완성되는 때이다.[189] 무과실의 입증과 관련하여 소수설과 판례는 선의취득자가 입증하여야 한다고 보나,[190] 다수설은 민법 제200조에 의하여 점유자는 적법한 권리자로 추정되므로 양수인은 무과실로 추정된다고 본다.[191]

양도인이 취소할 수 있는 법률행위에 의하여 권리를 취득한 사실을 양수인이 알고 취소가 있기 전에 양도받은 경우에는 양수인은 선의인가가 문제가 되는데, 독일민법은 이런 경우 선의로 보지 않는다는 명문을 두고 있으나 우리는 명문이 없어 문제가 되나, 거래안전상 이런 경우까지 보호할 이유는 없을 것이다.

---

186) 김기선 물권법 220.
187) 황적인 물권법 100.
188) 대판 1999.1.26. 97다48906.
189) 대판 1991.3.22. 91다70.
190) 이영준 물권법 272, 대판 1981.12.22. 80다2910.
191) 곽윤직 물권법 204 등.

나. 효 과

1) 양수인은 동산에 대한 물권을 취득한다. 동산에 성립하는 물권에는 소유권·질권·유치권·전유권이 있지만, 유치권은 법정담보물권이고, 점유권은 점유에 의해 당연히 성립하므로 각 선의취득의 대상이 아니다.
2) 취득은 양도인이 무권리자였으므로 법률의 규정에 의한 원시취득이어서 그 권리위에 존재하던 제한물권은 모두 소멸하나, 양수인이 그 존재를 알고 있을 경우에는 존속하는 것으로 보아야 한다.

다. 도품과 유실품에 관한 특칙(제250조)

1) 의 의

도품은 점유자의 의사에 반하여 점유를 빼앗긴 물건이고, 유실품은 점유자의 의사에 기하지 않고 점유를 이탈한 물건으로 도품이 아닌 것이다. 도품이나 유실물이 제3자에게 양도되어도 그 성질은 유지된다. 사기행위로 넘어간 경우는 점유자의 의사에 기인한 것이므로 해당하지 않고, 위탁물 횡령 또는 보조기관이나 소지기관의 횡령은 제250조의 문제가 아니다.[192]

2) 규정의 취지·내용

① 도품이나 유실품이 선의취득된 경우라도 그 피해자나 유실자는 도난 또는 유실한 날로부터 2년 내에는 그 반환을 청구할 수 있다. 도난당하거나 유실한 경우에는 종전소유자가 점유자의 권리외관을 형성하는 데 관여하지 않았으므로 소유자의 권리를 더 보호할 필요가 있다는 것이 규정의 취지인데, 거래안전상 문제가 있다는 입장도 있다.
② 반환청구권의 성질은 선의취득자의 권리를 소멸시키고 도난 당시의 권리관계를 회복시키는 점에서 형성권과 유사하나, 통설은 법정의 특별한 권리로 채권

---

192) 대판 1991.3.22. 91다70.

적 청구권이라고 본다.

③ 반환청구권자는 피해자 또는 유실자이고, 상대방은 선의취득의 요건을 구비한 현재의 점유자(특정승계인 포함)이다. 반환청구기간은 도난, 유실한 날로부터 2년인데, 채권적 청구권으로 보면 시효기간이 될 것인데, 제척기간이라고 보는 입장도 있다.[193]

④ 반환청구기간 내의 소유권은 선의취득자에게 귀속된다는 것이 통설이나 선의취득을 유보시키는 특별규정이고 반환청구권은 점유의 회복을 구하는 권리라는 입장도 있다.[194]

⑤ 양수인이 경매나 공개시장 또는 동 종류의 물건을 판매하는 상인에게서 선의로 매수한 경우에는 피해자나 유실자는 양수인이 지급한 대가를 변상하여야 한다(제251조).

라. 사안의 경우

대상물건이 동산이고, 양도인 을이 무권리자로서 물건을 점유하고 있었으며, 병은 유효한 거래행위에 의하여 권리를 취득했으나 현실의 점유가 아닌 점유개정에 의한 점유취득 이므로 다수설과 판례에 따르면 대상 물건을 선의취득할 수 없고 물건의 소유권은 갑에게 있다. 따라서 도품의 특칙이 적용될 여지는 없다.

3. 갑과 병의 관계

가. 점유자와 회복자

갑은 자기 물건을 회수해 왔고 병은 자기 물건으로 알았던 것을 빼앗긴 형국이므

---

193) 이영준 물권법 284.
194) 송덕수 신민법강의.

로 점유자와 회복자의 지위에서 각기 권리의 구제방법을 강구해야 한다. 이와 관련 병은 선의취득이 부인당한다고 해도 점유권은 있었으므로 점유권에 기한 목적물 반환청구권의 행사와 기지급한 기계수리비청구, 갑은 점유권에 기한 반환청구가 인용될 경우에 대비하여 물건을 일단 반환한 뒤 소유권자로서 별소로 다시 반환청구하거나 반소로 그 소유권확인을 구하는 소와 침탈된 기간 동안 병의 기계사용과실 반환청구를 생각해 볼 수 있을 것이다.

나. 병의 점유권에 기한 목적물반환청구

병은 목적물에 대하여 을을 매개로 선의로 간접점유를 취득했으므로 그 점유를 침탈한 갑에 대하여 점유권에 기한 목적물반환청구권을 1년 이내에 행사할 수 있다 (민법 제204조 제1, 3항). 다만 을에게 반환할 것을 청구할 수 있고, 을이 그 물건의 반환을 받을 수 없거나 이를 원치 않을 경우에만 자기에게 반환할 것을 청구할 수 있다(민법 제207조 제2항).

다. 갑의 본권에 기한 소

병이 점유권에 기한 목적물반환청구권을 행사할 경우, 갑으로서는 소유권을 주장하여 이를 막을 수 없는가의 문제가 있다.

점유의 소와 본권의 소는 전혀 별개의 것으로 서로 영향을 미치지 아니하고 점유권에 기인한 소는 본권에 관한 이유로 재판하지 못하므로(민법 제208조), 사안의 경우 병의 점유권에 기한 목적물반환청구소송은 승소할 것이고, 갑은 목적물을 반환한 다음 다시 본권에 기한 목적물반환청구소송을 해야 한다.

이럴 경우 복잡한 절차를 반복하고 분쟁의 종국적 해결에 도움이 되지 않으므로 판례와 다수설은 점유권에 기한 소송에 대하여 본권에 기한 소유권확인의 반소를 인정하여 분쟁의 신속 종국적인 해결을 기하는 것이 옳다고 본다.[195]

---

195) 대판 1957.11.14 4290민상454.

사안의 경우 병이 점유권에 기한 목적물반환청구권을 행사해 오면 갑은 소유권확인의 반소를 제기하여 목적물의 반환을 막을 수 있을 것이다.

라. 물건사용과실과 수리비

병은 목적물을 을에게 임대하여 임료상당의 과실을 얻었는데, 이와 관련 법은 선의점유자의 과실취득권을 인정하고 있으므로(민법 제199조 제1항), 갑은 위 이득의 반환을 청구할 수는 없다.

한편 병은 목적물에 대한 수리비를 지급했고, 이는 목적물 보존을 위한 필요비 내지는 유익비로서 갑에게 상환청구를 할 수 있다(민법 제203조).

마. 병의 불법행위책임

점유자의 고의·과실로 물건이 훼손되는 등 제202조가 적용될 경우에도 불법행위 요건이 갖추어지면 불법행위책임과의 경합을 인정하는 것이 다수설 판례임은 후술하는 바와 같다.

4. 갑과 을의 관계

가. 상호침탈

사안은 을이 갑의 점유를 침탈한 다음에 다시 갑이 을의 점유를 침탈한 상호침탈의 경우로 을이 자신의 점유권침탈을 이유로 목적물반환청구권을 행사할 수 있는지가 문제된다.

이에 관하여는 다수설은 이를 인정한다 해도 갑이 다시 점유권 또는 본권에 기한 반환청구권을 행사할 수 있으므로 소송경제상 인정할 필요가 없다고 본다.[196]

나. 점유자와 회복자의 관계

을은 악의의 점유자로서 물건사용이익을 갑에게 반환해야 하고(민법 제201조 제2항), 물건에 손상을 가했다면 그 손해도 배상해야 한다(동 제202조).

을이 지출한 물건에 대한 필요비나 유익비는 상환받을 수 있다(동 제203조).

다. 불법행위책임

갑이 목적물을 사용하지 못함으로써 입은 손해에 대하여 민법 제201조 제2항이 악의점유자의 과실반환의무를 규정하고 있으므로 제750조의 불법행위책임은 따로 물을 수 없다는 입장도 있으나,[197] 다수설·판례는 선의·악의 점유를 불문하고 불법행위요건을 갖춘 경우에는 경합을 인정한다.[198]

점유자가 목적물을 손상시켜 갑이 입은 손해에 관하여도 제202조가 적용되는 것과는 별개로 불법행위책임이 경합될 수 있다는 것이 다수설과 판례이나, 제202조의 취지가 선의점유자의 배상책임을 한정하는 데 있으므로 선의점유자에게 과실이 인정된다는 이유로 불법행위책임을 물어 손해 전부의 배상을 구하는 것은 인정되어서는 안 된다는 소수설이 있다.[199]

5. 병과 을의 관계

병의 소유권이 인정되지 않으므로 둘 사이에는 을의 채무불이행책임과 담보책임이 문제된다. 우선 을은 병에게 임대차에 따른 목적물반환의무가 있으나 이를 이행할 수 없게 되었으므로 이행불능에 따른 손해배상책임이 있다(민법 제390조).

---

196) 곽윤직 물권법 161 등.
197) 김증한·김학동 물권법 175.
198) 대판 1961.6.29. 4293민상704.
199) 이영준 물권법 332.

을이 목적물의 소유권을 취득하여 병에게 이전할 수 없는 한 을은 제570조에 의한 담보책임이 있고, 병은 매매계약의 해제와 손해배상을 청구할 수 있다.

　손해배상의 범위는 이행이익의 배상이 될 것이다.

14 | 명의신탁

사 례

삼화전자주식회사는 공장을 구입하면서 회사 명의로 구입할 경우 땅값이 폭등할 것을 우려하여 직원 명의로 구입한 후 관련부지 매입이 모두 끝나면 회사로 명의변경을 하기로 하고, 2005.4. 직원 갑에게 돈을 주어 을 소유의 토지를 구입하게 했고, 그 무렵 갑은 자기 명의로 소유권이전등기를 경료했다. 삼화전자주식회사는 최근 들어 토지구입을 완료하고, 갑에게 소유권이전을 요구했으나, 개인 비리로 회사를 퇴직한 갑은 이에 응하지 않고 있다. 삼화전자주식회사는 어떤 조치를 취할 수 있는가?

해 결

1. 논점의 정리

사안의 경우는 삼화전자주식회사(이하 회사라고만 한다)와 갑 사이에 을 소유의 토지를 구입하여 갑 명의로 보유하되 내부적으로는 회사소유로 한다는 약정이 있는 명의신탁이 있는 경우이다.

종전에는 판례가 일관하여 명의신탁의 유효성을 인정했으므로 사안과 같은 경우 대상 부동산이 제3자에게 넘어가지 않는 한 회사가 갑으로부터 소유권이전등기를 받는 데 아무 문제가 없었으나, 1995.7.1.부터 부동산실권리자명의등기에관한법률(이하 위 법이라고만 한다)이 시행되고 명의신탁약정이 무효로 처리되면서 종전의 판례이론은 의미가 없게 되었다. 사안은 이에 따른 문제점에 대한 이해 여부를 묻고자 하는 것으로, 회사가 어떻게 권리를 회복할 것인가가 주된 문제이고 갑의 방어방법은 따로 문제될 것이 없다.

2. 명의신탁 일반론

명의신탁은 일제시대 토지조사과정에서 종중소유의 토지를 종중 명의로 사정받을 수가 없어 종중원 명의로 사정받은 뒤에 그 소유권에 관한 다툼이 벌어지면서 종중의 소유권을 인정하기 위한 근거로서 판례에 의하여 성립된 개념이다.

명의신탁에는 등기명의만이 수탁자에게 이전되고 수탁자가 원인계약에는 관여하지 않는 등기명의신탁과 수탁자가 계약당사자로서 부동산을 매수하여 자기 앞으로 등기를 경료하는 계약명의신탁이 있고, 등기명의신탁에는 신탁자가 자기 명의 부동산을 수탁자에게 이전하는 양자 간 명의신탁과, 신탁자가 매도인으로부터 부동산을 매수하면서 자기 명의로 등기하지 않고 수탁자 명의로 등기하는 3자 간 명의신탁이 있다.

그 유효성에 관하여 학설은 판례와는 달리 통정허위표시로 무효라는 견해[200]와 명의신탁계약은 법적인 소유권은 수탁자에게 이전하되 그 관리처분은 신탁자가 할 것을 약정한 것이므로 표시상 효과의사와 내심의 효과의사가 일치하는 유효한 계약이라고 보는 설이 있다.[201]

---

200) 곽윤직 물권법 94.
201) 이영준 명의신탁의 유효성에 관하여, 사법논집 19권.

명의신탁이 있는 경우 대내적으로는 신탁자 소유이나 대외적으로는 수탁자 소유이므로 수탁자만이 소유권자로서 제3자의 침해에 대하여 배제를 구할 수 있고, 신탁자는 수탁자를 대위하여 수탁자의 권리를 행사할 수 있으며 제3자에 대하여 직접 침해배제를 구할 수는 없다.

위 법이 시행됨에 따라 모든 명의신탁약정은 무효가 되었고, 명의신탁약정에 따라 행해진 등기에 의한 부동산물권변동도 무효가 되었으며, 다만 계약명의신탁의 경우 매도인이 명의신탁약정이 있음을 모른 경우에는 부동산물권변동은 유효한 것으로 되었다(위 법 제4조 제1,2항, 단서). 이로서 명의신탁의 법률관계에 관한 종전의 학설과 판례는 의미가 없게 되었다.

다만 동법 제8조는 예외적인 경우 명의신탁을 허용하고 있으므로 이 경우에는 종전의 긍정설과 판례에 따르게 될 것이다.

사안의 경우는 계약명의신탁이고 위 법에 따라 매도인의 악의 여부에 따라 물권변동의 유·무효가 달라지므로 선의, 악의의 두 경우로 나누어 살펴본다.

3. 을이 선의인 경우

가. 명의신탁계약의 효력

위 법은 을의 선의와 상관없이 명의신탁계약 자체는 무효라고 하고 있으므로(제4조 제1항) 회사와 갑과의 명의신탁계약은 무효이다.

나. 갑·을 간의 매매계약과 소유권이전등기의 효력

갑·을 간의 매매계약의 효력에 관하여는 위 법에 정한 바가 없으므로 계약일반론에 따를 것인데, 달리 무효·취소 사유가 없으므로 유효하다.

위 계약에 따른 소유권이전등기의 효력에 관하여는 위 법이 정하는 대로 매도인이 선의이므로 유효하다(제4조 제2항 단서).

결국 사안의 경우 갑은 적법하게 소유권을 취득한다.

다. 갑과 회사와의 관계

1) 갑과 회사와의 명의신탁계약은 무효이고, 갑은 부동산소유권을 취득했으므로 법률상 원인 없이 이득을 얻은 것이나, 위 법에 반한 계약에 따른 급부이므로 불법원인급여가 아닌가의 문제가 발생하고, 부당이득이 된다고 할 때 회사로부터 받은 것은 매매대금이므로 무엇을 이득으로 볼 것인가가 문제된다.

2) 부당이득의 성립 여부

불법원인급여 긍정설은 위 법의 금지규정은 강행규정으로서 민법 제103조의 특별규정이므로 이에 반한 명의신탁행위는 반사회적 법률행위로서 민법 제746조의 불법원인에 해당되고 신탁자의 수탁자에 대한 부당이득반환청구는 허용되지 않는다고 본다.[202]

불법원인급여 부정설은 위 법의 취지는 실권리자명의의 등기를 강제하기 위한 것이므로 명의신탁약정에 의한 등기를 바로 반사회적인 행위라고 볼 수 없고, 따라서 신탁자의 수탁자에 대한 부당이득반환청구는 인정된다고 본다.[203]

판례는 민법 제746조의 불법은 제103조의 선량한 풍속 기타 사회질서에 반하는 경우를 말하므로 강행법규를 위반하더라도 그것이 선량한 풍속 기타 사회질서에 위반하지 않는 경우에는 이에 해당하지 않는다는 입장에서 강제집행면탈 목적으로 자기 소유 부동산을 타인 명의로 등기한 것, 투기·탈세·탈법을 위한 미등기전매계약도 그것만으로는 반사회적 행위가 아니라고 하고 있고,[204] 수탁자가 임의 처분한 경우 부당이득반환청구권을 행사하는 것은 별론으로 하고 횡령죄는 성립하지 않는

---

202) 김상용 무효인 명의신탁약정에 기한 급부의 불법원인급여 성립 여부 법률신문 2003.2.14.
203) 양창수 성곡논총 28집 3권 366.
204) 대판 1994.4.15. 93다61307, 1993.5.25. 92다296.

다고 하여[205] 부당이득반환청구가 가능한 것으로 보고 있다.

명의신탁의 관습이 오래도록 이루어져 온 사실 자체가 명의신탁행위를 반사회적 행위라고 볼 수 없게 하는 근거가 될 것임을 감안하면, 회사의 갑에 대한 부당이득 반환청구를 인정해야 할 것이다.

3) 회사의 갑에 대한 소유권이전등기청구

회사가 갑에게 교부한 것은 매매대금이므로 그 대금이 아닌 구입한 부동산 자체를 부당이득으로 돌려 달라고 할 수 있는지가 문제된다.

현물반환 긍정설은 위법의 취지가 수탁자에게 소유권을 유지하게 하거나 신탁자에게 소유권이 귀속되는 것을 막는 취지가 아니라거나, 사적자치원칙에 반하거나 과잉금지원칙에 반한다, 명의신탁약정이 무효로 된 이상 신탁자에 대한 관계에서는 부동산 자체도 무효가 되는 것이라는 이유로 긍정한다.[206]

현물반환 부정설은 수탁자 명의의 소유권이전등기는 유효한 매매계약에 기한 것이어서 법률상 원인이 있고, 신탁자의 손해는 부동산과 관련이 없는 매매대금이며, 신탁자와 수탁자 사이에 교부된 것은 금전이고, 부동산반환을 허용하면 신탁자에게는 과거와 다른 점이 없어 실명법의 실효성을 떨어뜨린다는 것을 이유로 부정한다.[207]

판례는 위 법 시행 전에 이루어진 계약명의신탁으로 매도인이 선의이며 법 소정의 유예기간이 경과하여 수탁자가 소유권을 취득한 사안에서 수탁자는 신탁자의 비용으로 소유권을 취득한 것이고, 유예기간 경과 전까지는 신탁자가 명의신탁약정을 해지하고 소유권을 취득할 수 있었는데, 수탁자가 위 법에 따라 소유권을 취득했으므로 부동산 자체를 부당이득한 것이라고 보아야 하고, 위법이 신탁자에게 소유권이 귀속하는 것을 막는 취지는 아니라고 하였으나,[208] 위 법 시행 후에 이루어진 명의신탁약정인 경우에는 신탁자는 애초부터 부동산에 관한 소유권을 취득할 수 없으므로 명

---

205) 대판 2001.9.25. 2001도2722.
206) 배병일 법률신문.
207) 양창수 162 논문.
208) 대판 2002.12.26. 2000다21123.

의신탁약정의 무효로 인하여 신탁자가 입은 손해는 당해 부동산 자체가 아니라 수탁자에게 제공한 매매대금이고, 수탁자는 이 대금을 부당이득한 것으로 본다.[209]

사안의 경우 판례에 따르면 위 법 시행 후에 이루어진 명의신탁이므로 회사는 갑에게 부당이득으로서 부동산에 대한 소유권이전등기를 청구할 수는 없다.

4) 회사의 갑에 대한 매매대금의 부당이득반환 청구

갑은 회사에게 매매대금 상당의 금원을 부당이득으로 반환해야 하고, 위 법 시행 후의 수탁자는 모두 악의의 수익자가 되므로, 위 대금에 상당한 이자를 붙여서 반환해야 하고, 신탁자에게 손해가 있는 경우에는 그 손해도 배상해야 한다.

4. 을이 악의인 경우

가. 이 경우는 부동산에 관한 물권변동도 무효가 되므로 수탁자는 소유권을 취득할 수 없고, 원상복구를 둘러싸고 삼자 간의 관계가 문제된다.

나. 회사와 갑 사이의 관계

명의신탁약정이 무효이므로 회사가 매매대금 상당의 부당이득반환청구를 할 수 있는 것은 을이 선의인 경우와 같고, 반환범위도 동일하다.

다. 갑과 을 사이의 관계

을은 여전히 부동산의 소유권자이므로 갑에 대하여 물권적 청구권으로 소유권이전등기말소청구 또는 진정명의회복을 원인으로 하는 소유권이전등기청구를 할 수 있다. 갑은 을에 대하여 매매대금 상당의 부당이득반환청구를 할 수 있고, 을은 악

---

209) 대판 2005.1.28. 2002다66922.

의 수익자가 된다.

라. 회사와 을 사이의 관계

회사는 갑에 대한 부당이득반환청구권에 기하여 갑을 대위하여 갑의 을에 대한 부당이득반환청구권을 대위행사할 수 있다(민법 제404조 제1항).

다만 갑의 무자력 여부에 관하여는 설이 나뉘나, 채권자의 권리가 밀접하게 관련되어 있고 대위행사 않으면 자기채권의 완전한 만족을 얻지 못할 위험이 있어 특정의 권리를 행사함으로써 특정채권을 보전할 수 있다면 채무자의 자유로운 재산관리에 부당한 간섭이 된다는 등 특별한 사정이 없는 한 허용하고 있는데,[210] 사안의 경우 회사나 갑의 부당이득반환청구권은 명의신탁약정이 무효로 됨에 따른 것이고, 회사의 자금이 갑을 거처 을에게로 건네진 것에 기초하므로 무자력과 상관없이 대위행사를 인정해야 할 것이다.

---

210) 대판 2001.5.8. 99다38699.

대법원 2002.12.26. 선고 2000다21123 판결【소유권이전등기】

부동산실명법 제4조 제1항, 제2항의 규정에 의하면, 명의신탁자와 명의수탁자가 명의신탁 약정을 맺고, 이에 따라 명의수탁자가 당사자가 되어 명의신탁 약정이 있다는 사실을 알지 못하는 소유자와의 사이에 부동산에 관한 매매계약을 체결한 후 그 매매계약에 기하여 당해 부동산의 소유권이전등기를 수탁자 명의로 마친 경우에는 명의신탁자와 명의수탁자 사이의 명의신탁 약정의 무효에도 불구하고 그 소유권이전등기에 의한 당해 부동산에 관한 물권변동 자체는 유효한 것으로 취급되어 명의수탁자는 당해 부동산의 완전한 소유권을 취득하게 되고 (대법원 2000.3.24. 선고 98도4347 판결 참조), 부동산실명법 시행 전에 위와 같은 명의신탁 약정과 그에 기한 물권변동이 이루어진 다음 부동산실명법 제11조에서 정한 유예기간 내에 실명등기 등을 하지 않고 그 기간을 경과한 때에도 같은 법 제12조 제1항에 의하여 제4조의 적용을 받게 되어 위 법리가 그대로 적용되는 것인바, 이 경우 명의수탁자는 명의신탁 약정에 따라 명의신탁자가 제공한 비용을 매매대금으로 지급하고 당해 부동산에 관한 소유명의를 취득한 것이고, 위 유예기간이 경과하기 전까지는 명의신탁자는 언제라도 명의신탁 약정을 해지하고 당해 부동산에 관한 소유권을 취득할 수 있었던 것이므로, 명의수탁자는 부동산실명법 시행에 따라 당해 부동산에 관한 완전한 소유권을 취득함으로써 당해 부동산 자체를 부당이득하였다고 보아야 할 것이고, 부동산실명법 제3조 및 제4조가 명의신탁자에게 소유권이 귀속되는 것을 막는 취지의 규정은 아니므로 명의수탁자는 명의신탁자에게 자신이 취득한 당해 부동산을 부당이득으로 반환할 의무가 있다고 할 것이다.

대법원 2005.1.28. 선고 2002다66922 판결 【소유권이전등기 등】

부동산실명법 제4조 제1항, 제2항에 의하면, 명의신탁자와 명의수탁자가 이른바 계약명의신탁약정을 맺고 명의수탁자가 당사자가 되어 명의신탁약정이 있다는 사실을 알지 못하는 소유자와의 사이에 부동산에 관한 매매계약을 체결한 후 그 매매계약에 따라 당해 부동산의 소유권이전등기를 수탁자 명의로 마친 경우에는 명의신탁자와 명의수탁자 사이의 명의신탁약정의 무효에도 불구하고 그 명의수탁자는 당해 부동산의 완전한 소유권을 취득하게 되고, 다만 명의수탁자는 명의신탁자에 대하여 부당이득반환의무를 부담하게 될 뿐이라 할 것인데(대법원 2002.12.26. 선고 2000다 21123 판결 참조), 그 계약명의신탁약정이 부동산실명법 시행 후인 경우에는 명의신탁자는 애초부터 당해 부동산의 소유권을 취득할 수 없었으므로 위 명의신탁약정의 무효로 인하여 명의신탁자가 입은 손해는 당해 부동산 자체가 아니라 명의수탁자에게 제공한 매수자금이라 할 것이고, 따라서 명의수탁자는 당해 부동산 자체가 아니라 명의신탁자로부터 제공받은 매수자금을 부당이득하였다고 할 것이다.

15 | 소유권, 용익권, 저당권의 관계

사 례

갑은 을에 대한 자신의 채무를 담보하기 위하여 자기 소유의 주택에 저당권을 설정해 주었다가, 사정이 생겨 위 주택을 병에게 시가보다 싸게 매각하면서 대신 을에 대한 채무의 일부만 매각대금으로 갚고, 나머지 채무는 추후에 갑이 갚기로 하였다. 병은 위 주택을 인도받으면서 바로 정에게 보증금을 받고 임대했고, 정은 위 주택을 인도받음과 동시에 확정일자와 주민등록을 마쳤고, 건물을 수리해서 살고 있다. 그 후 갑이 을에 대한 나머지 채무를 변제하지 않자 을은 위 주택에 대한 저당권을 실행하려고 한다. 저당권실행 전후를 통하여 병과 정이 취할 수 있는 조치는 무엇이 있는가?

해 결

1. 논점의 정리

사안은 부동산에 관한 저당권이 실행될 경우 그 부동산에 관한 소유권과 용익권의 운명은 어떻게 되는가에 대한 이해와 그 들의 권리구제를 위한 수단은 무엇이 있는가를 묻고 있다.

사안과 같이 부동산에 관한 저당권이 설정된 후에 그 소유권이나 용익권을 취득한 자는 저당채무가 변제되지 않을 경우 저당권의 행사로 그 권리를 상실할 위험에 빠지게 되므로 법은 이를 막기 위한 법적 수단을 마련해 두고 있는데, 저당권실행 전의 제3취득자의 변제권(민법 제364조), 이해관계 있는 제3자의 변제권(동 제469조), 변제자 대위(동 제481조), 경매인이 될 수 있는 권리(동 제363조 제2항)가 그것이다.

일단 저당권이 실행된 후에는 실행 당시 소유자의 종전 소유자에 대한 책임추궁으로 병의 갑에 대한 담보책임의 추궁, 채무불이행이나 불법행위에 의한 손해배상청구 여부가, 실행 당시의 용익권자인 정은 경락인에 대한 임차권행사, 경매대금 중 보증금, 수리비의 우선변제권 여부, 병에 대한 채무불이행책임, 갑에 대한 불법행위책임 추궁 여부 등이 문제된다.

2. 저당권실행 전의 법적 수단

가. 제3취득자의 변제

1) 민법 제364조의 의미

일반적으로 채무의 변제는 채무의 성질 또는 당사자의 의사로 허용되지 않는 경우를 제외하고는 제3자도 할 수 있고, 이해관계 있는 자는 채무자의 의사에 반해서도 할 수 있다(민법 제469조). 이 규정에 불구하고 제364조가 저당부동산의 제3취득자의 변제권을 따로 규정한 것은 변제하여야 할 채무범위를 부동산으로 담보된 채권에 한정한 것에 의미가 있다. 지연배상의 범위도 제360조 단서에 의해서 결정 된다.[211]

변제기 도래 전에 변제할 수 있는가에 관하여 일반적으로는 변제기 전에 변제할

---

211) 대판 1979.8.21. 79다783.

경우에는 채권자의 손해를 배상하여야 하나(민법 제468조), 제3취득자는 채무자로서 변제하는 것이 아니고, 독자로 변제할 권리를 가진 자로서 변제하는 것이므로 제468조의 제한을 받지 않고 변제기 전에 변제할 수 있다고 보는 소수설도 있으나,[212] 제3취득자가 생겼다는 우연한 사정으로 자기의 손해를 배상받지 못한다는 것은 부당하다고 보아 부정하는 것이 다수설이다.[213] 판례는 변제기 후에만 저당채무를 변제하여 저당권설정등기의 말소를 청구할 수 있다고 본다.[214]

2) 저당부동산의 제3취득자의 변제권 행사요건

① 저당권설정 후에 제3자가 목적물에 대한 권리를 취득할 것

법은 저당권설정 후에 소유권, 지상권 또는 전세권을 취득한 자로 한정하고 있다. 따라서 지역권이나 대항력을 갖춘 임차인은 본조가 아닌 제469조에 따라 이해관계 있는 제3자로서 변제할 수 있다.

② 저당채무의 변제기 도래 후 저당부동산의 경락 전일 것

저당권이 실행되어 경매가 개시되었다 하더라도 제3자의 변제권을 인정한다고 해서 저당권자에게 불이익을 주는 것은 아니므로 경락허가결정 전까지는 제360조가 정하는 범위 내의 저당채무를 변제할 수 있다.

3) 사안의 경우

병은 저당권설정 후 소유권을 취득한 자이고, 저당채무의 변제기도 도래했으므로 제364조에 따라 저당채무를 변제할 수 있고, 정은 제469조에 따라 이해관계 있는 제3자로서 변제할 수 있으며, 변제해야 할 채무는 저당채무자와 동일하게 원본 및 이행기 경과 후의 지연이자가 모두 포함된다.

---

212) 장경학 물권법 818.
213) 곽윤직 물권법 364 등.
214) 대판 1979.8.21. 79다783.

나. 변제자 대위

병과 정은 위 변제로 갑을 면책시켰으므로 갑에 대하여 을의 권리를 대위행사할 수 있고, 변제할 정당한 이익이 있는 자이므로 채권자의 승낙이나 대위통지도 필요 없다(제481조).

다. 경매인이 될 수 있는 권리

민법 제363조 제2항은 저당목적물의 소유권을 취득한 제3자의 경매청구권만을 규정하고 있어 제364조가 정하는 나머지 제3취득자나 그 밖의 이해관계인의 경매청구권은 부인하는 것인가의 문제가 있다.

앞의 제3취득자의 변제와 같은 해석논리로 규정에만 충실한다면 소유권을 취득한 자에 한정해야 할 것이나 저당권자 입장에서는 변제기 후에는 피담보채권의 만족을 받는 한 누가 경매인이 되든 아무 상관이 없다고 할 것이므로 제364조가 정하는 제3취득자와 그 외의 이해관계인의 경매청구권을 배제할 이유는 없다고 할 것이다.

사안의 경우 병은 당연히 경매인이 될 수 있고, 정도 건물사용의 이익을 보호할 필요가 있으므로 적극적으로 경매인이 되어 자신의 지위불안을 해소할 수 있게 해주어도 무방할 것이다.

3. 저당권실행 후의 법적 수단

가. 병의 경우

1) 문제점

저당권이 실행되면 병은 자신이 경락인이 되지 못하는 한 소유권을 상실하게 되므로 그에 따른 손해가 발생하고, 경락인이 된 경우에도, 경락받기 위해 당초의 매입대금 외의 추가부담 손해가 발생하므로 갑에 대한 책임추궁이 문제된다.

2) 갑에 대한 담보책임 추궁

을의 저당권실행으로 병이 이미 취득한 소유권을 잃게 되었다면 병은 민법 제576조의 담보책임을 매매계약을 해제하고 손해배상을 청구할 수 있다. 저당권의 존재를 갑이 알고 있었어도 저당권이 반드시 실행되는 것은 아니고, 또 사안의 경우는 저당채무변제에 관한 갑·을 간의 합의가 있었으므로 병의 악의가 갑의 담보책임에 영향이 있는 것은 아니다.

3) 갑의 채무불이행책임

갑에게 민법 제390조에 따라 소유권이전의무 불이행책임을 물을 수 있는가와 관련해서는 제576조의 담보책임이 소유권이전의무를 이행하지 못해서 생긴 것이므로 일반의 채무불이행책임과 같은 것이어서 제390조의 책임과 경합하는 것으로 볼 필요는 없고, 제576조의 손해배상이 이행이익의 배상인 것으로 보면 된다.

4) 갑의 불법행위책임

갑의 불법행위책임이 성립하기 위해서는 고의·과실에 의한 위법행위로 손해가 발생하여야 하고 가해자에게 책임능력이 있어야 하는데, 사안의 경우 갑으로서는 자신의 잔존저당채무를 갚지 않을 경우 을의 저당권실행으로 병이 소유권을 잃을 것을 알 수 있었으므로 고의의 위법한 가해행위가 있고, 손해의 발생이 있으며, 갑에게 책임능력이 없는 사정도 없으므로 불법행위에 기한 손해배상책임이 있다.

5) 결 론

결국 병은 갑을 상대로 손해배상청구소송을 제기하면서 청구원인으로 제576조의 담보책임 또는 제750조의 불법행위책임을 주장하게 될 것이다. 손해액은 당초의 매매대금에서 경락에 따른 배당금을 제한 금원이 될 것이고, 그 외 손해는 특별사정으로 인한 손해로 갑이 알았거나 알 수 있었을 경우에나 청구 가능할 것이다.

나. 정의 경우

1) 문제점

정은 주거용 건물을 임차하여 인도와 주민등록을 마쳤으므로 경락인에게 대항할 수 있는지, 대항할 수 없다면 보증금과 집수리비는 반환받을 수 있는지가 문제된다.

2) 경락인에 대한 임차권 행사

주택임대차보호법은 주택임차권에 관한 등기가 없는 경우에도 임차인이 주택의 인도를 받고 주민등록을 마치면 그다음 날부터 제3자에게 대항할 수 있고, 따라서 임차주택의 양수인 기타 상속·경매 등으로 임차물의 소유권을 취득한 자는 임대인의 지위도 승계한 것으로 본다고 규정하고 있다(동법 제3조 1, 2항). 다만 이는 선순위 권리자가 없을 경우에 한하므로, 사안과 같이 임대차 대항력 취득일보다 먼저 설정된 선순위 저당권자가 있으면 정은 경락인에게 임차권을 대항할 수 없고, 임차권은 소멸한다.

3) 임대차보증금의 반환문제

주택임차인이 주택의 인도와 주민등록 외에 임대차계약서 상에 확정일자를 받은 경우에는 보증금반환에 있어 후순위저당권자, 기타 일반채권자들보다 경락대금에서 우선변제를 받을 수 있다(주택임대차보호법 제3조의 2 제2항). 또한 경매신청의 등기 전에 위 요건을 갖추면 대통령령이 정하는 일정액을 다른 담보권자보다 우선 변제받을 수 있다(동 법 제8조) 사안의 경우 정은 인도와 주민등록·확정일자를 마쳤으므로 대통령령이 정하는 일정액에 대하여 경락대금에서 최우선으로 배당받을 수 있고, 나머지 보증금은 을의 채권에 충당하고 남은 돈이 있으면 배당받는데, 그래도 부족분이 있으면 병에게 반환받을 수밖에 없다.

4) 병의 채무불이행 책임

병은 임대인으로서 정으로 하여금 임차물을 계속 사용할 수 있게 해주어야 할 의무가 있고, 따라서 사안의 경우 저당채무를 변제해서라도 정의 임차권이 박탈당하는 것을 막아 주어야 하는데, 이를 이행하지 못했으므로 채무불이행책임을 부담하고, 정은 임대차계약을 해제하고 손해배상을 청구할 수 있다.

5) 수리비 반환청구 문제

제367조는 저당목적물의 제3취득자가 그 부동산의 보존·개량을 위하여 필요비 또는 유익비를 지출한 때에는 저당물의 경매대가에서 우선 상환을 받을 수 있다고 규정하고 있는데, 여기의 제3취득자에 임차인도 해당하는가의 문제가 있다.

제367조의 제3취득자를 제364조의 제3취득자와 동일한 것으로 보아 제364조가 정한 자 외에는 해당 않는다고 보는 입장에 따르면 임차인은 해당되지 않아 비용상환청구를 할 수 없으나,[215] 제367조는 제364조와는 달리 저당권실행으로 인하여 권리를 상실한 제3취득자가 지출한 비용의 우선 상환청구권을 인정한 것으로 저당목적물의 가치유지·증대 비용이어서 경매가와 직접 관련이 있고, 임차인 보호의 필요성상 임차인도 비용상환청구를 할 수 있다는 입장[216] 이 옳다. 사안의 건물수리를 위한 비용은 필요비로 보아야 하므로, 정은 경락대금에서 저당권자 을보다 우선하여 상환받을 수 있다. 한편 수리비는 임차목적물에 대하여 생긴 채권이므로 제320조에 의한 유치권도 성립한다.

6) 갑의 불법행위책임

갑이 잔존채무를 변제하지 않는 행위가 정에게 불법행위가 될 수 있다면 갑에 대한 불법행위책임도 물을 수 있을 것인데, 갑의 채무불이행이 정의 임차권을 침해하는 행위라고는 볼 수 없어 정은 갑의 불법행위책임을 물을 수는 없다.

7) 결 론

정은 경매대금에서 임차보증금과 수리비를 우선 변제받게 되므로 경락인에게 따로 청구할 일은 없고, 병에 대하여는 보증금 부족분의 반환 청구가 가능할 것이다.

---

215) 이영준 물권법 319 등.
216) 곽윤직 물권법 594 등.

을은 자기 소유 건물에 대하여 채권자 갑을 위하여 저당권을 설정해 주었는데, 그 후 건물에 부착되어 있던 자가발전시설과 저당권 설정 후 새로 부착했던 냉방시설을 저당권 설정사실을 모르고 있는 병에게 양도담보로 제공하고 돈을 꾸었다. 한편 위 건물은 정에게 임대하여 월 백만 원의 차임을 받고 있다.

병은 을이 변제기가 지나도록 돈을 갚지 않자 을의 승낙을 얻어 자가발전시설과 냉방시설을 뜯어 갔다. 이 경우 문제될 수 있는 갑·을·병·정 간의 법률관계를 검토해 보라.

1. 논점의 정리

사안은 저당목적물에 부착된 물건에 양도담보가 설정되었고 그 양도담보가 실행

됨으로써 저당권의 침해문제가 발생한 경우이다. 저당목적물에 부착된 것을 분리한 것에 대하여 문제를 삼을 사람은 저당권자인 갑이므로 갑의 권리를 중심으로 관계인들의 행위가 어떤 의미 있나 검토할 필요가 있다.

　건물에 부착된 물건을 뜯어낸 행위가 자신의 저당권을 침해한 것이 되기 위해서는 이 물건, 즉 부합물 또는 종물, 더하여 사안의 차임에 저당권이 미치는가와 분리된 부합물·종물에 대하여는 어떤가의 점, 즉 저당권의 효력범위를 먼저 살펴보아야 한다. 다음으로 양도담보권의 행사로 물건을 뜯어낸 것이므로 양도담보권의 설정 또는 행사가 저당권침해행위가 되는지를 살펴본다.

　위의 결론에 따라 저당권침해가 인정될 경우에 저당권 침해자에 대한 구제방법으로 물권적 청구권, 불법행위 손해배상청구, 담보물 보충권(제362조), 기한이익상실과 즉시변제청구권(제388조) 등을 살펴보면 된다.

2. 저당권의 효력이 미치는 목적물의 범위

가. 부합물 · 종물(제358조)

　저당권 효력은 부합물·종물에 미친다. 부합물은 저당부동산에 결합하여 독립성을 잃고 거래상 하나의 물건이 된 것이고, 종물은 주물의 경제적 효용에 이바지하고 있으나 주물의 소유권에 흡수되지 않는 독립된 물건을 말한다.

　저당권 설정 후 부착된 것에도 저당권효력 미친다는 것이 통설·판례이다.[217]

　사안의 보일러, 에어컨은 종물이고 설치시기를 불문하고 저당권의 효력이 미친다.

나. 분리된 것

　목적물의 사용수익은 설정자의 권리이므로 정당한 권한 행사에 의하여 분리되었

---

217) 대판 2002.10.25. 2000다63110.

다면 저당권 효력 미치지 않음이 통설이나 그렇지 않을 경우는 설이 나뉜다.

공시원칙설은 공시작용이 미치는 한도 내 미친다고 보고, 분리된 물건이 저당목적물 위에 있더라도 저당부동산과 동일성을 상실한 경우에는 안 미친다고 본다. 다수설이다.[218]

물상대위설은 분리물은 목적물의 가치의 일부를 대표하므로 물상대위 규정을 준용하여 목적물을 압류하면 효력이 미친다고 본다.[219] 분리물이 매각되어 금전으로 변하면 금전에 저당권이 존속한다고 보나 민법이 매각대금에 대한 물상대위를 인정하지 않는 것에 반한다.

사회관념상 일체설은 사회관념상 하나의 물건으로 인정할 수 있는가 여부에 따라 정하나,[220] 동일성 상실인데 일체성 인정은 곤란한 점이 있다.

사안은 분리되어 반출까지 되었으므로 저당권의 효력이 미치지 않는다.

다. 과　실(제359조)

저당권은 목적물의 교환가치만을 대상으로 하는 것이고 목적물의 사용수익권은 저당권설정자의 권리에 속하므로 저당목적물의 과실에 대하여는 저당권의 효력이 미치지 않는다. 다만 이 원칙을 고수할 경우 저당권설정자가 고의로 지연시켜 과실을 부당하게 수취하려 할 염려가 있으므로 법은 저당부동산에 대한 압류가 있은 후에 저당권설정자가 그 부동산으로부터 수취한 과실이나 수취할 수 있는 과실에는 저당권의 효력이 미친다고 규정하고 있다. 압류는 저당권에 기한 임의경매개시결정이 있는 경우이다.

천연과실이 아닌 법정과실(차임)의 경우에는 법정과실은 원물의 사용가치이지 과실이 아니라는 이유로 위 규정이 적용되지 않고 물상대위규정(제370, 342조)에 의거 우선변제권 행사할 수 있을 뿐이라는 소수설이 있으나, 법이 천연과실에 한하지 않

---

218) 곽윤직 물권법 335 등.
219) 김기선 물권법 423.
220) 이영준 물권법 879.

고, 법정과실은 물상대위객체가 아니며, 소유자가 고의로 경매 지연시켜 과실을 부당 수취하는 것을 막기 위한 규정의 취지는 법정과실의 경우에도 마찬가지라는 이유로 적용되어야 한다는 것이 다수설이다.[221]

사안은 저당권이 실행된 경우는 아니므로 차임에는 저당권이 미치지 않고, 정은 종전처럼 을에게 차임을 지급하면 된다.

3. 양도담보의 설정과 실행

가. 양도담보의 설정

양도담보 설정행위는 신탁적양도설에 따르면 담보권자가 3자에 대하여 소유권을 주장할 수 있으므로 설정 자체가 저당권 침해가 되나, 담보물권설에 따르면 저당권의 후순위 담보권을 취득하는 것이 되어, 저당목적물의 통상의 용법에 따른 사용이므로 저당권 침해가 될 수 없다. 판례는 신탁적양도설을 취하고 있는데, 부동산 양도담보가 가등기담보법으로 규제되어 담보권으로 취급됨에 비추어 볼 때 동산 양도담보도 담보권으로 봄이 옳을 것이므로 사안의 양도담보설정은 저당권침해가 아니다.

신탁적양도설에 따를 경우라도 양도담보권자가 선의, 즉 저당권설정사실을 모른다면 저당권침해가 되더라도 선의취득 규정이 적용되어 양도담보권을 취득할 수 있게 될 것이나, 다수설과 판례와 같이 점유개정 방식의 의한 선의취득을 인정하지 않으면 양도담보권을 취득할 수 없어 사안의 양도담보설정은 저당권침해가 될 것이고, 점유개정에 의한 선의취득을 인정하는 설에 따르면 저당권침해가 아니다.

나. 양도담보의 실행

양도담보의 실행은 저당권을 해하는 방법으로 실행할 수는 없는 것이므로 사안과

---

221) 곽윤직 물권법 335 등.

같이 분리해 가는 것은 일단은 저당권의 존속과 실현을 침해하는 것이라고 볼 수 있으나 구체적인 경우에 침해가 되는지는 별개 문제이다.

4. 저당권의 침해에 대한 구제

가. 저당권을 침해하는 경우

저당권의 침해는 저당권자의 담보를 위태롭게 하는 것으로 목적물을 멸실, 훼손하거나 이를 부당히 방치하는 것, 종물의 분리 등이 그것이다.

단 저당권은 저당권자에 의한 목적물의 사용수익을 빼앗는 것은 아니므로 목적물이 통상용법에 따라 사용되고 있는 한 설정자가 부합물 등을 분리하더라도 바로 저당권의 침해로 되지는 않는다. 또한 저당목적물을 침해하여 그 교환가치가 감소되었다 하더라도 나머지 가치가 피담보채권을 초과한다면 손해가 발생하지 않아 손해배상청구권이 인정되지 않는다.

나. 갑의 물권적 청구권

침해행위 제거와 예방청구는 가능하나, 반환청구는 불가하다(제370, 214조).

저당권의 불가분성에 따라 목적물의 잔존가치만으로 피담보채권을 만족시킬 수 있다 하더라도 방해제거를 청구할 수 있다는 것이 통설이다.[222]

분리된 종물에는 저당권이 미치지 않고, 반환청구는 불가여서 분리된 종물에 대하여 아무 조치도 취할 수 없는 문제가 있는데, 판례는 설정자로부터 일탈한 저당목적물을 저당권자에게 반환청구할 수는 없지만, 저당목적물이 3자에게 선의취득되지 않는 한 침해자에게 원래의 설치장소에 원상회복할 것을 청구할 수 있고, 이는 방해배제청구권의 행사에 해당한다고 본다.[223]

---

222) 곽윤직 물권법 355 등.

물권적 청구권은 저당권효력이 미치는 목적물에 대해서만 행사할 수 있다는 설이 있으나, 부당하게 분리 반출되어 저당권효력이 미치지 않는 경우에 유용한 수단이므로 판례가 타당하다.

사안은 병이 저당권의 존재를 모르고 양도담보권을 취득한 후에 갑의 허락을 받고 목적물을 분리해 가는 방법으로 양도담보권을 실행한 것이므로 설사 그 실행으로 저당권이 침해되었다 하더라도 목적물에 대한 선의취득을 주장할 수 있어 갑은 병에게 원상회복청구를 할 수 없다.

다. 갑의 손해배상청구권

저당권침해는 불법행위가 되므로 침해자 상대로 손해배상청구가 가능하다. 단 손해가 있어야 하므로 잔존물로 채권의 만족을 얻을 수 없을 때 인정될 것이나, 저당권 실행 전이라도 손해발생사실이 분명하면 그 시점에서 청구 가능하다. 제3자가 침해 시 저당권자는 소유자의 제3자에 대한 손해배상청구권에 물상대위권행사가 가능하다.

사안의 경우 병은 저당권 존재를 모르고 분리해 왔고, 을이 이에 동의했으므로 불법행위책임이 없으나 을, 그의 동의는 갑에 대한 저당권 침해행위가 되므로 손해배상책임이 있다.

라. 갑의 담보물보충청구권

민법 제362조는 저당권설정자의 고의·과실로 저당물의 가액이 현저히 감소한 경우에는 담보물 보충을 청구할 수 있도록 정하고 있다. 가액이 현저히 감소한 경우는 담보력 부족상태를 말하고 불법행위의 손해나 기한의 이익에 있어 담보가치의 감소보다 그 정도가 커야 하는 것은 아니다.

사안의 경우 채권 만족이 안 될 염려가 있을 때에는 을에게 원상회복 또는 상당한 담보제공을 요구할 수 있다. 이 권리를 행사하면 손해배상청구나 즉시변제청구

---

223) 대판 1996.3.22. 95다55184.

는 불가하다.

마. 즉시변제청구권

제388조 제1항은 채무자가 담보를 손상시킬 경우 기한이익을 상실하고, 채권자는 즉시 변제청구 및 저당권 실행이 가능하다고 정하고 있다.

5. 사안의 경우

갑은 우선 병에 대하여 원상회복청구를 할 것이나, 이는 병의 선의취득항변으로 저지될 것이고, 병에 대한 불법행위 손해배상청구권도 성립되지 않는다.

갑의 을에 대한 불법행위 손해배상청구와 즉시변제청구가 가능하나, 원상회복 또는 상당한 담보물보충청구를 하게 되면 이들 청구를 할 수 없다.

판 례

대법원 2002.10.25. 선고 2000다63110 판결 【건물명도】

건물이 증축된 경우에 증축부분이 기존건물에 부합된 것으로 볼 것인가 아닌가 하는 점은 증축부분이 기존건물에 부착된 물리적 구조뿐만 아니라, 그 용도와 기능의 면에서 기존건물과 독립한 경제적 효용을 가지고 거래상 별개의 소유권 객체가 될 수 있는지의 여부 및 증축하여 이를 소유하는 자의 의사 등을 종합하여 판단하여야 한다(대법원 1994.6.10. 선고 94다11606 판결, 1996.6.14. 선고 94다53006 판결, 2002.5.10. 선고 99다24256 판결 등 참조). 건물의 증축부분이 기존건물에 부합하여 기존건물과 분리하여서는 별개의 독립물로서의 효용을 갖지 못하는 이상 기존건물에 대한 근저당권은 민법 제358조에 의하여 부합된 증축부분에도 효력이 미치는 것이므로 기존건물에 대한 경매절차에서 경매목적물로 평가되지 아니하였다고 할지라도 경락인은 부합된 증축부분의 소유권을 취득한다(대법원 1992.12.8. 선고 92다26772, 26789 판결, 2002.5.10. 선고 99다24256 판결 등 참조).

대법원 1996.3.22. 선고 95다55184 판결 【동산인도】

저당권자는 물권에 기하여 그 침해가 있는 때에는 그 제거나 예방을 청구할 수 있다고 할 것인바(민법 제370조, 제214조 참조), 공장저당권의 목적 동산이 저당권자의 동의를 얻지 아니하고 설치된 공장으로부터 반출된 경우에는 저당권자는 점유권이 없기 때문에 설정자로부터 일탈한 저당목적물을 저당권자 자신에게 반환할 것을 청구할 수는 없지만, 저당목적물이 제3자에게 선의취득되지 아니하는 한 원래의 설치 장소에 원상회복할 것을 청구함은 저당권의 성질에 반하지 아니함은 물론 저당권자가 가지는 방해배제권의 당연한 행사에 해당한다고 할 것이다.

| 공동저당물의 경매와 후순위저당권자
및 물상보증인의 지위

사 례

    갑은 채무자 X에 대한 금 1억 2천만 원의 채권담보를 위하여 채무자 X 소유의 가 부동산(시가 금 1억 5천만 원)과 나 부동산(시가 금 1억 원)에 대하여 1번 저당권을, 을은 채무자 X에 대한 금 7천만 원의 채권담보를 위하여 가 부동산에 대하여 2번 저당권을, 병은 채무자 X에 대한 금 7천만 원의 채권담보를 위한 나 부동산에 대하여 2번 저당권을 취득하였다.

    그 후 변제기가 되어도 변제를 하지 않자 갑은 그 채권행사를 위하여 가·나 부동산 모두에 대하여 경매신청을 했으나, 이 중 하나가 먼저 경락되어 배당절차에 들어갔다.

    1. 이 경우 경매대금은 어떻게 배당되는가?

    2. 가 부동산은 물상보증인 Y의 소유이고(이때 2번 저당권의 채무자는 Y이다), 나 부동산은 채무자 X의 소유일 경우 가 부동산이 먼저 경매되면 그 대금은 어떻게 배당되는가?

    3. 설문 2의 경우 동시배당을 한다면 경매대금은 어떻게 분배되는가?

    여기서 각 부동산의 경매대금은 시가와 같은 것으로 하고 경매비용 등은 고려하지 않는다.

해 결

1. 논점의 정리

사안의 경우 갑은 동일한 채권의 담보를 위하여 두 개의 부동산에 저당권을 취득한 공동저당권자이고, 을과 정은 위 두 개의 부동산 중 하나에 대하여 2번 저당권을 갖고 있는 자이다.

이러한 경우 갑의 저당권행사에 의하여 두 부동산이 동시에 경락되면 1번 저당권자에게 각 부동산의 경락대금의 비율에 따라 먼저 배당한 후 나머지 각 금원을 각 2번 저당권자에게 순차배당하면 되므로 별문제가 없으나(민법 제368조 제1항), 문제 1의 경우와 같이 어느 한 부동산에 대하여 먼저 경락되어 배당할 때에는 그 대금에서 1번 저당권자의 채권을 우선 변제하게 되므로 그 부동산의 2번 저당권자는 동시배당 때에는 자신이 배당받을 수 있었던 금원을 배당받지 못하는 사태가 벌어지므로 이를 조정할 필요가 있고, 이에 관한 규정이 후순위자의 대위에 관한 민법 제368조 제2항이다.

한편 위 두 부동산이 하나는 채무자, 다른 하나는 제3자, 즉 물상보증인의 소유인 경우에는 문제 3과 같이 동시배당의 경우에 물상보증인의 지위의 특성상 위 제368조 제1항을 그대로 적용할 수 있는가의 문제가 있고, 문제 2와 같이 물상보증인의 부동산에 대하여 먼저 배당이 이루어진 경우에는 물상보증인의 변제자대위권(민법 제481조)과 위 후순위저당권자의 대위권과의 충돌의 문제가 발생한다.

이들의 문제점들을 해결하는 것이 이 사안의 논점으로, 실제로는 경매대금의 배당이 법원에 의하여 이루어지므로 별문제가 없겠으나, 실무에서의 처리 예를 익히는 데 의미가 있다.

2. 공동저당부동산이 모두 채무자의 소유인 경우(사안 1)

가. 공동저당과 배당에 관한 규정

일반적으로 채권자는 채권담보를 확실하게 하기 위하여, 채무자는 자기 소유의 여러 부동산 중 어느 하나로는 채무액 전부에 대한 담보가치에 미달할 경우에 담보 충족을 위하여 여러 개의 부동산에 대하여 담보권을 설정하게 된다. 이때 부동산의 총가치가 채무액을 초과하여 담보여력이 있는 경우가 있고, 채무자는 이 담보여력을 다른 채무의 담보로 이용하려고 할 것인데, 채권자로서는 어느 부동산으로부터도 채권의 전부 또는 일부의 만족을 얻을 수 있는 것이므로 다른 채권자로서는 여력이 있는 부분이 있다 해도 그 부분이 선순위 채권자의 채권만족에 쓰일 경우에 자신의 권리를 확보할 길이 없으므로 담보로 제공받기를 꺼려할 것이다. 이에 채무자와 후순위저당권자의 보호를 위해 둔 것이 민법 제368조이다.

사안 1은 이시배당의 경우이므로 동조 제2항을 적용하여, 공동저당부동산 중 일부에 대한 경매대가에서 선순위자가 먼저 배당을 받고, 후순위자는 동조 제1항의 규정에 의하여 선순위자가 다른 부동산의 경매대가에서 변제받을 수 있는 금액의 한도에서 선순위자를 대위하여 저당권을 행사할 수 있다.

나. 가 부동산만이 경락된 경우

갑은 경매대금 1억 5천만 원에서 자기 채권 전액을 배당받고, 을은 나머지 금 3천만 원을 배당받고, 나머지 채권 금 4천만 원에 대하여는 동시배당의 경우 갑이 나 부동산으로부터 배당받았을 금 4천8백만 원 한도에서 나 부동산에 대한 갑의 저당권을 대위행사한다. 따라서 갑의 채권은 소멸되었음에도 불구하고 나 부동산에 대한 갑의 저당권은 그대로 존속하고, 나 부동산이 경락되었을 경우 경매대금 1억 원에서 을이 먼저 자신의 남은 채권액 금 4천만 원을 배당받고, 병은 나머지 금 6천만 원을 배당받게 된다.

다. 나 부동산만이 경락된 경우

이 경우 갑은 자신의 채권액 중 일부인 금 1억 원만을 배당받게 되어 가 부동산에 대한 저당권을 그대로 갖게 되는데, 법규정이 선순위자가 채무 전부의 변제를 받는 것을 전제로 한 것 같은 형식이어서 문제가 되나, 선순위자의 만족 여부에 따라 후순위자에 대한 취급을 달리하면, 선순위자의 선택에 따라 후순위자의 지위가 달라지는 불합리가 있으므로 이런 경우에도 병에게 대위권이 발생한다고 보는 것이 통설이다.

결국 나중에 가 부동산이 경매되면, 동시배당 시 갑에게 배당되었을 금 7천2백만 원 중, 우선 갑의 잔액채권 금 2천만 원이 갑에게, 나머지 금 5천2백만 원이 병에게 배당되고, 을에게는 금 7천만 원이 배당된다. 병에게는 가 부동산이 먼저 경매된 경우보다 불리하나, 담보가치에 차이가 있는 부동산에 대한 담보권자인 지위에서 오는 불가피한 경우이고, 병은 가 부동산에 대한 잔여 경매대가에 대한 가압류로 그 권리를 보전해야 한다.

3. 공동저당부동산의 일부가 물상보증인 소유인 경우(사안 2)

가. 물상보증인의 대위권과 후순위저당권자의 대위와의 관계

1) 문제의 소재

물상보증인은 변제할 정당한 이익이 있는 자로서 변제에 의한 채권자 대위권이 있다(민법 제481조). 물상보증인이 제공한 부동산이 경매되어 그 소유권을 잃게 되면 변제한 것과 마찬가지이므로 물상보증인은 담보권자의 권리를 대위하게 된다.

한편 앞서 본 바와 같이 공동저당부동산의 후순위저당권자는 그의 저당목적물이 먼저 경매될 경우 부동산 가액의 분담비율에 따라 선순위저당권자의 권리를 대위할 수 있으므로, 물상보증인의 부동산이 먼저 경매된 경우 물상보증인의 변제자 대위와 후순위저당권자의 대위 중 어느 것을 우선시킬 것인가의 문제가 발생한다.

2) 학설 및 판례

① 변제자대위 우선설

이 설은 물상보증인은 채무자가 제공한 담보물의 담보력을 신뢰한 것이고, 제481조는 이러한 신뢰를 보호하려는 것이며, 물상보증인이 제공한 부동산의 담보가치를 물상보증인 자신으로 하여금 이용하게 하는 것이 타당하기 때문이라고 한다. 이 견해는 채무자 소유의 여러 부동산 위에 저당권이 존재하는 때만 제368조 제2항이 적용된다고 본다.[224]

② 후순위저당권자대위 우선설

물상보증인이라도 공동저당의 목적물을 제공한 이상 그 부동산의 가액에 비례한 피담보채권의 안분액만큼은 부담할 각오가 되어 있는 것이고, 공동저당부동산의 담보가치를 충분히 이용하기 위하여는 후순위저당권자를 우선해야 한다고 본다.[225]

③ 판 례

대법원은 물상보증인은 채무자에 대해 구상권을 취득함과 동시에 변제자대위에 의해 채무자소유의 부동산에 대해 1번 저당권을 취득한다고 보아 변제자대위우선설의 입장이나, 물상보증인 소유 부동산상의 후순위저당권자의 처리에 관하여는 입장을 달리하여 물상보증인에게 이전한 위 1번 저당권으로부터 우선하여 변제받을 수 있다고 본다.

그 근거로는 첫째 물상보증인 소유의 부동산에 대한 후순위저당권자로서는 공동저당의 목적물 중 채무자 소유의 부동산의 담보가치뿐만 아니라 물상보증인 소유의 부동산의 담보가치도 고려하여 저당권을 설정했고, 둘째 물상보증인으로서는 자기 소유의 부동산에 대한 후순위 저당권에 의한 부담을 후순위 저당권 설정 당초부터 감수하고 있었다고 할 수 있으며, 셋째 공동저당의 목적물 중 채무자 소유의 부동

---

224) 곽윤직 물권법 354.
225) 이영준 물권법 939.

산이 먼저 경매된 경우 또는 공동저당의 목적물 전부가 일괄경매된 경우와의 균형상 물상보증인의 부동산이 먼저 경매되었다는 우연한 사정에 의하여 물상보증인이 후순위저당권자보다 먼저 변제받을 수 있고 본래 예정되어 있던 후순위저당권의 부담을 면하는 것은 불합리하고, 넷째 민법 제368조 제2항 후단의 후순위저당권자 보호 취지를 관철해야 한다는 것을 들고 있다.[226]

이와 관련 후순위저당권자의 우선변제권을 확보하기 위하여 압류가 필요한가에 관하여 물상대위의 목적이 되는 저당권이 등기에 의해 특정되어 있어 후순위저당권자가 우선 변제받을 수 있음을 알 수 있으므로 별도의 압류는 필요 없다는 것이 다수의 입장이다.

법리에 충실하면서 구체적인 타당성을 기하고 있는 판례의 태도가 옳다고 본다.

3) 사안의 경우

변제자대위 우선설에 따르면 경매대금 1억 5천만 원 중 금 1억 2천만 원은 갑에게, 나머지 금 3천만 원은 을에게 각 배당되고, 물상보증인은 채무자에 대한 금 1억 5천만 원의 구상권을 갖게 되며 나 부동산에 대한 갑의 일순위 저당권을 대위취득하는데, 법률의 규정에 의한 권리취득이므로 등기를 요하지 않으나(제187조), 저당권이전의 부기등기를 할 수도 있다.

이리하여 나중에 나 부동산이 경매되면 물상보증인은 경매대금이 그 구상채권액에 미달하므로 전액을 배당받게 될 것이고, 을이나 병에게 배당될 것은 없게 된다.

후순위저당권자 우선설에 따르면 을은 가 부동산으로부터 배당받지 못한 금 4천만 원에 대하여 나 부동산에 대한 갑의 저당권을 그 분담액인 금 4천8백만 원 범위 내에서 대위하므로 나 부동산이 경매되면 금 4천만 원을 배당받고, 병이 나머지 금 6천만 원을 배당받게 되므로 물상보증인은 배당받을 것이 없게 된다.

판례에 따르면 물상보증인 소유 부동산의 후순위저당권자는 물상보증인이 취득한 나 부동산의 1번 저당권으로부터 우선 변제받을 수 있으므로 물상보증인은 금 4,800

---

226) 대판 1994.5.10. 93다25417, 2001.6.1. 2001다21854.

만 원 중 후순위저당권자 병에게 배당될 금 4천만 원을 제한 금 800만 원만 배당받게 된다.

4. 설문 3)의 경우

동시 배당의 경우는 제368조 제1항에 따라 각 부동산의 경매대가에 비례하여 분담하게 될 것인데, 공동부동산의 일부가 물상보증인 소유일 때도 그렇게 되는가의 문제가 있다. 변제자대위 우선설에 따르면 동시배당의 경우에도 결론을 같게 하기 위하여 위 조항을 적용하지 말아야 한다고 하나, 판례의 입장대로라면 위 조항을 적용해야 할 것이다. 따라서 갑은 가 부동산에서 금 7천2백만 원, 나 부동산에서 금 4천8백만 원을 변제받고, 을은 가 부동산에서 금 7천만 원, 병은 나 부동산에서 금 5천2백만 원을 변제받으며, 물상보증인은 가 부동산의 잔금 8백만 원만 받게 된다.

대법원 1994.5.10. 선고 93다25417 판결【근저당권설정등기말소】

공동저당의 목적인 채무자 소유의 부동산과 물상보증인 소유의 부동산에 각각 채권자를 달리하는 후순위저당권이 설정되어 있는 경우에 있어서, 물상보증인 소유의 부동산에 대하여 먼저 경매가 이루어져 그 경매대금의 교부에 의하여 1번 저당권자가 변제를 받은 때에는 물상보증인은 채무자에 대하여 구상권을 취득함과 동시에, 민법 제481조, 제482조의 규정에 의한 변제자대위에 의하여 채무자 소유의 부동산에 대한 1번 저당권을 취득한다고 봄이 상당한바, 이는 물상보증인은 다른 공동담보물인 채무자 소유의 부동산의 담보력을 기대하고 자기의 부동산을 담보로 제공하였으므로, 그 후에 채무자 소유의 부동산에 후순위저당권이 설정되었다는 사정에 의하여 그 기대이익을 박탈할 수 없기 때문이라 할 것이다. 또한 이러한 경우 물상보증인 소유의 부동산에 대한 후순위저당권자는 물상보증인에게 이전한 위 1번 저당권으로부터 우선하여 변제를 받을 수 있다고 봄이 상당한바, 이는 물상보증인 소유의 부동산에 대한 후순위저당권자로서는 공동저당의 목적물 중 채무자 소유의 부동산의 담보가치뿐만 아니라, 물상보증인 소유의 부동산의 담보가치도 고려하여 저당권을 설정받았고, 물상보증인으로서는 자기 소유의 부동산에 설정된 후순위저당권에 의한 부담을 위 후순위저당권의 설정 당초부터 이를 감수하고 있었다고 할 수 있으며, 공동저당의 목적물 중 채무자 소유의 부동산이 먼저 경매된 경우 또는 공동저당의 목적물의 전부가 일괄경매된 경우와의 균형상, 물상보증인 소유의 부동산이 먼저 경매되었다는 우연한 사정에 의하여 물상보증인이 그 구상권에 대하여 채무자 소유의 부동산으로부터 후순위저당권자보다도 우선하여 변제를 받을 수 있고, 본래 예정되어 있던 후순위저당권에 의한 부담을 면할 수 있다고 하는 것은 불합리하므로, 물상보증인 소유의 부동산이 먼저 경매된 경우에 있어서는 민법 제368조

제2항 후단이 후순위저당권자의 보호를 기하고 있는 취지를 고려하여 물상보증인에게 이전한 1번 저당권은 위 후순위저당권자의 피담보채권을 담보하는 것으로 되어, 위 후순위저당권자는 마치 위 1번 저당권상에 민법 제370조, 제342조의 규정에 의하여 물상대위를 하는 것과 같이 그 순위에 따라 물상보증인이 취득한 1번 저당권으로부터 우선하여 변제를 받을 수 있다고 보아야 하기 때문이다.

그리고 이러한 법리는 물상보증인이 수인인 경우에도 마찬가지라 할 것이므로(이 경우 물상보증인들 사이의 변제자대위관계는 민법 제482조 제2항 제4호, 제3호에 의하여 규율될 것이다), 자기 소유의 부동산이 먼저 경매되어 1번 저당권자에게 대위변제를 한 물상보증인은 위 1번 저당권을 대위취득하였고, 그 물상보증인 소유의 부동산의 후순위저당권자는 위 1번 저당권에 대하여 물상대위를 할 수 있다 할 것이므로, 그 1번 저당권설정등기는 말소등기가 경료될 것이 아니라 위 물상보증인 앞으로 대위에 의한 저당권이전의 부기등기(부동산등기법 제148조)가 경료되어야 할 성질의 것이며, 따라서 아직 경매되지 아니한 공동저당물의 소유자로서는 위 1번 저당권자에 대한 피담보채무가 소멸하였다는 사정만으로는 그 말소등기를 청구할 수 없다고 보아야 할 것이다.

따라서 원심이 공동저당물 중 물상보증인 소유의 부동산이 있는 경우에도 민법 제368조 제2항의 규정이 적용되어야 함을 전제로 원고의 이 사건 청구를 기각한 것은 후순위근저당권자의 대위에 관한 법리를 오해한 위법을 범하였다 할 것이다.

18 | 양도담보

사 례

컴퓨터 부품제조업을 하는 갑은 을로부터 금 5천만 원을 차용하면서 자기 소유의 공작기계(시가 1억 원 상당)를 양도담보 제공했다. 한편 갑은 그 기계를 을에게 점유개정 형식으로 인도하여 그 후에도 계속 점유 사용하고 있었다. 그런데 을이 변제기 전에 위 기계를 양도담보목적물임을 밝히지 않고 병에게 매각하였다. 이 경우 갑·을·병 간의 법률관계는?

해 결

1. 논점의 정리

사안은 실제 상황에서는 병이 갑에게 기계의 소유권을 주장하면서 인도청구를 하고 갑은 양도담보목적물임을 주장하면서 채무를 변제하고 인도를 거부하거나, 채무변제를 못 할 경우에는 청산을 요구하면서 인도를 거부하는 형태로 진행될 것인데, 동산의 양도담보에 대한 법적 견해에 따라 결론이 달라질 것이다.

양도담보란 채권담보의 목적으로 물건의 소유권을 채권자에게 이전하고, 채무불이행이 있을 때에는 채권자가 그 목적물로부터 우선 변제받지만, 채무자가 채무를 이행하면 목적물을 원소유자에게 반환하는 비전형담보이다.

양도담보는 이론과 판례에 의하여 인정되어 온 담보형태로, 그 소유권이 누구에게 있는가를 둘러싸고, 그러한 계약이 유효한가, 유효할 경우 그 법적 구성을 어떻게 할 것인가가 문제되어 왔고, 가등기담보등에관한법률(이하 가담법이라 한다)이 시행되어 부동산에 관한 양도담보에 관한 법규가 만들어진 이후에도 여전히 문제가 되고 있다.

사안의 경우 갑에게 소유권이 남아 있다고 보면 을의 처분은 무효가 되고, 병의 선의취득이 문제되며, 을에게 소유권이 이전된다고 보면 을의 처분행위는 유효하고 갑의 을에 대한 책임추궁이 문제될 것이다.

2. 갑·을의 관계

가. 양도담보계약의 유효 여부

과거에는 양도담보계약을 허위표시로 보아 무효라는 견해도 있었으나, 양도담보에 있어서 소유권이전은 단순한 가장이 아니라 채권담보의 목적에 의하여 행사의 제한을 받는 소유권이전이거나 새로운 형태의 담보권설정이므로 허위표시라고 볼 수 없다는 것이 확립된 판례나 학설의 입장이다. 다만 담보물의 가액이 채권액을 초과하는 경우에 민법의 대물변제예약 규정(제607, 608조)을 적용하면 효력이 없게 될 것이나, 이 효력이 없다는 의미를 채권액이 초과하는 부분을 정산해야 한다는 의미로 해석하여 계약 자체는 유효한 것으로 본다.[227]

---

227) 대판 1982.7.13. 81다254.

나. 을의 소유권취득 여부

1) 을이 소유권을 취득하는가의 문제는 양도담보의 법적 구성을 어떻게 하는가
에 따라 달라진다. 한편 가담법은 부동산의 경우 소유권취득에 관한 규정을
두고는 있으나(동법 제4조 제2항 전단, 제11조 단서) 양도담보의 법적 성질을
어떻게 보느냐에 따라 해석을 달리하므로 이 논의를 살펴볼 필요가 있다.
이와 관련 가담법이 동산의 경우는 규정하고 있지 않아 동산에 관하여는 독자적
인 법리를 구성해야 한다는 논의도 있으나, 통일적으로 규율하는 것이 맞을 것이다.

2) 담보물권설

양도담보권자는 양도담보권이라는 특수한 제한물권을 취득하고, 소유권은 여전히
양도담보 설정자에게 남아 있다고 본다. 이 설은 경제적 약자인 설정자를 보호하고,
담보물권으로서의 통유성이 있으며, 가담법이 청산의무를 이행해야 소유권을 취득할
수 있는 것으로 하고 있고(동법 제4조 제2항), 담보권자의 변제기 전 처분 시 악의
의 양수인에게 양도담보관계를 주장할 수 있다는 점을 근거로 한다.[228]

3) 신탁적양도설

양도담보권자가 대외적으로는 소유권을 취득하지만 대내적으로는 설정자가 실질적
인 소유권을 가진다고 본다. 위 조항도 청산금을 지급한 때에야 비로소 채무자에 대
한 관계에서도 실질적인 소유권을 취득한다는 의미로 본다. 이 설은 등기를 부동산
물권 변동의 성립요건으로 하는 형식주의에 비추어 볼 때 소유권이전등기로 담보물
권을 설정할 수 있는가, 당사자의 진정한 의사도 담보의 목적으로 소유권을 이전하
는 것인데 이를 무시하고 담보권을 설정한 것으로 볼 수 있는가를 근거로 한다.[229]

---

228) 곽윤직 물권법 387 등.
229) 이영준 물권법 984.

4) 판 례

가담법 시행 전에는 신탁적양도설의 입장에 있었으나, 가담법 시행 후에는 양도 담보권자는 채무자가 이행지체에 빠졌을 때는 담보계약에 의하여 취득한 목적 부동산의 처분권을 행사하기 위한 환가절차의 일환으로 채무자에게 목적 부동산의 인도를 구할 수 있고, 제3자가 적법하게 목적 부동산을 점유하고 있는 경우에는 그 인도청구를 할 수 있으나 직접 소유권에 기하여 인도청구를 구할 수는 없다고 하여 담보물권설에 가까운 판단을 하고 있으나 정면으로 다루지는 않고 있다.230) 다만 주식이나 동산에 대하여는 동 법의 적용을 받지 않는다는 전제하에 종전의 법리를 전개한다.231)

판례는 또한 소비대차가 아닌 다른 원인으로 생긴 채권을 담보하기 위한 양도담보에 대하여는 가담법이 적용되지 않는다고 한다.232)

다. 사안의 경우

담보물권설에 따르면 을은 기계에 대한 담보권만 취득하고, 소유권은 갑에게 있으므로 을의 처분행위는 타인의 권리의 매매로서 이에 따른 규율을 받게 된다(제569조).

신탁적양도설과 판례에 따르면 대외적 관계에서는 을이 소유권을 취득하므로 병은 유효하게 소유권을 취득하고, 을은 갑에 대하여 담보목적에 위반하지 않는 범위 내의 소유권행사의무 위반에 따른 채무불이행책임을 지게 된다.

---

230) 대판 1991.11.8. 91다21770.
231) 대판 1994.8.26. 93다44739, 1999.9.7. 98다47283.
232) 대판 1992.4.10. 91다45356, 45363.

3. 갑·병의 관계

가. 을의 처분행위의 유효성

신탁적양도설에 따르면 을의 처분행위가 유효하므로 갑과 병 사이에는 아무 문제가 없으나, 담보물권설에 따르면 무효이므로 동산의 거래행위에 따른 병의 선의취득이 문제된다.

나. 선의취득 여부

병이 선의취득하기 위하여는 양도인인 을이 동산의 점유자이거나 무권리자여야하고, 병은 선의·평온·공연·무과실로, 유효한 거래행위에 의하여 점유를 취득하여야 한다.

사안의 경우 앞의 두 요건을 충족함에는 문제가 없으나, 양도인 을이 기계의 간접점유자로서 갑에 대한 반환청구권의 양도로서 점유를 이전할 수 있는가의 문제가있다. 을은 양도담보권자이므로 채무의 변제기 후에나 청산의 목적으로만 기계의반환청구권을 행사할 수 있으므로, 사안과 같이 변제기 전인 경우에는 반환청구권이 없어 간접점유 자체가 인정되지 않아 병에게 점유를 이전할 수 없고, 따라서 병은 선의취득을 주장할 수 없다.

4. 을·병의 관계

신탁적양도설에 따르면 병은 유효하게 권리를 취득하므로 문제가 없으나, 담보물권설에 따라 타인의 권리매매로 보게 되는 경우에는 그 매매 자체는 유효하지만, 을이 그 권리를 이전할 수 없게 될 경우에는 병은 계약을 해제할 수 있고, 선의이므로 손해배상을 청구할 수도 있다(제570조).

대법원 1991.11.8. 선고 91다21770 판결【가옥명도】

그런데 이 사건 소송물인 명도청구권을 원고가 어떠한 권원에서 행사하는가, 즉 청구권원의 발생에 관한 요건사실은 주요사실로 당사자가 당해 소송에서 주장하지 않는 한 판결의 기초로 채용할 수 없음은 민사소송에서 변론주의의 당연한 결론이라 할 것이다.

채권담보를 위하여 소유권이전등기를 경료한 양도담보권자는 채무자가 변제기를 도과하여 피담보채무의 이행지체에 빠졌을 때에는 담보계약에 의하여 취득한 목적 부동산의 처분권을 행사하기 위한 환가절차의 일환으로서, 즉 담보권의 실행으로서 채무자에 대하여 그 목적 부동산의 인도를 구할 수 있고 제3자가 채무자로부터 적법하게 목적 부동산의 점유를 이전받아 있는 경우 역시 그 목적 부동산의 인도청구를 할 수 있다 할 것이나 직접 소유권에 기하여 그 인도를 구할 수는 없다고 보아야 할 것이다.

대법원 1994.8.26. 선고 93다44739 판결【제3자이의】

원심이 확정한 바와 같이 이 사건 동산에 관하여 양도담보계약이 이루어지고 원고가 점유개정의 방법으로 인도를 받았다면 그 청산절차를 마치기 전이라 하더라도 담보목적물에 대한 사용수익권은 없지만 제3자에 대한 관계에 있어서는 그 물건의 소유자임을 주장하고 그 권리를 행사할 수 있다 할 것이다. 따라서 이 사건 강제집행의 목적물에 관한 양도담보권자인 원고는 강제집행을 한 피고에 대하여 그 소유권을 주장하여 제3자이의의 소를 제기함으로써 그 강제집행의 배제를 구할 수 있다고 하겠다.

대법원 1992.4.10. 선고 91다45356, 91다45363 판결
【건물명도, 시설비등(반소)】

가등기담보등에관한법률은 차용물의 반환에 관하여 차주가 차용물에 갈음하여 다른 재산권을 이전할 것을 예약한 경우에 적용되는 것인바(당원 1990.6.26. 선고 88다카20392 판결 참조), 원심이 이 사건 건물의 3층 부분에 관하여 원고 명의로 경료된 가등기가 원래 원고의 피고에 대한 공사대금채권을 담보하기 위한 목적에서 이루어진 것이라고 인정하면서도, 위 가등기담보등에관한법률 제10조를 적용하여 원고가 위 건물의 3층 부분에 관하여 가등기에 기한 본등기를 함에 의하여 그 소유를 목적으로 피고 소유의 위 대지 위에 지상권이 설정된 것으로 보아야 한다고 판단함으로써 위 법률의 적용범위에 관한 법리를 오해한 위법을 저지른 것임은 소론과 같으나, 한편 기록에 의하면, 원고는 피고의 위 상계항변에 대하여 원고가 피고로부터 소유권이전등기를 받은 위 건물부분의 사용에 필요한 범위 내에서 피고 소유의 대지에 대하여 관습상의 법정지상권을 취득한 것이라고 주장하고 있고, 또한 원심이 적법하게 확정한 바에 의하더라도 원래 피고가 위 대지와 그 지상의 이 사건 건물을 함께 소유하고 있다가 원고가 위 건물 중 3층 부분 등에 관하여 공사대금채권의 담보를 위한 가등기를 경료한 후 그 대물변제조로 위 건물부분의 소유권을 양도받기에 이른 것임을 알 수 있으므로, 달리 특별한 사정이 없는 한 원고는 위 건물부분의 점유 사용에 필요한 범위 내에서 피고 소유의 위 대지에 관하여 관습상의 법정지상권을 취득한 것이라고 넉넉히 인정되는 바이므로, 원심이 위와 같이 원고가 위 건물부분의 소유를 목적으로 피고 소유의 위 대지를 점유 사용할 권원이 있다고 판단한 조치는 그 결론에 있어 옳다고 아니할 수 없다. 결국 논지는 이유 없다 할 것이다.

19 | 손해배상예정과 해제

사 례

갑은 을에게 2005.4.20. 자신의 공장과 부대시설을 5억 원에 팔기로 계약하고 당일 계약금 5천만 원 수령했고, 중도금 3억 원은 다음달 20.에, 잔금 1억 5천만 원은 그해 8.20.에 받기로 했다. 한편 중도금 수령과 동시에 목적물을 명도하여 을이 사용수익할 수 있게 하고, 만약 갑이 계약 위반하면 을은 잔대금 지급 없이 목적물의 소유권 이전받고, 을이 위반하면 을은 계약금과 중도금을 포기하고 목적물을 반환하기로 했다.

예정대로 중도금 지급과 공장의 명도는 이루어졌는데, 부대시설의 하나인 창고는 갑의 사정으로 명도되지 않았다.

그 후 잔금기일 무렵 을이 계약 마무리 준비를 위해 갑에게 연락했으나, 해외 출장 가서 연락이 되지 않는다는 갑의 처의 말을 듣고, 갑의 연락이 오기를 기다렸으나 연락이 없었고, 잔금기일은 그냥 넘어갔다.

그러던 중 2006.1.10. 갑이 나타나 사정이 생겨 외국에 갔다 왔다며 지금 계약 이행하겠으니 잔금을 달라고 하자, 을은 자신은 잔금을 준비했었는데 갑이 연락을 끊었으니 계약 위반한 것이라면서 잔금은 못 주고, 오히려 창고도 내놓고 공장 등의 소유권을 이전하라고 한다.

갑은 그렇다고 해도 계약은 여전히 유효하고, 소유권이전등기서류가 준비되었고, 창고도 언제든지 명도할 수 있으니 1월 말까지 잔금을 달라 했으나, 을이 1월 말을 그냥 넘겼고, 갑은 2006.4.5. 위 계약을 해제하고 목적물의 반환을 청구해 왔다.

갑과 을의 주장의 정당성을 논하라.

해 결

1. 논점의 정리

사안은 을은 갑의 잔금수령지체라는 계약위반으로 잔금 지급 없이 목적물의 소유권을 이전받을 권리가 있다는 것이고, 갑은 자신이 선이행의무불이행이 있었어도 을이 계약을 해제하지 않고 있었으니 계약은 여전히 유효하니 계약을 이행하라는 것이다. 을의 주장이 인정되려면 갑의 계약위반 사실이 있고, 계약위반 시의 잔금 지급 없이 소유권을 이전한다는 약정이 유효하여야 하는데, 이 약정은 손해배상의 예정 또는 위약벌에 해당하므로 이에 관한 검토가 필요하다. 을의 주장이 인정되지 않을 경우라도 갑의 주장이 인정되려면 갑의 해제권행사가 정당해야 하므로, 우선 선이행의무불이행 사실이 있는 갑에게 해제권이 있는가, 다음에 적법한 해제권행사인가(이행 제공 문제), 해제의 효과로 갑·을 간에 어떤 일이 벌어지는가를 살펴보면 된다.

소송상으로는 갑이 먼저 목적물 명도청구를 해 왔으므로 을은 이에 대응하여 목적물에 대한 소유권이전과 부대시설의 명도를 구하는 반소를 제기하게 될 것이다.

2. 손해배상의 예정

가. 의 의

채무불이행이 있는 경우에 지급하여야 할 손해배상액을 미리 정하여 두고 채무불
이행이 발생하면 이 금액을 청구할 수 있도록 하는 것이 손해배상의 예정이다.

나. 손해배상예정 추정

법은 위약금의 약정을 손해배상액의 예정으로 추정한다(제398조 제4항).

계약위반에 대한 벌로서 손해배상과는 별도의 위약벌 약정도 가능하므로, 주장자
가 이를 증명하면, 손해유무를 묻지 않고 청구할 수 있고, 손해가 있으면 따로 청구
할 수 있다. 위약벌은 법원이 감액할 수 없다.

손해배상액의 예정은 법규(근로기준법 제27조)나 선량한 풍속 위반, 불공정행위(제
103, 104조)가 아닌 한 유효하다.

사안은 계약위반 시 갑은 잔금 1억 5천만 원을 포기하고 소유권을 이전해 주어야
하고, 을은 계약금과 중도금 합계 3억 5천만 원을 포기해야 하는 불균형이 있으나
잔금지급 전에 목적물을 명도하는 양자 간 의무 내용에 비추어 볼 때 불공정하다고
는 할 수 없어 유효하다 할 것이나, 감액의 여지가 있다.

다. 손해배상예정의 효과

1) 예정액 청구 요건

실제 손해가 발생해야 하는가에 관하여는 손해증명을 피할 목적으로 체결되는 것
이므로 손해가 없다고 증명해도 책임이 있다는 것이 다수설, 판례이다.[233]

채무자 귀책사유도 필요 없다는 것이 다수설, 판례이므로,[234] 귀책사유 없음을 증

---

233) 대판 1991.1.11. 90다8053.
234) 대판 1989.12.12. 89다카14875.

명해도 책임이 있다.

2) 법원의 예정액 감액(제398조 제2항).

예정액이 부당히 과다한 경우는 법원이 직권으로 감액할 수 있다. 판례는 채권자, 채무자의 각 지위, 계약의 목적 및 내용, 손해배상액 예정 동기, 채무액에 대한 예정액 비율, 예상손해액의 크기, 그 당시의 거래관행 등 참작하여 사회관념상 부당히 과다한지 여부를 판단한다.[235) 실손해액은 심리할 필요가 없다.[236)

과다하다고 인정될 경우는 그 부분만 무효가 된다.[237)

라. 사안의 경우

갑은 부대시설명도의무를 이행하지 않았고, 잔금수령도 지체하였으니 계약위반이 있다고 할 수 있어 을의 반소가 인용될 수 있으나, 부수적 의무에 지나지 않는 부대시설명도의무와 을에게 달리 피해가 없는 잔금수령지체 사실만으로 금1억 5천만원의 청구권을 상실시킬 수 있는 것인가를 둘러싸고 다툼이 벌어질 것이고, 결국은 적절한 화의가 모색될 것이다.

3. 해제권 행사의 적부와 효과

가. 해제권의 발생 여부

갑의 선이행의무인 창고명도의무는 부수적 채무이기는 하나, 을은 그 부수적 채무의 불이행으로 인해 계약 목적을 달성할 수 없으면 계약을 해제할 수 있다.

---

235) 대판 2002.1.15. 99다57126.
236) 대판 1989.12.12. 89다카10811.
237) 대판 1991.7.9. 91다11490.

을이 해제 않는 동안 잔금기일이 도래하면 갑의 창고명도 및 소유권이전등기서류 제공의무와 을의 잔금지급의무는 동시이행관계가 되므로 이때부터는 창고명도의무에 대한 지체책임이 없다.[238]

사안의 경우는 을이 해제권 행사한 흔적 없어 계약은 여전히 유효하고, 과거 잔금을 준비했었다 해도 이행제공하지 않았다면 다시 준비해 수령최고를 해야 한다. 갑이 이행제공하고 을의 불응을 이유로 해제하는 것을 막을 수 없게 된다.

나. 해제권의 행사요건(544)

1) 채무자의 귀책사유에 의한 이행지체가 있어야 한다.

이행지체의 요건인 이행이 가능할 것, 이행기가 도래할 것, 채무자의 책임 있는 사유로 이행 않을 것(이에 관하여는 제546조와는 달리 규정 없으나 일반 조항인 제390조에 의거 요구한다.), 이행 않은 것이 위법할 것이 필요하다. 위법성과 관련 불이행을 정당화할 수 있는 동시이행항변권 등이 있는 경우는 자기 채무의 이행제공을 않으면 해제하지 못하나,[239] 한 번 이행제공하여 지체에 빠트리면, 그 후 해제의사를 표시할 때는 이행제공할 필요가 없다.[240]

사안은 잔금기일 경과로 갑, 을의 각 채무는 동시이행관계로 기한 없는 채무가 되었고, 아무 때나 청구할 수 있으므로 이행기가 도래한 것이 된다. 갑이 등기서류와 창고명도 이행제공했으므로 을은 동시이행항변권 없고, 금전채무는 이행불능이 문제되지 않는다. 결국 을의 귀책사유로 인한 이행지체가 인정된다.

2) 상당한 기간을 정하여 이행을 최고할 것

이행최고란 채무의 이행을 촉구하는 채권자의 의사통고를 말하고, 제387조 제2항의 이행청구와 동일하다. 지체에 빠뜨린 최고 후에 해제를 위한 최고를 다시 할 필

---

238) 대판 1988.10.6. 87다카2739.
239) 대판 1993.4.13. 92다56438.
240) 대판 1992.12.22. 92다28549.

요는 없다. 최고방법은 제한이 없고, 채무의 동일성을 표시하여 일정 기한 내에 이행할 것을 청구하면 된다. 상당기간이란 이행준비하고 이행하는 데 필요한 기간으로 채무내용 기타 객관적 사정에 따라 결정하고, 주관적 사정은 제외한다. 상당기간을 정하지 않은 최고도 유효하나, 상당기간 지나야 해제권이 발생한다.

사안은 금전채무이므로 준비에 별다른 시간이 필요 없어 20여 일이면 상당기간은 충족한 것으로 볼 수 있다.

3) 최고기간 내에 이행 또는 이행제공 없을 것

귀책사유에 의한 것이어야 하나, 불가항력의 증명책임은 채무자에게 있다.

다. 해제권의 행사기간

해제권은 발생 즉시 행사하여야 하는 것 아니다. 장기간 불행사는 신의칙상 불허하지만, 사안의 2개월 정도는 가능 할 것이다.

라. 해제의 효과

1) 원상회복의무(제548조)

계약이 해제되면 각 당사자는 상대방에게 계약이 이루어지지 않았던 것과 같은 생태로 복귀시킬 의무가 있다. 단 건축공사와 같은 경우는 기성고 제거에 따른 사회적·경제적 손실을 감안하여 상당한 보수를 지급하는 식으로 제한된다.[241]

원상회복의무는 부당이득반환의 성격이나, 반환범위는 제746조가 아닌 제548조가 특칙으로 적용된다. 따라서 받은 이익의 현존 여부, 당사자의 선·악을 불문하고 받은 이익 전부를 반환해야 하고,[242] 원물반환 불능 시는 채무자에게 책임 있는 사유로 불능일 경우에만 가액을 반환해야 한다. 금전을 반환할 경우에는 받은 날부터의

---

241) 대판 1997.2.25. 96다43454.
242) 대판 1998.12.23. 98다43175.

이자도 반환해야 하는데, 이는 부당이득반환이지 반환의무의 이행지체로 인한 것이 아니므로 이율에 관하여 소송촉진 등에 관한 특례법이 적용하지 않고,[243) 연체이율에 관한 약정이 있어도 법정이율에 의해 산정된다.[244) 양 당사자 모두가 원상회복의무를 지는 경우 동시이행관계에 있다.[245)

사안의 경우 갑은 계약금과 중도금 및 이에 대한 반환 시까지의 법정이자액을, 을은 매매목적물을 각 동시에 반환할 의무가 있다.

2) 손해배상청구(제551조)

해제는 채무불이행에 따른 손해배상청구에 영향이 없다. 원상회복을 받더라도 물건가격의 하락 등으로 손해가 발생하는 경우를 대비한 규정이다. 여기서 손해는 채무불이행으로 인한 것이고, 배상범위도 이행이익의 배상으로 제393조에 의해 산정된다.

마. 사안의 경우

위에 본 바와 같이 을의 반소가 인용될 가능성이 높으나, 그렇지 않다면 갑은 위약 시 합의에 따라 계약금과 중도금을 반환할 필요가 없이 목적물의 반환을 청구할 수 있으나, 이 또한 계약경과에 비추어 볼 때 상대방에게 과중한 피해를 주는 것이므로 적절한 화의가 모색될 것이다.

---

243) 대판 2003.7.22. 2001다76298.
244) 대판 2003.10.23. 2001다75295.
245) 대판 1996.7.26. 95다25138.

20 | 지명채권의 양도

사 례

갑은 사업이 어려워 부도 위기에 몰리게 되자 빚잔치를 하기로 하고, 우선 친구 을로부터 빌린 돈을 갚기 위하여 2005.5.10. 자신의 병에 대한 물품대금 채권 금 5천만 원을 을에게 양도하고, 이 사실을 같은 날 내용증명 우편으로 병에게 통지했는데, 갑의 어려운 사정을 알고 있던 갑의 채권자 정이 자신의 채권보전을 위하여 갑의 병에 대한 물품대금채권에 대한 가압류 신청을 하여 2005.5.5. 가압류결정을 받았고, 이 결정은 2005.5.12. 병에게 송달되었다.

(1) 갑의 채권양도 통지가 병에게 2005.5.11. 도착한 경우 을, 병, 정 사이의 관계는?

(2) 갑의 채권양도 통지가 병에게 2005.5.12. 도착하여, 가압류결정과 양도통지 중 어느 것이 먼저 도착했는지 알 수 없는 경우의 을, 병, 정 사이의 관계는?

1. 논점의 정리

이 사안은 지명채권의 양도성, 지명채권양도 시 채무자 및 제3자에 대한 대항요건, 채권양수인과 제3채권자의 우열 판단기준(확정일자설, 도달시설), 동순위자 간의 관계(청구권자, 정산문제) 등을 묻는 경우이다.

2. 지명채권의 양도성

채권양도라 함은 채권을 동일성을 유지하면서 이전하는 계약을 말한다.

채권은 원칙적으로 양도성을 갖지만(제499조 본문), 채권의 성질상 양도가 허용되지 않거나(제449조 단서), 당사자가 양도성에 관하여 반대의사표시를 하였거나, 법률에 양도금지의 규정이 있으면 양도할 수 없다.

채권양도방식은 증권적 채권은 증서의 배서·교부나(제508조), 증서의 교부(제523조)가 있어야 하고, 지명채권은 채권자와 양수인 사이의 낙성·불요식 계약에 의해 양도되며, 공시방법이 없으므로 채무자나 제3자 보호를 위하여 대항요건을 갖출 것을 요구하고 있다(제450조).

3. 지명채권양도의 채무자에 대한 대항요건

가. 통지 또는 승낙(제450조 제1항)

지명채권의 양도를 채무자에게 대항하기 위하여는 채권자인 양도인이 채권양도사실을 채무자에게 통지하거나, 채무자가 채권양도를 양도인이나 양수인에게 승낙하여야 한다(제450조 제1항).

통지는 채권양도사실을 알리는 행위로, 그 성질은 관념의 통지이다. 통지권자는 양도인이며, 양수인은 할 수 없고 대위행사도 할 수 없다. 통지의 상대방은 채무자이다. 통지시기는 양도와 동시에 할 필요는 없고, 사후통지도 가능하다.

승낙은 채권양도 사실에 대한 인식을 표명하는 채무자의 행위이고, 채권양도 청약에 대한 승낙은 아니다. 그 성질은 관념의 통지이다. 승낙의 상대방은 양도인 또는 양수인이다. 승낙시기는 양도 후에도 가능하다.

나. 통지나 승낙이 없는 동안의 효력

양수인은 채무자에게 채권양도효력을 주장할 수 없다. 채무자가 악의이어도 마찬가지이다. 채무자에 대한 시효중단, 담보실행, 파산신청 등 행위를 할 수 없다.

채무자는 양수인에 대한 변제를 거절할 수 있다. 채무자가 양도인에게 한 변제, 기타 면책행위 유효하다.

양도인이 채무자에 대하여 행한 상계, 면제도 유효하다.

다. 통지나 승낙의 효력

효력 발생시기는 통지나 승낙이 상대방에게 도달한 때부터이고, 소급하지 않는다.

양수인은 채권행사가 가능하다.

채무자는 통지 도달 또는 승낙 시까지 채권자에 대하여 생긴 사유로 양수인에게 대항가능하다(제451조 제2항).

대항력은 채권양도가 유효한 경우에만 있는 것이나, 통지나 승낙이 있었으나 아직 양도가 없거나 양도가 무효일 경우라도, 채무자가 선의이면 양수인에게 대항할 수 있는 사유(변제)로 양도인에게 대항가능하다(제452조 제1항).

4. 지명채권양도의 제3자에 대한 대항요건

가. 확정일자 있는 증서에 의한 통지나 승낙(제450조 제2항)

당사자 간의 담합으로 양도일자 소급 등 방법으로 제3자를 해할 우려가 있으므로 채권양도의 효력을 제3자에게 대항하기 위해서는 통지나 승낙을 확정일자 있는 증서로 해야 한다.

확정일자는 당사자가 후에 변경하지 못하는 확정된 일자로, 공증인에게 받거나(민법 부칙 제4조 제1항), 공무소에서 어느 사항을 증명하고 기입한 일자(위 제4조 제4항, 내용증명)가 된다.

나. 제3자의 범위

채무자 이외의 제3자에 관하여 무제한설은 모든 제3자를 의미한다고 보나, 다수설인 제한설은 그 채권에 관하여 법률상 이익을 가지는 자이거나 양립하지 않는 법률상 지위를 취득한 자(이중양수인, 그 채권을 압류한 자, 그 채권 위의 질권자, 양도인이 파산한 경우의 파산채권자 등)로 한정한다. 채무자의 다른 채권자나 양도행위의 무효 기타 원인에 의한 무권리자는 제외된다.

사안의 경우 을과 정은 채권 양수인과 압류채권자로 제3자가 된다.

5. 제3자들 사이의 우열관계

양립할 수 없는 지위를 가진 자가 다수일 경우 그들 사이의 우열관계가 문제된다.

확정일자 기준설은 확정일자 요구는 통모방지에 있고, 도달시점을 증명하기 곤란하다는 이유로 확정일자를 기준으로 우열을 정한다. 압류채권자는 압류결정일자를 확정일자로 본다.[246]

도달시설은 채무자의 인식이 채권양도의 대항력에 관한 기본요소이므로 이에 비중을 두어 채무자 또는 제3채무자에 대한 도달의 선후에 의하여 결정한다.[247]

사안은 도달시설에 따르면 채권양도가 시기는 늦지만 먼저 채무자에게 도달했으므로 을이 우선하고 정의 청구에 대하여는 거절가능하고, 확정일자설에 따르면 가압류결정일이 빠른 정이 우선한다.

6. 제3자 간에 우열이 없는 경우

양도 통지와 가압류결정정본 중 먼저 도달한 것에 대한 증명이 없으면 동시도달을 추정한다.[248]

이 경우 채권청구권자를 누구로 볼 것인가에 관하여 누구도 우선권을 주장할 수 없으므로 채무자에게 채권행사 불가하다는 것이 종전 판례였고, 채권자평등원칙에 비추어 평등하게 귀속한다는 분할채권설도 있으나, 대법원은 위 전원합의체 판결로 각자가 권리취득하고, 행사가능하며, 채무자는 채권자를 포함하여 아무에게나 변제하면 면책된다고 견해를 바꾸었다. 이 경우 실제로는 이중지급위험을 피하기 위해 변제공탁하게 될 것이다.

제3자들의 채권액의 합계가 채무자의 채권액을 초과하여 전부 만족을 얻을 수 없

---

246) 김형배 채권총론 662, 이은영 채권총론 460.
247) 민법주해 10권 이상훈 588, 대법원 전원합의체 판결 1994.4.26. 93다24223.
248) 대판 1994.4.26. 93다24223.

는 경우는 먼저 변제받았더라도 공평의 원칙상 각 채권액에 안분하여 정산해야 할 것이다(위 판결).

7. 결 론

설문 1의 경우 도달시설에 따르면 채권양도가 시기는 늦지만 먼저 채무자에게 도달했으므로 을이 우선하고 정의 청구에 대하여는 거절가능하고, 확정일자설에 따르면 가압류결정일이 빠른 정이 우선한다.

설문 2의 경우 을과 정은 각자 채권 전액을 청구할 수 있고, 각자 채권액에 따라 배분되며, 병은 누구에게 변제하든 면책된다.

대법원 1994.4.26. 선고 93다24223 전원합의체 판결 【양수금】

채권이 이중으로 양도된 경우의 양수인 상호간의 우열은 통지 또는 승낙에 붙인 확정일자의 선후에 의하여 결정할 것이 아니라, 채권양도에 대한 채무자의 인식, 즉 확정일자 있는 양도통지가 채무자에게 도달한 일시 또는 확정일자 있는 승낙의 일시의 선후에 의하여 결정하여야 할 것이고, 이러한 법리는 채권양수인과 동일 채권에 대하여 가압류명령을 집행한 자 사이의 우열을 결정하는 경우에 있어서도 마찬가지라 할 것이므로, 확정일자 있는 채권양도통지와 가압류결정 정본의 제3채무자(채권양도의 경우는 채무자, 이하 같다)에 대한 도달의 선후에 의하여 그 우열을 결정하여야 할 것이다.

채권양도통지, 가압류 또는 압류명령 등이 제3채무자에 동시에 송달되어 그들 상호간에 우열이 없는 경우에도 그 채권양수인, 가압류 또는 압류채권자는 모두 제3채무자에 대하여 완전한 대항력을 갖추었다고 할 것이므로, 그 전액에 대하여 채권양수금, 압류전부금 또는 추심금의 이행청구를 하고 적법하게 이를 변제받을 수 있고, 제3채무자로서는 이들 중 누구에게라도 그 채무 전액을 변제하면 다른 채권자에 대한 관계에서도 유효하게 면책되는 것이며, 만약 양수채권액과 가압류 또는 압류된 채권액의 합계액이 제3채무자에 대한 채권액을 초과할 때에는 그들 상호간에는 법률상의 지위가 대등하므로 공평의 원칙상 각 채권액에 안분하여 이를 내부적으로 다시 정산할 의무가 있다고 할 것이다.

다만 채권양도의 통지와 가압류 또는 압류명령이 제3채무자에게 동시에 송달되었다고 인정되어 채무자가 채권양수인 및 추심명령이나 전부명령을 얻은 가압류 또는 압류채권자 중 한 사람이 제기한 급부소송에서 전액 패소한 이후에도 다른 채권자가 그 송달의 선후에 관하여 다시 문제를 제기하는 경우 기판력의 이론상 제3채무자는 이중지급의 위험이 있을 수 있으므로, 동시에 송달된 경우에도 제3채무자는 송달의 선후가 불명한 경우에 준하여 채권자를 알 수 없다는 이유로 변제공탁을 함으로써 법률관계의 불안으로부터 벗어날 수 있다고 보아야 할 것이다.

당원의 판례 중 위에서 설시한 법리와는 달리 채권양도통지와 채권가압류결정 정본이 동시에 제3채무자에게 도달된 경우에 양수인의 양수금 청구에 대하여 채무자가 채권양도통지와 채권가압류결정 정본을 동시에 송달받은 사실로써 대항할 수 있다는 취지의 판례(당원 1987.8.18. 선고 87다카553 판결)는 이를 폐기하기로 한다.

이 사건에서 원고를 양수인으로 하는 채권양도 통지와 참가인이 채권자로 된 채권가압류결정 정본이 피고에게 같은 날 도달되었는바, 그 선후관계에 대하여 달리 입증이 없으므로 원심 판시와 같이 동시에 도달된 것으로 추정할 것이다.

21 | 계속적 보증

사 례

갑은 2003.3. 을 회사의 이사로 취임하면서 을 회사의 주거래은행인 병 은행과 보증기간이나 보증한도의 약정 없이 은행에 대한 을 회사의 현재 및 장래의 모든 채무에 대한 보증계약을 체결했다. 그 후 을 회사는 자신의 운영자금 조달을 위해 병 은행으로부터 수차 금원을 차용하여, 2004.5월경에는 차용금이 총 10억 원에 달하게 되었는데, 그 무렵 운영난에 빠져 있던 계열사인 정 회사를 지원하기 위해 정 회사가 병 은행으로부터 운영자금 금 5억 원을 차용하는 데 연대보증을 섰다.

갑은 회사의 경영상태가 좋지 않아 그동안의 차용에 대하여도 불안해하던 차에, 회사 경영진이 회생가망이 없는 계열사 지원을 위해 무리한 연대보증을 추진하자 무리라고 반대했으나 회사가 그냥 강행하자 회사에 사표를 내고 병 은행에 대하여도 보증계약 해지를 통고했는데, 얼마 후 정 회사는 물론이고 을 회사도 부도처리되었다.

갑은 은행에 대하여 면책 등을 주장할 수 있을까?

1. 논점의 정리

사안은 당좌대월, 계속적 공급계약, 고용계약, 임대차계약 등 계속적 계약관계로부터 발생하는 현재와 장래의 모든 채무에 관한 보증(근보증)인 계속적 보증 중에서 주 채무의 발생원인, 보증기간, 보증한도액이 확정되지 않은 경우인 계속적 보증(포괄근보증)과 관련된 것이다.

민법은 제428조 제2항에서 장래채무보증을 규정한 것 외에 달리 계속적 보증에 관한 규정이 없는데, 보증책임 내용이 지나치게 광범위하여 보증인에게 가혹한 결과를 초래하므로 유효 여부 자체가 문제되고, 유효할 경우에도 보증인 보호를 위한 방법에 관한 논의로 중도해지가능 여부, 책임제한 여부 등에 관한 논의가 있는데 이 결과에 따라 갑의 책임내용이 달라질 것이다.

2. 포괄근보증의 유효 여부

가. 무효설

채무내용의 불확정성으로 말미암아 보증채무가 성립하기 곤란하며 이를 인정할 경우 보증인에게 지나치게 가혹한 결과가 되므로 계약 자체의 효력을 부정해야 한다고 본다.[249]

---

249) 이은영 채권총론 426.

나. 유효설

책임확정요소에 아무런 제한이 없다 하더라도 통상의 경우에는 계약에 이른 경위, 계약 당시의 정황 등 주변요소에 의해 당사자의 의사를 합리적으로 해석함으로써 보증인의 책임범위를 특정할 수 있다는 이유로 유효하다고 본다.[250]

다. 판   례

판례는 장래채무에 대한 보증에 있어 한도액의 정함이 없다 하여 공서양속에 반한다거나 당연 무효라 할 수 없고, 같은 이유로 현재 및 장래의 일체의 채무에 대한 포괄근보증도 유효하다고 본다.[251]

3. 보증인의 중도해지권

계약의 해제나 해지는 채무불이행 등 법정 사유가 있어야 할 것인데 이런 사유가 없어도 사정변경에 의한 경우에 인정 여부가 문제된다.

통설·판례는 계약의 기초가 된 사정의 변경이나 당사자 간의 신뢰관계의 파탄 등 중대한 사정변경이 있는 경우에는 해지권을 인정한다. 단 판례는 매매와 같은 일시적 계약의 경우 사정변경을 이유로 한 해제·해지는 허용하지 않고,[252] 기간을 정하지 않은 보증계약이라고 하여 상당한 기간이 경과했다는 사정만으로는 해지권을 인정하지 않으며,[253] 보증계약의 기간이나 한도액이 정하여져 있는지는 묻지 않는다.[254]

해지권을 인정한 판결례로는 일정한 직무나 지위를 전제로 하여 보증한 자가 직

---

250) 민법주해 10권 박병대 378.
251) 대판 1987.4.28. 86다2033.
252) 대판 1955.4.14. 4286민상231.
253) 대판 2001.11.27. 99다8353.
254) 대판 1998.6.26. 98다11826.

무, 직위를 떠난 경우 보증의 기초된 사정에 중대한 변화가 있으므로 해지가능하다고 한 경우,[255) 주채무자에 대한 신뢰상실의 경우는 채권자 측의 사정(채권자가 신의칙상 묵과할 수 없는 손해를 입는가 등)과 보증인과 주채무자와의 관계 등을 고려할 때 보증계약의 유지가 사회통념상 상당하지 못한 경우는 해지가능하다고 한 경우[256) 등이 있다.

해지권을 부장한 판결례로는 보증당시 주채무가 특정되어 있는 확정채무인 경우에는 이사직을 사임하였다 하더라도 사정변경을 이유로 해지할 수 없고,[257) 단순한 교용직 이사가 아니고 회사의 대주주로서 경영에 관여해오던 자가 이사직을 사임하면서 다시 감사로 취임한 경우에 회사와의 신뢰관계가 깨져서 사회통념상 그가 이사 재직시 회사를 위하여 체결한 포괄근보증계약을 유지하는 것이 바람직하지 못하게 되었다고 볼 수 없다는 이유로 해지권을 부인한 예가 있다.[258)

사안의 경우, 보증인의 지위변동(사직)과 회사와의 신뢰관계 상실(회사경영방침에 대한 반대)의 두 가지 사유가 있으므로 해지가 가능할 것이다.

회사의 이사로서 보증을 서는 것은 이사직위에 있는 동안만 보증채무를 부담한다고 보는 것이 당사자의 의사나 거래관행상 타당하므로, 이사직 사임은 그 자체로 보증인의 지위를 유지할 수 없는 사정변경이라고 보아야 한다.

신뢰관계 상실의 점은 계약 당시 확인될 수 있는 사정이 아니므로 당사자들의 관계 및 예측 범위, 채권자에 대한 불측의 손해 발생 위험 등을 고려해 해지 인정 여부 판단될 것이므로 이런 관점에서 보면 회사 경영이 부진한 상태에서 계열사를 위한 보증을 서는 것은 무리이고, 은행도 주거래업체의 현황은 잘 알 수 있는 것이므로, 은행에 불측의 손해를 입히는 것이 아니고, 갑이 계열사를 위한 보증을 반대한 점 등을 고려하면 해지 허용해야 한다.

보증계약이 해지되면 보증인은 해지 이후에 발생한 채무에 대하여는 보증책임을

---

255) 대판 2000.3.10. 99다61750.
256) 대판 1986.9.9. 86다카792, 1992.7.14. 92다8668, 2003.1.24. 2000다37937.
257) 대판 1994.12.27. 94다46008
258) 대판 1995.4.25. 94다37073

부담하지 않는다.[259]

4. 보증책임의 제한

가. 신원보증법 제6조 유추적용설

신원보증인의 보증책임을 정함에 있어 법원이 일체의 사정을 참작할 수 있다는 규정을 보증 전반의 지도적 법칙으로 보아 이를 유추적용하여 보증책임을 제한한다.[260]

나. 신의칙설

보증계약을 한 사정, 보증한 거래의 실정 등에 비추어 보증채무가 불합리하게 확대된 경우에는 신의칙상 일정범위로 보증범위를 한정해야 한다고 보며, 일반거래의 보증에 고용관계를 전제로 한 신원보증법을 유추적용하는 것은 무리라고 한다.[261]

다. 판 례

1) 신의칙에 반함을 이유로 한 경우

계속적 보증에 있어 주 채무의 과다 발생원인에 신의칙에 반하는 사정이 있으면 보증책임을 합리적인 범위 내로 제한할 수 있다고 하여 신의칙을 책임제한 근거로 하고, 신의칙 적용의 전제로, 보증 당시 책임범위의 예상가능성, 객관적 상당성을 초과한 책임의 발생, 상당성 초과 사실을 채권자가 알았거나 중과실로 몰랐고, 그 같은 사정을 알 수 없었던 보증인에게 통지하지 않을 것 등 사정을 고려한다.[262]

---

259) 대판 2002.2.26. 2000다48265.
260) 이은영 채권총론 435.
261) 곽윤직 채권총론 322.
262) 대판 1995.12.12. 94다42129.

2) 계약문언의 해석을 통하여 제한한 경우

계약문언의 해석을 통하여 바로 제한하는 경우로는 신용카드의 경우 사용한도액이나 카드유효기간에 한정(나아가 카드발행자가 가입회원에 대한 통제나 규제를 신의칙상 묵과할 수 없을 정도로 소홀히 한 경우)에는 한도액에서 다시 적정범위로 제한하여 이를 넘는 보증인에 대한 청구는 권리남용으로 보고,[263] 근저당권설정과 함께 보증계약 체결한 경우 보증한도를 근저당권상의 채권최고액으로 한정하고, 계약문언상 보증기간 한도를 정함이 없이 모든 채무를 보증하는 것으로 되어 있다고 해도, 보증 동기와 목적, 거래관행 등 제반 사정에 비추어 계약문언과 달리 일정한 범위의 거래만 보증할 의사였음이 인정되는 경우 책임을 제한한다.[264]

3) 보증책임기한 자체를 제한한 경우

일반 보증의 경우는 보증계약 체결 후 채권자가 보증인의 승낙 없이 보증기간을 연장해 준 경우에 그것이 반드시 보증인의 책임을 연장해 준 것이라고 볼 수 없으므로 원칙적으로 보증채무에 대해서도 효력이 미치는 것이나[265] 계속적 보증의 경우에는 다르게 취급된다.

주 채무의 거래기간이 연장되면 보증채무의 기간도 자동 연장되는 것으로 약관으로 정한 경우에는 그 약관은 약관규제에관한법률 제9조 제5호의 규정에 의하여 효력이 없고, 보증인은 보증계약 종료 시 확정된 주 채무에 대하여만 책임이 있으나,[266]

대리점계약 같은 계속적 공급계약상 채권자와 주채무자의 계약이 자동 연장되는 것으로 정해져 있고 연대보증인이 이에 대하여 이의나 유보 없이 연대보증계약을 체결했다면 특별한 사정이 없는 한 그 보증계약에는 계약이 존속하는 동안 발생하는 채무에 대하여 책임을 부담하기로 하는 의사표시가 포함되어 있거나 계약기간의 연장에 관한 동의나 묵시적 승인이 있었다고 보아 기간연장 후에도 연대보증인의

---

263) 대판 1989.5.9. 88다카8330.
264) 대판 1987.4.28. 82다카289.
265) 대판 1996.2.23. 95다49141, 2002.6.14. 2002다14853.
266) 대판 1999.8.24. 99다26481.

책임을 인정하기도 한다.[267]

한편 연대보증인이 회사의 이사로서의 지위 때문에 부득이 회사의 계속적 거래로 인하여 생긴 채무를 연대보증한 것이고, 상대방이 거래할 때마다 이사 등의 연대보증을 새로 받아 오는 등 특별한 사정이 있으면 연대보증인은 회사의 거래에 대하여 재직 중에 생긴 채무만을 책임진다.[268]

4) 보증책임 한도액이 정해진 경우

보증한도액을 정한 근보증에 있어 당사자가 따로 정한 바가 없으면 보증채무는 특별한 사정이 없는 한 보증한도범위 안에서 확정된 주 채무 및 그 이자, 위약금, 손해배상 기타 주 채무에 종속한 채무를 모두 포함한다.[269] 잔존한 채무가 이 한도액 범위 내인 한 한도액 범위 내의 거래로 인한 것이든 한도액을 초과한 거래로 인한 것이든 불문한다.[270]

계속적 거래 도중에 근보증을 선 경우에는 특별한 사정이 없는 한 계약일 현재 발생된 채무도 보증한다.[271]

5. 사안의 경우

사안의 경우 갑은 회사 임원으로서 회사의 상황을 잘 알 수 있는 처지에 있었으므로, 회사의 일상적인 자금 조달에 대한 책임까지는 면하기 어려울 것이나, 계열사에 대한 보증의 경우 본인이 반대할 정도로 피보증회사의 사정이 어려웠고, 보증회사 또한 마찬가지였으니 주거래은행도 이를 알 수 있었을 것임을 감안하면 회사의 보증채무에 대하여는 면책을 주장할 수 있는 것으로 보아야 할 것이다.

---

267) 대판 1994.6.28. 93다49208.
268) 대판 2000.3.10. 99다61750.
269) 대판 2000.4.11. 99다12123.
270) 대판 1999.3.23. 98다64639.
271) 대판 1995.9.15. 94다41485.

대법원 1989.5.9. 선고 88다카8330 판결 【보증채무금】

가. 규약과 은행규정에 의하여 월간 카드이용한도액이 정하여져 있는 경우에 일반적으로 보증인은 그 한도액 범위 내에서 보증책임을 부담하나 외상구입, 현금서비스, 할부구입 등 각 항목의 구체적인 한도액을 초과한 경우 각 항목의 초과액에 대하여서까지 보증인의 책임이 없다고 할 수는 없고 보증인은 각 항목별 한도액 전부를 합한 월간구입한도액에 대하여 책임을 부담할 의사로 보증한 것이라고 보아야 한다.

나. 은행신용카드회원이 카드를 이용하는 데 관하여 그 회원의 연대보증인이 적절한 통제수단을 갖고 있지 아니한 경우 카드발행자가 가입회원에 대한 통제나 규제를 신의칙상 묵과할 수 없는 정도로 소홀히 하여 손해가 발생하였다면 비록 연대보증인의 보증책임 한도액 이내라 하더라도 공평한 손익배분의 원리에 따라, 카드발행자와 가입회원 및 연대보증인 등의 제반 사정에 비추어 적정한 금액을 넘는 카드발행자의 연대보증인에 대한 청구는 권리남용에 해당한다.

대법원 1995.12.22. 선고 94다42129 판결 【물품대금】

계속적 보증계약에서 보증인은 변제기에 있는 주 채무 전액에 대하여 책임을 지는 것이 원칙이고, 다만 보증 당시 주 채무의 액수를 보증인이 예상하였거나 예상할 수 있었을 경우에는 그 예상 범위로 보증책임을 제한할 수 있다 할 것이나 그 예상 범위를 상회하는 주 채무 과다 발생의 원인이 채권자가 주채무자의 자산 상태가 현저히 악화된 사실을 잘 알면서도(중대한 과실로 알지 못한 경우도 같다) 이를 알지 못하는 보증인에게 아무런 통보나 의사 타진도 없이 고의로 거래 규모를 확대함에 연유하는 등 신의칙에 반하는 사정이 있는 경우에 한하여 보증인의 책임을 합리적인 범위 내로 제한할 수 있다 함이 당원의 견해이다(당원 1992.4.28. 선고 91다26348 판결, 1991.10.8. 선고 91다14147 판결, 1988.4.27. 선고 87다카2143 판결 등 참조).

대법원 2000.3.10. 선고 99다61750 판결 【보증채무금】

가. 원심판결 이유에 의하면, 원심은 그 판결에서 채용하고 있는 증거들을 종합하여 다음과 같은 사실을 인정하고 있다.

원고는 1996.9.18. 소외 주식회사 삼정강건(이하 '삼정강건'이라고만 한다)과 사이에 여신과목을 할인어음, 여신한도액을 금 150,000,000원, 거래기간을 1997.9.18.까지로 정하여 여신한도거래계약을 체결하였는데, 이때 피고는 원고에게 위 계약으로 인하여 현재 또는 장래 발생할 삼정강건의 모든 채무에 대하여 연대보증을 하였다. 원고는 위 계약에 기하여 삼정강건에게 1997.2.3. 할인어음금 38,500,000원을 변제기는 같은 해 5월 28일로 정하여 대출하고, 같은 해 3월 4일 할인어음금 23,149,000원을 변제기는 같은 해 5월 20일로 정하여 대출하고, 같은 해 3월 6일 할인어음금 56,800,000원을 변제기는 같은 해 5월 20일로 정하여 대출하고, 같은 해 4월 21일 할인어음금 19,000,000원을 변제기는 같은 해 6월 10일로 정하여 대출하면서 각 그 담보조로 위 각 대출금을 액면금으로 하고, 위 각 변제기를 지급기일로 한 소외 한국 케이스판 주식회사 발행의 약속어음 4매를 배서양도 받았는데, 원고가 위 각 약속어음을 각 그 지급기일에 지급 제시하였으나 모두 지급 거절되었다.

원고는 1998.9.30. 승계참가인에게 이 사건 각 대출금채권을 양도하고, 같은 해 11월 10일경 피고에게 그 채권양도를 통지하였다.

나. 원심은 위 인정 사실에 터 잡아, 피고는 삼정강건의 연대보증인으로서, 원고로부터 이 사건 각 대출금채권을 양수한 승계참가인에게 각 대출금채권의 원리금과 지연손해금을 지급할 의무가 있다고 판단한 다음, 피고가 위 계약 체결 당시에 삼정강건의 이사의 지위에 있었기 때문에 어쩔 수 없이 이 사건 연대보증을 하게 되

었고 원고도 그러한 사정을 잘 알고 있었으며, 그 후 피고가 삼정강건의 이사를 사임하고는 그 사실을 원고에게 통지하면서 연대보증계약을 해지하였고, 이에 원고도 연대보증인을 삼정강건의 새 이사로 교체하겠다고 약속하였으므로, 위 통지 이후에 발생한 대출금채권에 대하여는 피고에게 연대보증책임이 없다는 피고의 주장에 대하여 그 판결에서 채용하고 있는 증거들을 종합하면 피고가 1997.1.31. 삼정강건의 이사를 사임하였고, 1997.2.11.에는 삼정강건의 법인등기부에 그 사임등기까지 마쳤으며, 1997.2.17일경 원고에게, 피고가 삼정강건의 이사를 사임하였으니 더 이상 삼정강건의 원고에 대한 채무에 관하여 연대보증책임을 지지 않겠다는 취지로 통지한 사실을 인정할 수 있으나, 나아가 피고가 삼정강건 이사의 지위 때문에 부득이 삼정강건의 계속적 거래로 인하여 생기는 삼정강건의 채무를 연대보증하게 된 것이라거나 또 삼정강건의 거래 상대방이 거래할 때마다 거래 당시의 삼정강건에 재직하고 있던 이사 등의 연대보증을 새로이 받아 오는 등 특별한 사정이 있었다는 점에 부합하는 증거들을 그 판시와 같은 이유로 배척하고, 오히려 그 판결에서 채용하고 있는 증거들을 종합하면, 피고는 삼정강건의 대표이사인 소외 임만길이 삼정강건을 설립한 1985.4.12. 무렵부터 피고가 삼정강건의 이사를 사임한 1997.1.31. 무렵까지 10년 이상 삼정강건의 임직원으로 근무하면서 처남·매부 사이인 위 임만길과 함께 삼정강건의 경영을 실질적으로 담당하여 왔고, 피고가 위 여신한도거래계약의 연대보증인이 된 경위도 원고 내부의 채권보전절차에 관한 규정에 의하여 위 여신한도거래계약의 연대보증인으로 신용여신금액의 3/1000 이상의 재산세납부실적이 있는 사람이 요구되었기 때문에 혼자서는 그 요건을 갖추지 못한 소외 임만덕과 함께 위 재산세납부실적을 충족시키기 위하여 공동 연대보증인이 되었던 것인 사실을 인정할 수 있을 뿐이라고 한 다음, 원고가 피고의 연대보증계약 해지에 동의하지 않은 이상, 연대보증계약기간이 끝나지 않았는데도 피고가 일방적으로 연대보증계약을 해지하여 연대보증책임을 면할 수 있는 것이 아니라고 하여 피고의 위 주장을 배척하고 있다.

다. 회사의 이사 등이 회사의 제3자에 대한 계속적 거래로 인한 채무를 연대보증한 경우 이사 등에게 회사의 거래에 대하여 재직 중에 생긴 채무만을 책임 지우기 위하여는 그가 이사의 지위 때문에 부득이 회사의 계속적 거래로 인하여 생기는 회사의 채무를 연대보증하게 된 것이고, 또 회사의 거래 상대방이 거래할 때마다 거래 당시의 회사에 재직하고 있던 이사 등의 연대보증을 새로이 받아 오는 등 특별한 사정이 있을 것임을 요하고 그러한 사정이 없는 경우의 연대보증에까지 그 책임 한도가 위와 같이 제한되는 것으로 해석할 수 없음은 물론이나(대법원 1995.4.7. 선고 94다736 판결, 1996.10.29. 선고 95다17533 판결, 1998.12.22. 선고 98다34911 판결 등 참조), 계속적 거래관계로 인하여 발생하는 불확정한 채무를 보증하기 위한 이른바 계속적 보증에 있어서는 보증계약 성립 당시의 사정에 현저한 변경이 생겨 보증인에게 계속하여 보증책임을 지우는 것이 당사자의 의사해석 내지 신의칙에 비추어 상당하지 못하다고 인정되는 경우에는, 상대방인 채권자에게 신의칙상 묵과할 수 없는 손해를 입게 하는 등 특별한 사정이 없는 한 보증인은 일방적인 보증계약 해지의 의사표시에 의하여 보증계약을 해지할 수 있다고 보아야 할 것이고(대법원 1996.12.10. 선고 96다27858 판결 참조), 회사의 이사라는 지위에 있었기 때문에 부득이 회사와 은행 사이의 계속적 거래로 인한 회사의 채무에 연대보증인이 된 자가 그 후 회사로부터 퇴직하여 이사의 지위를 상실하게 된 때에는 사회통념상 계속 보증인의 지위를 유지케 하는 것이 부당하므로, 연대보증계약 성립 당시의 사정에 현저한 변경이 생긴 것을 이유로 그 보증계약을 일방적으로 해지할 수 있다고 할 것이다(대법원 1992.5.26. 선고 92다2332 판결, 1996.12.10. 선고 96다27858 판결, 1998.6.26. 선고 98다11826 판결 참조).

그런데 원심이 확정한 사실과 원심이 채용한 증거들에 의하면, 피고는 임만길이 삼정강건을 설립한 1985.4.12. 무렵 삼정강건에 입사하여 1990년경부터는 영업이사로 근무하여 왔으나 실제로 삼정강건의 주식을 가지고 있거나 이익배당을 받지 아니하고 월급을 받아 왔으며, 1997.1.31. 삼정강건의 이사를 사임하고 같은 해 2월 11일 삼정강건의 법인등기부상 사임등기를 마친 후 같은 해 2월 17일에는 원고에게 피고가 삼정강건의 이사를 사임하였으니 더 이상 삼정강건의 원고에 대한 채무에 관하여 연대보증책임을 지지 않겠다는 취지로 통지하였음을 알 수 있다.

사정이 이와 같다면, 비록 원심이 확정한 바와 같이 피고가 삼정강건의 대표이사인 임만길과 처남·매부의 사이에 있었고, 원고 내부의 규정에 의한 보증인의 재산세 납부실적을 충족시키기 위하여 피고가 소외 임만덕과 함께 이 사건 연대보증을 하게 된 사정이 있다 하더라도, 피고가 삼정강건의 이사를 사임한 후에 바로 원고에 대하여 그 사실을 알리고 연대보증책임을 지지 않겠다고 한 점 등에 비추어 피고는 삼정강건에 고용된 이사라는 직위에 있었기 때문에 부득이 위 여신한도거래계약에 의하여 삼정강건이 원고에 대하여 부담하는 현재 또는 장래의 채무를 연대보증하게 된 것이라고 볼 수 있고, 또한 그 후 피고가 삼정강건의 이사직을 사임하였다면 보증계약 성립 당시의 사정에 현저한 변경이 생겨 보증인에게 계속하여 보증책임을 지우는 것이 당사자의 의사해석 내지 신의칙에 비추어 상당하지 못하게 되었다고 할 것이므로, 피고는 일방적인 해지의 의사표시에 의하여 이 사건 보증계약을 해지할 수 있다고 할 것이다.

그러므로 이 사건 연대보증계약은 피고가 원고에게 이 사건 연대보증계약의 해지의 의사표시를 한 1997.2.17. 이후에 발생한 대출금채무에 관하여는 이 사건 연대보증계약의 효력이 미치지 아니한다고 할 것인바, 그럼에도 불구하고 원심이, 피고가 삼정강건의 이사의 지위에 있었기 때문에 부득이 이 사건 연대보증을 하게 되었다고 볼 수 없고, 삼정강건의 이사로 재직하던 중에 생긴 채무만을 책임 지우기 위한 특별한 사정이 없다고 하여, 위 대출금채무에 관하여도 피고가 일방적으로 연대보증계약을 해지하여 연대보증책임을 면할 수 없다고 판단한 것은, 채증법칙을 위반하여 사실을 오인하였거나 계속적 보증계약의 해지사유에 관한 법리를 오해하여 판결 결과에 영향을 미친 위법을 저지른 것이라고 하지 않을 수 없다. 상고이유 중 이 점을 지적하는 부분은 이유 있다.

라. 그러나 원심판결 이유에 의하면, 1997.2.3.자 대출금 38,500,000원의 채무는 피고가 이 사건 연대보증계약 해지의 의사표시를 하기 전에 발생한 대출금채무임이 분명하므로, 이 사건 연대보증계약은 피고의 위와 같은 계약해지 의사표시에 불구하고 위 대출금 및 그 부대채권인 원심 판시의 위 대출금에 대한 1998.2.21.까지의 이자와 지연손해금 5,305,878원 및 1998.2.22. 이후의 지연손해금에 관한 부분에는 그 효력이 미친다고 할 것이므로, 상고이유 중 위 대출금에 관한 부분은 받아들일 수 없다.

22 | 타인의 권리의 매매

사 례

갑은 타인 소유의 토지를 등기관계서류를 위조하여 자기 명의로 소유권이전한 다음, 이 사실을 모르는 을에게 매도하여 소유권이전등기를 해 주었고, 을은 다시 이 사정을 모르는 병에게 매도하였다. 뒤늦게 이 사실을 알게 된 타인이 갑, 을, 병을 상대로 각각의 소유권이전등기 말소청구소송을 제기하였고, 을, 병은 시효취득 요건을 갖추지 못해 국가가 승소해 갑·을·병의 등기가 말소되었다. 이 경우 갑, 을, 병의 관계는 어떠한가?

해 결

1. 논점의 정리

사안의 경우 갑과 을, 을과 병 사이의 두 개의 매매계약이 존재하는데, 모두 타인의 권리를 매매한 결과가 되었고, 이 경우 무권리자로부터의 취득이므로 원 소유자에게 대항할 수 없어, 시효취득을 주장할 수 없는 한 그들 명의의 등기는 말소되고, 각 매도인은 소유권이전의무를 이행할 수 없게 되므로 그들 사이에 정리할 문제만 남게 된다.

이를 위해서는 양자에 똑같이 타인의 권리매매의 유효성 여부를 검토한 다음, 소유권이전의무불이행의 법적 효과, 즉 채무불이행 성립 여부, 매도인의 담보책임 성립 여부, 불법행위책임 성립 여부, 사기 또는 착오에 의한 취소 가능 여부와 각 그에 따른 효과로서 행사할 수 있는 권리를 검토하여 결론으로 각자 사이의 법률관계를 논하면 될 것이다.

2. 타인의 권리매매의 유효성과 취소가능성

가. 유효성

매매는 통상 매도인에 속하는 권리에 대하여 이루어지는 것인데, 민법은 제569조에서 매매목적인 권리가 타인에게 속한 경우에 매도인은 그 권리를 취득하여 매수인에게 이전하여야 한다고 규정하여, 타인의 권리매매의 유효성을 전제로 하고 있다.

통설과 판례도 타인의 권리매매의 유효성을 인정한다.[272]

사안의 경우 타인의 권리매매인 사실이 뒤늦게 밝혀졌지만 매매계약 자체는 유효하고 원시불능에 속하는 내용을 목적으로 하는 무효의 계약은 아니다.

나. 취소가능성

타인의 권리의 매매가 유효하더라도 사안과 같은 경우에는 사기 또는 동기의 착오에 의한 취소가능성이 있다.

---

272) 대판 1993.8.24. 93다24445.

1) 사기에 의한 취소

갑이 타인의 토지를 자신의 것인 것처럼 가장한 것은 기망행위에 해당하므로 을이 그런 사정을 알았다면 매수하지 않았을 것인 경우에는 기망행위와 의사표시 사이에 인과관계도 인정되어 사기를 이유로 한 취소가 가능하다.[273] 거래의 실제는 등기부만으로 상대의 권리 여부를 확인하고 실제 권리자가 맞는지 확인하거나, 내가 권리자라고 주장하는 경우는 없으므로 부작위에 의한 기망이 될 것이고, 남의 권리인 것을 알고 살 사람은 없을 것이므로 인과관계가 따로 문제되지는 않을 것이다.

2) 착오에 의한 취소

을은 갑 소유인 줄 알고 매수했으므로 동기의 착오도 있는 것인데, 동기의 착오에 관한 일반론에 따르면 표시되어야만 하나, 거래의 실제는 그런 동기가 표시되지는 않으므로 이를 이유로 한 취소는 불가능할 것이지만, 판례는 상대방이 유발한 경우는 취소할 수 있다 하므로[274] 을은 동기의 착오에 의한 취소도 가능하다고 할 것이다.

3) 위의 취소가 있게 되면 을이 지급한 매매대금은 부당이득이 되어 반환해야 하고, 이 취소권은 뒤의 담보책임의 추공과 선택적으로 행사할 수 있다.

3. 채무불이행책임의 성립 여부 및 내용

가. 성립 여부

채무불이행책임이 성립하기 위해서는 채무불이행이 있고, 불이행이 위법해야 하고, 불이행에 채무자의 귀책사유가 있어야 하는데, 사안의 경우 갑이나 을의 소유권

---

273) 대판 1973.10.23. 73다2687.
274) 대판 1992.2.25. 91다38419.

이전의무는 국가가 소송을 통해 되찾아갈 정도가 되었으므로 이행불능이 되었다고 보아야 하고, 그러한 불이행을 정당화할 사유가 없으므로 위법성도 인정되고, 갑의 경우는 자기 것인 양 속이고 매매했으니 귀책사유도 있으나, 을의 경우는 자기 것인 줄 알고 매매했으니 귀책사유를 인정하기 어렵다.

결국 갑은 채무불이행 책임이 있으나, 을은 없다.

나. 채무불이행책임의 내용

채무불이행의 일반 규정인 390조에 의한 이행에 갈음한 손해배상청구와 계약해제에 관한 546조에 의해 계약을 해제하고 원상회복 및 손해배상청구가 가능하다.

이행에 갈음한 손해배상액은 이행불능으로 된 때, 즉 소유권이전등기의 말소를 명하는 판결이 확정된 때의 토지의 시가 상당액이 되고, 해제 시 원상회복은 매매대금과 이에 대한 법정이자를 합한 금액이고(제548조 제2항), 손해액은 이 시가상당액과 매매대금의 차액이 될 것이다.

사안의 경우 을은 갑에게 위와 같은 권리를 행사할 수 있다.

4. 매도인의 담보책임

가. 담보책임의 성격

민법은 매매목적물에 하자가 있을 경우 매도인의 담보책임을 인정하고 있고, 타인의 권리를 매매했는데 권리이전이 불가능할 경우도 하자가 있는 경우와 같이 취급한다(제569, 570조).

이 담보책임의 성질에 관하여는 매매의 유상성에 비추어 매수인을 보호하고 거래안전을 보장하려는 목적에서 인정된 무과실의 법정책임이라는 것이 통설·판례[275]

---

275) 대판 1995.6.30. 94다23920.

이나, 불완전한 물건을 인도한 채무불이행책임이지만 급부의 균형을 고려하여 무과실책임으로 한 것이라는 설도 있다.[276) 판례는 타인의 권리매매의 경우는 원시적 하자가 있는 경우가 아니라 제569조의 채무불이행이 있는 경우라고 보고 있다

나. 성립요건

담보책임이 성립하려면 매도인이 타인의 권리를 매도하고, 그 타인의 권리를 이전하는 것이 불가능해야 한다.

타인의 권리라 함은 계약체결 당시에 매매목적이 된 권리가 매도인에게 귀속하지 않는 것을 말한다.

이행불능은 채무불이행의 그것처럼 엄격하게 볼 필요는 없고, 사회통념상 매수인에게 해제권을 행사하게 하거나 손해배상을 청구하게 하는 것이 형평에 맞다고 볼 수 있을 정도의 이행장애가 있으면 충분하고, 객관적 불능에 한하는 엄격한 개념은 아니다.[277)

다. 책임내용

1) 계약해제권

매수인은 계약을 해제할 수 있다(제570조). 매수인의 선의, 악의는 묻지 않는다.

계약은 소급해서 실효되고, 양 당사자는 원상회복의무를 진다. 원상회복의무의 범위는 규정이 없으나 법정해제권의 일종이므로 제548조 제2항을 원용해 매도인의 경우 매매대금에 법정이자를 가산한 금원을 매수인에게 반환해야 할 것이다.[278) 매수인은 매도인에게 목적물의 사용이익을 반환해야 하는데, 사안과 같이 매도인이 목적물에 관해 아무런 권한이 없더라도 영향이 없다.[279)

---

276) 김형배 채권각론 323.
277) 대판 1982.12.28. 80다2750.
278) 대판 1974.5.14. 73다1564.
279) 대판 1993.4.9. 92다25946.

민법은 선의매도인에게도 계약해제권을 주되 매수인이 선의인 경우에는 손해를 배상해야 해제할 수 있게 하고 있다(제571조).

2) 손해배상청구권

선의의 매수인은 해제와 함께 또는 택일적으로 손해배상청구도 할 수 있다. 선의 여부는 계약 당시를 기준으로 정한다.

손해배상범위에 관해서는 법정책임설에 따르면 신뢰이익에 한하나, 판례는 타인의 권리매매의 경우는 채무불이행이 있는 경우이므로 이행이익을 배상해야 하는 것으로 보고 있다.

손해배상액의 산정시기는 채무불이행과 마찬가지로 이행불능이 된 때이다.[280]

판례는 선의 매수인이라 해도 매수인이 과실로 그 권리가 매도인에게 속하지 않음을 몰랐을 때에는 손해액 산정 시 이를 참작해 감액하는 것이 형평에 부합한다고 한다.[281]

3) 제척기간, 동시이행의무 등

제570조에 의한 해제와 손해배상청구에는 제572조에 의한 경우와는 달리 제척기간이 없으므로 계약이 존속하는 한 행사할 수 있고, 손해배상청구권은 일반채권과 같이 10년의 시효에 걸린다.

판례는 매도인의 담보책임으로서 손해배상의무와 매수인의 토지인도의무는 하나의 쌍무계약에서 발생한 것이 아니어서 발생원인이 다르지만 하나의 생활관계에서 발생한 것으로 서로 밀접한 관계에 있어 동시이행관계에 있다고 보는 것이 옳다고 한다.[282]

---

280) 대판 1993.4.9. 92다25946.
281) 대판 1971.12.21. 71다1048.
282) 대판 1993.4.9. 92다25946.

라. 사안의 경우

타인이 승소함으로써 갑과 을의 소유권이전의무는 이행불능이 되었고, 을과 병은 선의이므로 을은 갑에게, 병은 을에게 각 담보책임으로서 계약해제 및 해제에 따른 원상회복청구로서 매매대금 및 이에 대한 반환 시까지의 법정이자를 합한 금원의 청구와 판결확정 시 토지시가상당액의 손해배상청구를 택일 또는 같이 행사할 수 있다.

매도인인 갑은 을에게, 을은 병에게 토지사용이익의 반환을 청구할 수 있고, 선의 매도인인 을은 병에게 손해를 배상하고 계약을 해제할 수도 있다.

5. 불법행위책임

민법상 불법행위가 성립하려면 가해자의 고의, 과실 행위, 가해자의 책임능력, 가해행위의 위법성, 가해행위에 의한 손해발생의 여건이 필요한데, 사안의 경우 갑의 불법행위는 인정할 수 있으나, 을은 선의였으므로 고의나 과실, 위법성을 인정할 수 없어 불법행위가 되지 않는다.

불법행위에 따른 손해배상의 범위는 판결확정 당시의 토지시가 상당액이 된다.

사안의 경우 을은 갑에게 직접 불법행위책임을 물을 수 있고, 병은 갑에게 을을 대위하여 을의 갑에 대한 손해배상청구권을 대위행사할 수 있다.[283]

---

283) 대판 1993.4.9. 92다25946.

판 례

대법원 1993.8.24. 선고 93다24445 판결 【물품인도】

민법 제569조, 제570조에 비추어 보면, 양도계약의 목적물이 타인의 권리에 속하는 경우에 있어서도 그 양도계약은 계약당사자 간에 있어서는 유효하고, 그 양도계약에 따라 양도인은 그 목적물을 취득하여 양수인에게 이전하여 줄 의무가 있는 것이다.

원심이 양도계약의 목적물이 타인의 권리에 속하는 것이라는 이유만으로 이에 관한 양도계약을 무효라고 판단하였음은 타인의 권리의 양도에 관한 법리를 오해한 위법의 소치라 할 것이다.

대법원 1982.12.28. 선고 80다2750 판결 【손해배상】

매매의 목적이 된 권리의 전부가 타인에게 속함으로 인하여 매도인이 그 권리를 취득하여 매수인에게 이전할 수 없는 때에는 매수인은 계약을 해제할 수 있고, 또 선의의 매수인은 손해배상도 청구할 수 있다고 규정한 민법 제570조는 매매에 있어서 매수인 보호를 위한 규정으로 여기의 이른바 소유권의 이전불능은 채무불이행에 있어서와 같은 정도로 엄격하게 해석할 필요는 없고 사회통념상 매수인에게 해제권을 행사시키거나 손해배상을 구하게 하는 것이 형평에 타당하다고 인정되는 정도의 이행장애가 있으면 족하고 반드시 객관적 불능에 한하는 엄격한 개념은 아니라고 할 것이다.

이미 대지화된 토지에 대하여는 실제로 농지분배가 있었다 하여도 그 농지분배는 당연 무효임을 면치 못한다 할 것이므로 그 농지분배를 이유로 한 소유권이전등기와 이에 터 잡아 이루어진 그 후의 소유권이전등기는 모두 특별한 사정이 없는 한 원인무효로서 말소될 수밖에 없는 것임이 분명하다 할 것이다. 사정이 위와 같다면 국가가 앞서 본 바와 같은 이유를 들어 원·피고 등을 상대로 제기한 소유권이전등기의 말소를 구한 위 소송에서 원고가 그 주장과 같은 사정으로 부득이 확정판결이 있기 전에 미리 국가와의 사이에 위와 같은 내용의 법정화해를 하고 이에 따라 원고 명의의 소유권이전등기의 말소에 갈음하여 국가 앞으로 소유권이전등기를 경료하여 주기에 이름으로써 원고는 피고와의 매매계약에 기하여 일단 이전받은 그 소유권을 진실한 소유자로부터 추탈당하였고 이로써 타에 특별한 사정이 없는 한 매도인인 피고는 그 권리를 매수인인 원고에게 이전하는 것이 사회통념상 불능한 상태에 이른 경우에 해당한다고 볼 수 있다 할 것이며, 비록 원고가 그 주장과 같이 다시 국가로부터 이 사건 토지를 매수하기로 하는 내용의 법정화해를 하였고, 이에 따라 그 후 이 사건 토지를 다시 매수하였다 하여 그것만으로 원고가 그 소유권을 추탈당하고 피고에게 있어서 그 소유권의 이전이 불능하게 된 것이 오직 매수인인 원고의 책임 있는 사유에 인한 것이라고도 보기 어렵다

대법원 1993.4.9. 선고 92다25946 판결 【손해배상(기)】

이 사건과 같이, 부동산을 매수하고 소유권이전등기까지 넘겨받았지만, 진정한 소유자가 제기한 등기말소청구소송에서 매도인과 매수인 앞으로 된 소유권이전등기의 말소를 명한 판결이 확정됨으로써 매도인의 소유권이전의무가 이행불능된 경우, 그 손해배상액 산정의 기준시점은 위 판결이 확정된 때라함이 당원의 확립된 견해이고 (당원 1980.3.11. 선고 80다117 판결 참조), 민법 제583조는 "제536조의 규정은 제572조 내지 제575조, 제580조 및 제581조의 경우에 준용한다."라고 규정하고 있을 뿐, "매매의 목적인 권리가 전부 타인에게 속하여 매도인이 매매계약을 해제한 경우(민법 제571조)"에는 "동시이행의 항변권"을 규정한 민법 제536조를 준용한다는 명문을 두지 아니하고 있다.

따라서 매도인이 타인 소유의 부동산에 관하여 매매계약을 체결하고 이를 인도한후 민법 제571조에 따라 매매계약을 해제한 경우에는 매수인의 목적물인도의무와 매도인의 손해배상의무 사이에 동시이행관계가 없다고 해석할 여지가 생길 수 있고, 원심은 위에서 본 이유를 들어 그 동시이행관계를 부정하였으므로, 그 당부를 살피기로 한다.

민법 제571조의 취지는, 선의의 매도인에게 무과실의 손해배상책임을 부담하도록 하면서, 그의 보호를 위하여 특별히 해제권을 부여한다는 것인바, 그 해제의 효과에 대하여 특별한 규정은 없지만 일반적인 해제와 달리 해석할 이유가 전혀 없다. 왜 냐하면, 해제로 인하여 매매가 소급적으로 효력을 상실한 결과로서, 계약당사자에게 그 계약에 기한 급부가 없었던 것과 동일한 재산상태를 회복시키기 위하여는, 매수 인으로 하여금 인도받은 목적물 자체와 해제할 때까지 이를 사용함으로써 얻은 이 익을 반환시킬 필요가 있는바, 이 결론은 매도인이 목적물에 관하여 사용권한을 취 득하지 아니하고 따라서 매수인이 반환한 사용 이익을 궁극적으로 정당한 권리자에 게 반환하여야 할 입장이라 하더라도 아무런 영향이 없다고 할 것이기 때문이다. 그러므로 위 규정에 따라 매매계약이 해제되면, 매도인은 매수인에게 손해배상의무 를 부담하는 반면에, 매수인은 매도인에게 목적물을 반환할 의무는 물론이고 목적 물을 사용하였으면 그 사용이익을 반환할 의무도 부담한다 할 것이다.

동시이행의 항변권제도의 취지는, 공평의 관념과 신의칙에 입각하여, 쌍무계약의 당사자들이 부담하는 각각의 채무가 서로 대가적 의미를 가지고 관련되어 있는 경 우 그 내용의 실행인 이행에 견련관계를 인정함으로써, 당사자 중 일방이 자기 채 무의 이행 또는 그 이행의 제공을 아니 한 채 상대방 채무의 이행을 청구할 때 상 대방으로 하여금 자기 채무의 이행을 거절할 수 있도록 하는 제도이다.

그러므로 이에 비추어 볼 때, 쌍방의 채무가 고유의 대가 관계에 서는 쌍무계약 상 채무가 아니라 하더라도, 구체적 계약 관계에서 쌍방의 채무 사이에 대가의 의 미가 있어 이행의 견련관계를 인정하여야 할 사정이 있는 경우에는 동시이행의 항 변권을 인정하여야 할 것이다(당원 1993.2.12. 선고 92다23193 판결 등 참조).

한편 민법 제583조의 취지는, 매도인은 민법 제583조에서 명시한 규정들에 터 잡아 이미 지급받은 대금의 전부나 일부의 반환의무, 손해배상의무, 하자 없는 물건의 지급의무가 있는 반면, 매수인은 매도인에게서 수령한 목적물이 있다면 원상회복의무로서 이를 반환할 의무가 있는데, 이러한 쌍방 당사자의 의무는 하나의 쌍무계약에서 발생한 것은 아닐지라도, 동일한 생활관계에서 발생한 것으로 서로 밀접한 관계에 있어 그 이행에 견련관계를 인정함이 공평의 원칙에 부합하기 때문에, 일반해제의 경우와 마찬가지로(민법 제549조 참조) 이들 경우에도 민법 제536조를 준용한다는 것이다.

그런데 비록 피고의 이 사건 손해배상의무와 원고의 이 사건 대지인도의무는 그 발생원인이 다르다 하더라도, 위에서 본 이행의 견련관계는 위 양 의무에도 그대로 존재하므로, 원고와 피고의 의무 사이에는 동시이행관계가 있다고 인정함이 공평의 원칙에 합치한다고 할 것이다.

23 | 임대차종료와 임차인의 권리

사 례

갑은 음식점 용도의 을 소유 점포 50평을 2005.5.1. 보증금 1억 5천만 원, 월임료 300만 원, 임대기간 2년으로 정하여 임차하면서, 을이 기존 음식점이 있던 자리로 종전 임차인에게 영업권 대가로 금 5천만 원을 지급하고 내보냈다는 이유로 권리금 조로 5천만 원을 따로 지급할 것을 요구해 이에 응했다.

이후 갑은 건물 내부 인테리어를 바꾸기 위해 철거작업을 하던 중 점포 50평 중 10평 정도에 해당하는 부분이 기존건물에 잇대어 불법으로 증축한 가건물부분임을 알게 되어, 을에게 관할 구청에서 문제 삼으면 어떡하느냐고 해결해 줄 것을 요구했으나, 을이 여태껏 문제없었는데 왜 그러냐며 걱정 말라는 소리만 했다. 갑이, 그럼 임료라도 깎아 달라고 하자, 을은 생각해 보자고 했다.

갑은 을이 승낙한 것으로 생각하고 공사를 진행해 주방시설을 새로 설치하고, 접객용 방을 만드는 등 내부 인테리어 비용으로 5천만 원, 점포 출입문 교체 및 점포 앞 주차공간 정비를 위해 금 1천만 원을 지출했다.

이후 일 년 가까이 영업을 해 오면서 임료로 월 250만 원을 지급해 왔으나, 영업이 부진해 연체임료가 500만 원에 이르자, 을이 바로 일주일 내로 연체임료를 지급하지 않으면 해약하겠다는 내용증명을 보내왔고, 일주일이 지나자 해약 통보와 함게 명도를 요구해 왔다.

갑은 어떻게 대처할 수 있는가?

해 결

1. 논점의 정리

갑으로서는 우선 을의 임대차계약해지의 적법 여부를 문제 삼을 것이고, 이와 관련 감액 지급한 차임이 유효한 것인지를 살펴봐야 할 것이다.

해지가 적법할 경우 임대차보증금과 권리금의 반환청구문제와 이와 관련된 임차물반환의무와의 동시이행관계 여부 및 유치권 행사가능 여부를 함께 검토해야 하고, 다음으로 인테리어 등 개업을 위해 지출한 비용의 반환 청구 가능 여부를 유익비, 필요비 상환청구권과 부속물매수청구권의 관점에서 살펴보고, 이들 청구권이 인정될 경우 임차물반환의무의 동시이행 및 유치권행사가능 여부를 검토하면 될 것이다.

2. 해지의 적부

건물 기타 공작물의 임대차에는 차임연체액이 2기의 차임에 달할 때에는 해지할 수 있다(제649조). 이 경우 최고 후 상당기간 경과를 요건으로 하지 않는다.

사안의 경우 임차인이 목적물 일부에 대한 사용상 불안함을 들어 일방적으로 감액된 차임을 지급해 온 것인데, 이것이 유효하면 2기 연체에 해당하여 해제는 적법할 것이다.

3. 차임감액청구의 적부

가. 법규정

임차물 일부의 사용수익이 불가능하고, 이에 임차인의 귀책사유가 없으며 잔존부분만으로는 임차목적이 달성 불가능할 경우에는 임차인은 차임 감액을 청구할 수 있다(제627조).

나. 요 건

임차물 일부의 사용수익이 불가능해야 한다.
사용수익이 불가능한 것에 대하여 임차인에게 귀책사유가 없어야 한다.
잔존부분만으로 임차목적이 달성 가능해야 한다.

다. 효 과

차임감액청구권은 형성권으로 행사하면 임대인 동의를 불문하고 효과가 발생한다. 다만 감액정도의 상당성이 필요할 것이다.

라. 사안은 일부사용불능 요건 미달이나 임대인 이의가 없었으므로 감액이 인정된 것이다. 따라서 임료의 2기 연체를 이유로 한 해지는 적법하다.

4. 보증금 및 권리금 반환청구권

가. 보증금의 성질

임대차관계에서 지급되는 보증금은 임대차계약과는 별도로 보증금계약에 의해 지급과 반환이 이루어지는 것으로 보는 것이 통설·판례이다. 보증금은 임대차 종료 후 임차인이 임대차에 기하여 부담하는 모든 채무를 담보하게 되는데, 그 성질이 문제되고 있다.

1) 정지조건설

임대차 종료 시 또는 임차물 반환 시에 임차인의 반대채무가 없을 것을 정지조건으로 하는 반환채무를 부담하는 금전소유권의 이전으로 본다. 반대채무가 없는 것이 확인되어야 반환청구권이 발생하고, 임차인이 반대채무 부존재를 입증해야 한다. 통설인데, 이 중 종료시설은 종료 후 발생한 임차인의 채무를 보증금으로 담보 불가한 약점이 있다.

2) 해제조건설

임대차 종료 시에 임차인의 반대채무의 존재를 해제조건으로 하는 반대채무를 부담하는 금전소유권의 이전으로 본다. 반환청구권은 일단 발생하나 반대채무가 있다면 발생하지 않게 된다. 임대인이 반대채무의 존재를 입증해야 한다. 반대채무의 입증은 임대인이 쉬울 것이라는 점을 근거로 한다.[284]

3) 판 례

임대차계약기간이 만료된 경우에 임차인이 임차목적물을 명도할 의무와 임대인이 보증금에서 연체차임 기타 임대차에 관하여 명도 시까지 생긴 모든 채무를 청산한 나머지를 반환할 의무가 모두 이행기에 도달한다고 본다.[285]

나. 보증금 반환청구권과 임차물반환의무와의 동시이행 여부

이론상 보증금계약과 임대차계약의 별개계약이므로 쌍무계약에서 인정되는 동시

---

284) 이은영 채권각론 352.
285) 대판 전합 1977.9.28. 77다1241.

이행관계는 문제될 수가 없다. 또 이론상 보증금의 반환시기를 임대차종료 시라고 보면 동시이행가능하나, 임대물반환 시로 보면 동시이행이 불가능하다.

판례는 긍정, 부정하다, 위 전원합의체 판결로 긍정으로 통일했다. 임대차종료와 동시에 발생하는 채무로 보고, 보증금반환청구의 실효성 확보 위해 통설도 긍정하고 있다.

임대차 종료 후 점유는 불법점유는 아니고 부당이득이 되나, 보증금을 반환 않는 것도 부당이득이 되므로 서로 상계할 수 있다.

다. 보증금반환청구권에 기한 임차물에 대한 유치권행사

긍정설은 동시이행항변권과 마찬가지로 공평원칙 및 임차물을 제3자에게 양도할 경우 반환청구권 확보를 위해 인정한다.[286]

부정설은 임차물에 관하여 생긴 채권이 아니고, 보호는 동시이행항변으로 족하며, 대세권인정은 제3자에게 불측의 손해를 입힌다는 이유로 부정한다.[287]

판례는 물건에 관하여 생긴 채권이 아니어서 불가하고, 건물시설 부실로 본래 목적대로 사용 못 한 손해도 물건에 관하여 생긴 손해가 아니라고 본다.[288]

라. 권리금

권리금이란 임차부동산의 장소적 이익, 시설비 등의 대가로서 지급되는 금원이다.

통상은 임차권 양도 시 양수인으로부터 양도인에게 지급되는 것이나, 임대인에게 지급되는 경우도 있고, 사실상 보증금 성격임에도 불구하고 임대인이 보증금반환 않으려는 의도하에 요구하는 경우가 많다.

임차권 양수인 간에 지급된 권리금을 임대인에게 반환청구할 수 없음은 당연하나 임대인에게 직접 지급된 경우는 문제가 있다.

---

286) 김증한 물권법 337.
287) 김현태 신물권법(하) 86.
288) 대판 1976.5.11. 75다1305.

판례는 권리금은 임대차계약의 내용을 이루는 것이 아니라면서 일정기간 임차권 보장 약정하에 수수되었으나 임대인의 사정으로 보장된 기간 동안 사용이 불가능했거나, 임대인이 임차권양도를 막아 불가능한 경우에 한하여 경과기간과 잔존기간에 비례해 반환해야 한다고 본다.[289]

사안의 경우는 판례에 따르면 반환청구가 불가할 것이다.

5. 비용상환청구권

가. 규 정

임차인이 임차물의 보존에 관한 필요비나 유익비를 지출한 경우에는 그 상환을 청구할 수 있다(제626조). 필요비란 목적물을 통상의 용도에 적합한 상태로 보존하기 위해 지출된 비용을 말하고, 유익비란 임차물의 객관적 가치를 증대시킨 비용을 말한다.

사안의 경우 인테리어 등 개업을 위한 제반 시설비는 필요비라고는 할 수는 없고, 유익비에 해당하는가의 문제가 있다.

나. 요 건

1) 임차물의 구성부분이 되어 독립성이 인정되지 않아야 한다.

독립성이 인정되는 물건은 부속물매수청구권의 대상이 되고, 제256조에 의한 임차물에 부합되어 임대인의 소유로 된 부분만이 된다. 판례는 건물의 수선 내지 증개축부분은 특별한 사정이 없는 한 건물 자체의 구성부분을 이루고 독립된 물건이 아니므로 부속물매수청구권 대상이 아니라고 본다.[290]

2) 임차물의 객관적 가치를 증가시켰어야 한다. 임차물 자체에 직접 지출될 필요

---

289) 대판 2002.7.26. 2002다25013.
290) 대판 1983.2.22. 80다589.

는 없다.[291] 주관적 취향이나 특수 영업목적 위한 비용은 해당하지 않는다.

3) 증가된 가액이 임대차 종료 시에 현존하여야 한다.

4) 임대인 승낙은 필요 없는데, 이는 규정의 취지가 임대인의 부당이득반환을 반환시키려는 것이기 때문이다.

다. 사안의 경우 주방시설은 분리가능, 방 등 인테리어는 취향이나 특수 목적을 위한 것으로 볼 것이나 경우 따라 분리에 어려움이 있다거나, 점포 본래 용도인 음식점 영업에 필요한 것으로 부속물 매수청구 대상이 될 수도 있다.

출입문 교체와 주차공간 정비비용은 건물에 직접 지출되거나 아니어도 건물의 효용을 증가시키는 데 기여했다고 볼 수 있어 유익비가 될 수 있다.

라. 유치권

유익비는 건물에 관하여 생긴 것이므로 유치권 행사가 가능하다.

마. 원상회복특약문제

사안에는 없으나 통상의 경우 원상회복특약을 두어 비용상환청구권을 배제시키고 있는데, 판례는 비용상환청구권규정은 강행규정 아니라는 이유로 당사자 사이의 약정으로 포기를 인정한다.[292] 원상복구약정은 비용상환청구권을 포기한 것이다.[293]

---

291) 대판 1994.9.30. 94다20389.
292) 대판 1981.11.24. 80다320, 321.
293) 대판 1975.4.22. 73다2010.

6. 부속물매수청구권

가. 규 정

건물 기타 공작물의 임차인이 그 사용의 편익을 위하여 임대인의 동의를 얻어 부속한 물건 혹은 임대인으로부터 매수한 부속물이 있는 때에는 임대차의 종료 시에 임대인에 대하여 그 부속물의 매수를 청구할 수 있다(제646조). 부속물은 임차인의 소유이기는 하나 임대차 종료 시 철거해야 한다면 철거비용과 철거 후 부속물의 가치하락 등 경제적인 손실이 있게 되므로 일정 조건하에 매수청구권을 인정하고 있다.

나. 요 건

1) 건물 기타 공작물의 임대차에만 적용된다.
2) 임차인이 건물 기타공작물의 사용편익을 위하여 부속시킨 부속물이어야 한다. 부속물이란 건물에 부속된 물건으로 임차인의 소유이고 건물의 구성부분으로는 되지 않는 것으로, 건물의 사용에 객관적인 편익을 가져오는 물건을 말한다. 부속물인지 여부는 건물의 구조, 합의된 사용목적, 위치, 주위환경 등 제반 사정을 참작하여 결정한다.[294]
3) 임대인의 동의 얻어 부속시키거나 임대인으로부터 매수한 것이어야 한다.

임대인의 동의는 묵시적으로도 가능하나 임대인이 전혀 알지 못하는 부속물은 해당하지 않는다. 본 조항은 강행규정이므로 임대인 이익 침해방지를 위해 제한을 둔 것이다.

4) 임대차가 종료하여야 한다.
5) 이에 위반하여 임차인에게 불리한 약정은 무효이다.[295] 임대차 종료 후에 매수청구권을 포기하거나 시가보다 저가로 매도하는 것은 가능하다.

---

294) 대판 1991.10.8. 91다8029.
295) 대판 1992.9.8. 92다24998.

다. 사안의 경우 주방 기타 인테리어 시설이 음식점 용도로서의 점포가치를 증대시켰고, 분리가 용이하지 않다고 판단된다면 부속물매수청구 가능하다. 복구약정 있다면 강행규정을 위반한 것으로 무효이다.

라. 채무불이행으로 인한 해지 시에도 행사가능한가

판례는 기간 만료나 합의 해지 시에만 가능하고, 채무불이행으로 인한 해지 시는 불가하다고 한다.[296]

제646조가 종료원인을 한정 않고 있고, 제643조가 임대차기간이 만료한 경우라고 규정한 것과 대비해 볼 때 채무불이행으로 인한 종료 시에도 인정하는 것이 타당하다는 유력설이 있다. 이 설에 따르면 사안과 같이 채무불이행으로 인한 종료 시에도 주방시설 등의 매수청구권을 행사할 수 있다.

마. 동시이행항변권과 유치권

부속물매매대금의 지급과 부속물 또는 임차물의 명도는 동시이행관계에 있다.[297]
부속물은 임차건물과 독립한 물건이므로 유치권은 인정되지 않는다.[298]

---

296) 대판 1990.1.23. 88다카7245, 7252.
297) 대판 1981.11.10. 81다378.
298) 대판 1977.12.13. 77다115.

대법원 1977.9.28. 선고 77다1241,1242 전원합의체 판결 【가옥명도】

　임대차 계약의 기간이 만료된 경우에 임차인이 임차목적물을 명도할 의무와 임대인이 보증금 중 연체차임 등 당해 임대차에 관하여 명도 시까지 생긴 모든 채무를 청산한 나머지를 반환할 의무는 모두 이행기에 도달하고 이들 의무 상호간에는 동시이행의 관계가 있다고 보는 것이 상당하다.

　따라서 원판결에는 임대차계약종료 시 임차목적물 명도청구권과 보증금 반환청구권과의 상호관계에 관한 법리를 오해한 위법이 있다고 할 것이므로 이 점 논지는 이유 있다. 그리고 이에 반대되는 당원 1962.3.29. 선고 4294민상939 판결에 표시된 견해는 이 판결로서 이를 폐기하기로 한다.

대법원 2002.7.26. 선고 2002다25013 판결 【전세보증금반환 등】

　가. 원심은 나아가, 위 1,800만 원은 원고와 위 망인 및 피고들 사이에 있어 임차권보장의 대가로 수수하기로 한 권리금인데, 피고들이 이 사건 점포를 새로 신축하였으나 원고가 이 사건 점포에 대한 임차권을 보장받지 못한 채 이 사건 임대차계약이 해지된 이상 피고들은 원고에게 원고가 위 망인에게 지급한 권리금 300만 원과 위 망인 및 피고들에게 지급하여 온 나머지 권리금 1,500만 원에 대한 이자 1,080만 원의 합계 1,380만 원을 반환하여 줄 의무가 있다고 판단하였다.

　나. 그러나 원심의 위와 같은 조치는 아래와 같은 이유로 수긍하기 어렵다.
영업용 건물의 임대차에 수반되어 행하여지는 권리금의 지급은 임대차계약의 내용을 이루는 것은 아니고 권리금 자체는 거기의 영업시설·비품 등 유형물이나 거래처, 신용, 영업상의 노하우(know-how) 혹은 점포 위치에 따른 영업상의 이점 등 무형의 재산적 가치의 양도 또는 일정기간 동안의 이용대가라고 볼 것인바, 권리금이 그 수수 후 일정한 기간 이상으로 그 임대차를 존속시키기로 하는 임차권 보장의 약정하에 임차인으로부터 임대인에게 지급된 경우에는, 보장기간 동안의 이용이 유효하게 이루어진 이상 임대인은 그 권리금의 반환의무를 지지 아니하며, 다만 임차인은 당초의 임대차에서 반대되는 약정이 없는 한 임차권의 양도 또는 전대차 기회에 부수하여 자신도 일정기간 이용할 수 있는 권리를 다른 사람에게 양도하거나 또는 다른 사람으로 하여금 일정기간 이용케 함으로써 권리금 상당액을 회수할 수 있을 것이지만, 반면 임대인의 사정으로 임대차계약이 중도 해지됨으로써 당초 보장된 기간 동안의 이용이 불가능하였다는 등 특별한 사정이 있을 때에는 임대인은 임차인에 대하여 그 권리금의 반환의무를 진다고 할 것이고, 그 경우 임대인이 반환의무를 부담하는 권리금의 범위는, 지급된 권리금을 경과기간과 잔존기간에 대응하는 것으로 나누어, 임대인은 임차인으로부터 수령한 권리금 중 임대차계약이 종료될 때까지의 기간에 대응하는 부분을 공제한 잔존기간에 대응하는 부분만을 반환할 의무를 부담한다고 봄이 공평의 원칙에 합치된다고 할 것이다(대법원 2001.4.10. 선고 2000다59050 판결, 2001.11.13. 선고 2001다20394, 20400 판결 등 참조).

그런데 원심이 확정한 사실 및 기록에 의하면, 원고는 위 망인과 사이에 이 사건 점포에 관하여 임차기간을 1992.5.30.부터 24개월간으로 한 임대차계약을 체결하면서 이 사건 점포가 철거되어 신축 건물이 완성되거나, 위 24개월간의 임차기간이 만료되더라도 계속 임차권을 보장받기로 약정하고 이를 위하여 권리금 1,800만 원을 지급하기로 하면서 그중 300만 원을 먼저 지급하고 나머지 1,500만 원은 나중에 지급하기로 하되, 대신 위 1,500만 원에 대한 이자를 지급하기로 하여 위 망인 및 피고들에게 합계 1,080만 원을 지급하는 일방, 1995.3.20.까지 이 사건 점포를 사용하여 오다가 피고들이 건물을 신축하겠다고 하므로 이 사건 점포를 명도한 사실과 그 후 피고들이 1995.12.18. 원고에게 위 임대차계약의 해지를 통고하면서 보증금의 잔액으로 11,476,340원을 변제공탁한 사실을 알 수 있는바, 사정이 이러하다면 원고가 약정한 권리금 1,800만 원 중 1,500만 원의 지급을 유예받는 대신 지급한 이자 상당액은 위 망인이나 피고들이 위 1,500만 원을 즉시 지급받아 활용할 기회를 상실하는 대가에 해당할 뿐 권리금 자체로는 볼 수는 없으므로 원고가 이 사건 점포에 대한 임차권을 보장받지 못한 채 이 사건 임대차계약이 해지되었다고 하더라도 그것을 반환대상이 되는 권리금액에 포함시킬 수는 없다고 할 것이다.

또한, 기록에 의하면, 원고는 위 망인 사이에 이 사건 점포에 관하여 1992.5.30.부터 1996.5.30.까지 48개월 동안 임대차관계를 유지하기로 하였다고 주장하고 있음을 알 수 있으므로(기록 10쪽), 원심으로서는 위와 같은 원고의 주장 내용이 사실인지, 만일 사실이 아니라면 원고가 보장받은 전체 임차기간은 어느 정도인지의 여부를 심리한 후 위 법리에 따라 원고와 위 망인 사이에 약정된 권리금 1,800만 원을 기준으로 이를 전체 임대기간 중 1992.5.30.부터 1995.3.20.까지의 경과된 기간과 잔존기간에 대응하는 것으로 나누어, 그중 경과된 기간에 대응하는 부분이 원고가 위 망인에게 실제 지급한 권리금 300만 원을 초과하는지 여부를 따져 보아서 이를 초과하게 되는 경우에는 피고들에게 위 300만 원의 반환의무를 인정하지 말았어야 함이 마땅하다.

그럼에도 불구하고, 원심이 원고가 이 사건 점포에 대한 임차권을 보장받지 못한 채 이 사건 임대차계약이 해지된 이상 피고들은 원고에게 원고가 위 망인에게 지급한 권리금 300만 원과 나머지 권리금 1,500만 원에 대한 이자 1,080만 원의 합계 1,380만 원을 전부 반환하여 줄 의무가 있다고 판단한 것은, 심리를 미진하고 권리금의 반환범위에 관한 법리를 오해하여 판결에 영향을 미친 위법이 있다고 할 것이므로, 이 점에 관한 주장이 포함되어 있는 것으로 보이는 이 부분 상고이유의 주장은 이유가 있다.

24 | 불법행위

고등학교를 갓 졸업한 갑 회사의 영업사원 을(18세)은 오토바이를 타고 회사의 물건을 배달하러 가다가 보행자 신호를 무시하고 달리는 바람에 횡단보도를 건너던 행인 병을 충격하여 중상을 입혔다. 한편 병의 처 정은 사고 소식을 듣고 정신적 충격으로 쓰러져 병원에서 한동안 입원치료를 받았다. 을에게는 부친 무가 있다.

갑·을·병·정·무 간의 법률관계를 논하라.

해 결

1. 논점의 정리

이 사안에서는 우선 을이 그의 행위로 병에 대하여 불법행위책임을 지는가와 관련 일반불법행위의 성립요건과 그 효과, 즉 손해배상의 범위를 살펴보되, 을이 미성년자이므로 책임능력이 있는지가 필히 언급되어야 한다. 다음으로 갑이 을의 사용자로서 병에게 책임이 있는지와 관련 사용자책임의 요건을 살펴보되, 피용자의 행위가 일반 불법행위 요건(피용자의 고의·과실, 책임능력 등)을 갖추어야 하는지, 피용자의 행위가 사무집행에 관한 것인지, 사용자의 면책요건 등을 언급해야 한다.

또한 무는 을의 감독자로서 병에 대하여 책임무능력자의 감독자책임을 지게 되는지 여부를 살펴봐야 한다.

정은 이 건 사고로 정신적 충격을 받고 쓰러져 입원치료를 받음으로써 입원비라는 재산적 손해와 정신적 충격에 따른 비재산적 손해를 입게 되었으므로 그 배상근거를 살펴보면 된다.

갑과 을의 관계는 양자가 모두 병, 정에게 책임을 지게 된 경우 양자의 관계와 갑의 을에 대한 구상관계를 알아보면 된다.

2. 을의 병에 대한 불법행위책임

가. 불법행위의 요건

1) 가해행위

타인에 대한 가해행위가 있어야 하는데, 민법은 인간의 의사활동에 효력을 부여하고 책임을 지우고 있으므로, 여기의 행위는 인가의 의사에 기한 행동이고, 무의식 중의 행위, 반사행동, 저항할 수 없는 상태에서의 행위는 의사활동이 아니다.

작위의무 있는 자가 법익침해를 방지할 수 있었던 경우에는 부작위도 가해행위가 될 수 있다.

책임무능력자를 시켜 절도행위를 시킨 경우와 같이 타인의 기계적인 행위가 개입된 경우는 그 결과에 책임이 있고, 채권자가 채무자 아닌 제3자의 재산을 압류한 경우와 같이 권리 없이 가압류나 가처분 집행행위를 한 경우에는 채권자에게 고의나 과실, 즉 제3자의 재산이 아님을 알았거나 모른 데 과실이 있는 경우에는 책임

이 있다.[299)

2) 가해자의 고의 또는 과실

고의란 자기의 행위로 일정한 결과가 발생할 것을 알고도 이를 행하는 심리상태를 말하고, 과실이란 사회생활상 요구되는 주의를 하였다면 결과의 발생을 알 수 있었거나 그 결과의 발생을 회피할 수 있었을 것이나, 그 주의를 다하지 않음으로써 그 결과를 발생하게 한 심리상태를 말한다.

고의는 객관적으로 위법이라고 평가되는 일정한 결과의 발생이라는 사실의 인식만 있으면 되고 그 외에 그것이 위법한 것으로 평가된다는 것까지 인식하는 것을 필요로 하는 것은 아니다.[300) 과실은 추상적 과실로 사회평균인으로서의 주의의무를 다하지 않은 것을 뜻하고, 사회평균인이란 추상적인 일반인을 말하는 것이 아니고 구체적인 사례에 있어서의 보통인을 말한다.[301)

불법행위책임을 묻기 위한 가해자의 고의, 과실의 증명책임은 채권자인 피해자에게 있는 점에서 채무불이행책임의 경우 채무자가 채권자의 고의·과실을 증명해야 하는 것과 다르다.

3) 가해자의 책임능력

책임능력이란 자기의 책임을 인식할 수 있는 능력을 말하는데, 민법은 책임능력이 없는 자는 불법행위책임을 지지 않는 것으로 규정하고 있다(제753, 754조). 법은 책임을 변별할 능력이 없는 미성년자와 심신상실자를 책임무능력자라고 규정하고 있으므로 그 외의 자는 모두 책임능력이 있다.

미성년자의 경우 책임을 변별할 능력이 없는 경우라고 하고 있으므로 연령에 따라 획일적으로 판단할 수는 없고, 구체적인 경우에 따라 달라질 것이나, 12~3세 정도면 책임능력이 있다고 볼 수 있다.

---

299) 대판 2003.7.25. 2002다39616.
300) 대판 2002.7.12. 2001다46440.
301) 대판 2001.1.19. 2000다12532.

판례는 13세 3개월, 6개월 된 자의 책임능력을 인정하기도 하고, 13세 5개월, 14세 2개월 된 자의 책임능력을 부정하기도 한다.[302] 12세 넘은 자의 책임능력을 부인하는 경우는 제755조가 책임능력 없는 미성년자의 감독의무자에게만 불법행위책임을 인정함으로써 자력 없는 대부분의 미성년자의 불법행위에 있어 피해자 보호가 되지 않음에 따른 보완책으로 감독의무자에게 책임을 지우기 위한 정책적 고려에 의한 것이 대부분이다.

4) 위법성

위법성이란 어떤 행위가 법체계 전체의 입장에서 허용되지 않아 부정적인 판단을 받는 것을 말하는데, 그 평가의 대상을 인간의 행위만을 대상으로 하는 입장도 있으나 통설은 객관적 사실만을 대상으로 하고 있고, 그 평가의 기준은 실정법만을 기준으로 하는 형식적 위법론과 실정법과 선량한 풍속 기타 사회질서를 기준으로 하는 실질적 위법론이 있는데 통설은 후자이다.[303]

위법성은 객관적 구성요건에 해당하면 그 존재가 추정되므로 위법성의 존재는 위법성을 소멸시키는 조각사유가 주장될 때에만 문제가 된다.

위법성조각사유로는 정당방위, 긴급피난, 자력구제, 피해자의 승낙 등이 있다.

5) 손해의 발생

손해란 법익에 관하여 받은 불이익으로 가해행위가 없었다면 존재하였을 상태와 가해행위가 행해진 현재 상태와의 차이라는 차액설[304]과 법익에 대한 구체적 불이익이라는 구체적 불이익설[305]이 있다.

피해자의 손해가 다른 방법으로 보상받아(예컨대 보험으로 보상받은 경우) 피해자의 재산상태가 가해 전후에 차이가 없는 경우에 손해가 없다고 한다면 피해자의 손

---

302) 대판 1969.7.8. 68다2406, 1971.4.6. 71다187, 1978.7.11. 78다729, 197811.28. 78다1805.
303) 곽윤직 채권각론 399 등.
304) 곽윤직 채권각론 106, 대판 전합 1992.6.13. 91다33070.
305) 김상용 채권각론 155.

해배상청구권이 발생하지 않게 되고, 따라서 보험자대위가 허용되지 않는 부당함이 있으므로 이런 경우에도 손해는 존재한다고 보는 것이 통설·판례이고,[306] 이를 규범적 손해라고 한다.

피해자가 다른 구제수단을 가지고 있더라도 불법행위의 성립에는 영향이 없고, 다만 다른 구제수단으로 손해를 전보받으면 그만큼 손익상계될 것이다.

손해의 종류에는 재산에 관하여 생기는 재산적 손해와 생명·신체·자유·명예 등 비재산적 법익에 관하여 생기는 비재산적 손해, 기존 이익이 멸실·감소되는 적극적 손해와 장래 얻을 수 있는 이익을 못 얻게 되는 비재산적 손해, 법률행위가 이행되지 않음으로써 생기는 이행이익손해와 법률행위가 유효하다고 믿었는데 무효가 됨으로써 생긴 신뢰이익손해, 침해된 법익 자체에 대하여 생기는 직접손해와 침해의 결과로 생기는 간접손해(신체침해 자체와 그로 인한 노동능력상실)가 있다.

이행이익과 신뢰이익의 구별에 대하여는 손해배상의 대상이 되는 법익에 관한 구별이지 손해의 구별은 아니라는 입장도 있으나,[307] 법은 이를 구별하고 있고(제535조 계약체결상의 과실), 판례는 다른 경우에도 이 개념을 사용한다.[308]

손해발생의 증명책임은 피해자가 진다.

6) 가해행위와 손해 사이의 인과관계

가해행위로 인하여 손해가 발생하였어야 한다.

이에 관하여 종래의 통설은 손해배상책임의 성립문제와 손해배상범위의 결정문제를 구별하지 않고 상당인과관계론으로 해결해 왔는데,[309] 최근에는 이를 구별하여 손해배상책임의 성립에는 조건관계, 즉 가해행위가 없었으면 손해가 발생하지 않았을 것이라는 관계만 있으면 충분하다는 주장이 제기되고 있다.[310]

인과관계의 증명은 피해자에게 있다. 최근에는 환경오염, 의료사고, 제조물책임

---

306) 대판 1993.7.27. 92다1503.
307) 곽윤직 채권총론 108.
308) 대판 2003.10.23. 2001다75295.
309) 곽윤직 채권각론 409, 대판 2007.7.13. 2005다21821.
310) 김상용 채권각론 679.

소송 등 고도의 전문 지식이 요구되는 경우에 피해자의 보호를 위하여 경감시키는 추세에 있다.[311]

가해행위와 자연력이 경합한 경우에는 자연력이 기여한 만큼 책임이 경감되고,[312] 제3자의 가해행위가 경합한 경우에는 원칙적으로 부진정연대관계가 되고, 어느 한 쪽의 행위만으로는 결과야기에 부족한 경우에는 그 기여분을 증명하여 책임을 경감시킬 수 있을 것이다.

나. 불법행위의 효과

1) 손해배상청구권

불법행위의 효과로 피해자에게 손해배상청구권이 발생한다.

여기의 손해는 재산상 손해 및 정신적 손해에 따른 위자료청구권을 포함한다. 민법 제751조는 신체·자유·명예를 침해당하거나 정신상 고통을 입은 경우에 위자료청구권을 가지는 것으로 규정하고 있으나 이는 주의적 규정으로 다른 불법행위의 경우에도 정신적 손해를 입은 경우에는 제750조에 의해 위자료청구권이 있다.

따라서 재산권 침해 시에도 위자료청구권이 인정되나, 재산권 침해 시는 재산상 손해배상에 의하여 정신적 손해도 회복된다고 보아야 하므로 여기의 위자료청구권은 특별손해로서 침해자에게 예견 가능한 경우에만 배상될 것이다.[313]

손해배상청구권의 성질은 수동채권으로 상계하지 못하고(제496조), 양도성이 있으며(제449조), 상속성이 있다(제1005조).

손해배상청구권은 피해자나 법정대리인이 그 손해 및 가해자를 안 날로부터 3년, 불법행위를 한 날로부터 10년이 경과하면 소멸한다. 손해 및 가해자는 현실적이고 구체적으로 인식해야 하고 손해발생의 추정이나 의문만으로는 부족하다.[314] 후유증 등으로 불법행위 당시에는 예견할 수 없었던 손해가 발생하거나, 손해가 확대된 경

---

311) 대판 1984.6.12. 81다558.
312) 대판 2003.6.27. 2001다734.
313) 곽윤직 채권각론 823, 대판 전합 2004.3.18. 2001다82507.
314) 대판 2002.6.28. 2000다22249.

우에는 그때부터 시효가 진행한다.315) 불법행위를 한 날은 가해행위가 있었던 날이
아니고 현실적으로 손해의 결과가 발생한 날을 의미한다.316)

2) 손해배상의 방법

금전배상이 원칙이나(제763, 394조), 법규가 있거나(민법 제764조, 광업법 제77조)
약정이 있는 경우에는 원상회복의 방법도 가능하다.

3) 손해배상의 범위와 금액

손해배상의 범위는 통상의 손해, 즉 가해행위와 상당인과관계 있는 손해를 한도
로 하고, 특별한 손해는 가해자가 특별한 사정을 알았거나 알 수 있었을 경우에 배
상한다(제763, 393조).

손해액 산정은 불법행위 시를 기준으로 하고 그 후의 가격상승 등 특별사정에 의
한 손해는 예견가능성이 있을 경우에 한한다. 지연이자는 불법행위에 따른 손해배
상채무는 손해발생과 동시에 이행기에 있으므로 불법행위 시부터 붙인다.317)

손해액의 증명은 피해자에게 있으나, 손해발생사실은 인정되나 그 액수의 증명이
곤란한 경우에는 법원은 증거조사결과와 변론의 전취지에서 밝혀진 당사자들 사이
의 관계, 불법행위와 그로 인해 재산 손해가 발생하게 된 경위, 손해의 성격, 손해
가 발생한 이후의 여러 정황 등 관련된 모든 간접사실을 종합하여 손해액수를 판단
할 수 있다.318)

소유물 멸실 시에는 멸실 당시의 교환가격이 통상손해이고, 그 물건을 통상의 방
법으로 사용하여 얻을 수 있는 이익은 그 교환가격 속에 포함되어 있으므로 따로
청구하지 못하나,319) 불법행위로 영업용 건물이 멸실된 경우에는 휴업손해를 배상하
여야 한다.320) 부동산의 불법점유로 인한 손해는 임료상당액이다.321)

---

315) 대판 2001.9.14. 99다42797.
316) 대판 전합 1979.12.26. 77다1894.
317) 대판 1993.3.9. 92다49413.
318) 대판 2004.6.24. 2002다6951, 2007.11.28. 2006다3561.
319) 대판 1963.6.20. 63다242.

생명이나 신체침해의 경우는 피해자가 장래 얻을 수 있었으나 가동능력상실로 얻을 수 없게 된 일실이익, 사망 시 장례비, 부상에 따른 치료비와 거동 불능에 따른 개호비가 재산상 손해로 인정되고, 정신적 손해로 위자료가 인정된다.

일실수입은 상실하게 된 가동능력에 대한 총평가액으로 소득세 등 제 세금을 공제하지 않은 금액이다.[322) 피해자가 종전과 다름없는 수입을 얻고 있다 해도 가동능력상실에 상당하는 손해가 있다.[323)

피해자가 손해를 입음과 동시에 불법행위와 상당인과관계 있는 이득을 얻은 경우에는 손익상계하여야 하고,[324) 피해자에게 과실이 있는 경우에는 배상액을 정함에 있어 이를 참작하여야 한다(제763, 393조).

배상의무자는 손해가 고의 또는 중과실에 의한 것이 아니고 또 그 배상으로 인하여 배상자의 생계에 중대한 영향을 미치게 될 경우에는 법원에 배상액의 경감을 구할 수 있다(제765조 제1항).

다. 사안의 경우

을이 오토바이를 타고 횡단보도 신호를 무시하고 달린 행위는 의식 있는 가해행위이고, 고의는 아니라도 과실을 인정하기에 충분하고 위법성도 인정된다. 을은 나이 18세로 고교 졸업 후 취업을 하였으므로 책임능력도 인정된다.

병은 오토바이와의 충격으로 중상을 입었으므로 손해를 입었고, 손해와 가해행위와의 인과관계도 인정된다.

결국 을은 병이 입은 일실수입과 치료비 등 재산손해액과 신체 침해로 인한 정신손해로 위자료를 배상해야 한다.

---

320) 대판 전합 2004.3.18. 2001다82507.
321) 대판 1991.9.24. 91다20197.
322) 대판 전합 1979.2.13. 78다1491.
323) 대판 1991.7.23. 90다10803.
324) 대판 1992.12.22. 92다31361.

3. 갑의 병에 대한 사용자책임

가. 사용자책임의 의의·성격·인정근거

사용자책임이란 피용자가 사무집행에 관하여 제3자에게 손해를 가한 경우에 사용자 또는 사용자에 갈음하여 그 사무를 감독하는 자가 그에 대하여 지는 배상책임을 말한다(제756조).

사안의 경우 을은 갑 회사의 직원으로 회사물건을 배달하다가 사고를 낸 것이므로 그 행위에 대하여 갑이 책임을 지는지가 문제된다.

사용자책임의 성질에 대하여는 피용자의 불법행위책임에 대한 대위책임이라는 설,[325] 피용자의 선임감독을 제대로 하지 못한 것에 대한 사용자의 고유책임설,[326] 고유책임이나 가해자의 지위 남용·일탈로 발생한 경우는 대위책임이라는 설[327]이 있고, 판례는 대위책임설이다.[328]

사용자책임의 근거에 관하여는 타인을 사용하여 이익을 얻는 자는 그 피용자가 주는 손해에 대하여도 책임을 져야 한다는 보상책임론[329]과 이를 따르면서도 사용자가 배상을 쉽게 할 수 있다는 현실적 고려와 손실의 사회적 분배라는 정책적 고려도 함께 중시해야 한다는 다원적 견해가 있다.[330]

나. 사용자책임의 요건

1) 사용관계

타인을 사용하여 어떤 사무에 종사하게 하여야 한다.

---

325) 김상용 채권각론 723.
326) 이은영 채권각론 851.
327) 김주수 채권각론 691.
328) 대판 전합 1992.6.23. 91다33070.
329) 곽윤직 채권각론 416.
330) 김준수 채권각론 690.

사용관계는 피용자를 실질적으로 지휘 감독하는 관계를 말한다.[331] 통상 고용계약에 의하여 발생하나, 위임관계의 수임인은 독립된 지위에서 재량으로 위임사무를 처리하는 자이나 위임인과의 사이에 지휘 감독관계가 있으면 위임인은 수임인의 불법행위에 대하여 책임이 있다.[332] 조합도 마찬가지이다. 사용관계는 법적으로 유효할 필요가 없고 사실상 지휘 감독하는 것으로 충분하며,[333] 묵시적이어도 되고,[334] 보수의 유무나 기간의 장단을 묻지 않는다.[335] 타인에게 어떤 사업에 관하여 자기명의의 사용을 허락한 경우 명의차용자 또는 그의 피용인의 불법행위에 대하여도 명의대여자의 감독책임이 있다.[336] 도급인은 수급인의 사용자가 아니므로 사용자책임이 없으나, 사용관계가 인정되는 때에는 책임이 있다.[337] 도급인이 감리적 감독을 하는 경우는 사용관계가 없으나,[338] 노무도급의 경우에는 사용자책임이 있다.[339]

사무는 넓은 의미의 일로 법률적·사실적, 계속적·일시적인 것을 따지지 않고,[340] 영리성 여부와 상관없다.

2) 피용자가 사무집행에 관하여 제3자에게 손해를 가했을 것

사무집행에 관하여를 어떻게 해석할 것인가는 피해자의 보호와 사용자의 이익 중 어느 것을 더 중시할 것인가와 직결된 문제인데, 판례와 학설은 외형이론에 따라 폭넓게 해석한다. 즉 원칙적으로 피용자의 직무범위에 속하는 행위이어야 할 것이지만 직무집행행위가 아니라도 외형상 직무범위에 속하는 것과 같이 보이는 경우를

---

331) 대판 2001.9.4. 2000다26128.
332) 대판 1998.4.28. 96다25500 위임인과의 사이에 지휘감독관계가 있고, 수임인의 행위가 위임사무와 외형상 객관적으로 위임사무의 집행과 관련이 있으면 위임인은 수임인의 불법행위에 대하여 책임이 있다.
333) 대판 2003.12.26. 2003다49542.
334) 대판 1995.6.29. 95다13289.
335) 대판 1960.12.8. 4292민상977.
336) 대판 2001.8.21. 2001다3658, 1964.4.7. 63다638.
337) 대판 2006.4.27. 2006다4564, 1993.5.27. 92다48109.
338) 대판 1983.11.22. 83다카1153.
339) 대판 2005.11.10. 2004다37676.
340) 대판 1989.10.10. 89다카2278.

포함한다고 보고,[341] 외형상 객관적으로 직무행위와 관련된 것인지 여부는 피용자의 본래 직무와 불법행위와의 관련 정도 및 사용자에게 손해발생에 대한 위험창출과 방지조치의 결여책임이 어느 정도 있는지를 고려하여 판단하여야 한다고 본다.[342] 다만 피해자가 사무집행행위에 해당하지 않음을 알았거나 중과실로 모른 경우에는 신의칙상 사용자책임을 물을 수 없다.[343]

제3자는 사용자와 가해행위를 한 피용자 이외의 자를 말하므로 피용자가 업무집행 중 다른 피용자에게 손해를 가한 경우에도 사용자책임이 있다.

3) 피용자의 가해행위가 불법행위의 요건을 갖출 것

사용자책임의 성격을 대위책임으로 보는 입장은 이 요건이 필요하다고 보고, 고유책임으로 보는 입장은 불필요하다고 본다.

4) 사용자가 면책사유 없음을 증명하지 못할 것

사용자가 피용자의 선임 및 감독에 상당한 주의를 한 때 또는 상당한 주의를 하여도 손해가 있을 때에는 사용자책임을 지지 않는다(제756조 제1항 단서).

증명책임은 사용자에게 있으나 실무는 거의 면책을 인정하지 않고 무과실책임처럼 운용하고 있다.

다. 효 과

1) 사용자의 배상책임

사용자와 대리감독자는 직접 피해자에 대하여 손해배상책임을 진다.

---

341) 대판 1985.8.13. 84다카979.
342) 대판 1988.11.22. 86다카1923.
343) 대판 2007.9.20. 2004다43866, 2007.11.16. 2005다55312.

2) 피용자의 책임

피용자는 사용자와 별도로 제750조에 의한 불법행위책임을 진다. 사용자와 피용자의 책임은 부진정연대관계에 있다.

3) 사용자의 구상권

사용자나 대리감독자가 피해자에게 배상한 때에는 피용자에 대하여 구상권을 행사할 수 있다(제756조 제3항).

구상은 전액에 대하여 할 수 있는 것인데, 고유책임설의 입장에서는 사용자의 사업위험을 피용자에게 전가하게 된다는 점, 사고방지여건의 조성 및 위험분산은 사용자영역에 속한다는 근거로 고유책임부분을 제외한 나머지 부분만을 구상할 수 있다고 본다.[344]

판례는 제반 사정을 고려하여 신의칙에 기하여 구상범위를 제한할 수 있다고 본다.[345]

피용자와 제3자가 공동으로 피해자에게 손해를 가한 경우는 피용자와 제3자는 부진정연대관계에 있고, 피용자의 책임에 대한 대체적인 책임을 지는 사용자도 제3자와 부진정연대관계에 있으므로, 사용자가 피용자와 제3자의 책임비율에 따라 정해진 피용자의 부담부분을 초과하여 피해자에게 손해를 배상한 경우에는 사용자는 제3자에 대하여도 구상할 수 있고, 그 범위는 제3자의 부담부분에 국한된다.[346]

라. 사안의 경우

을은 갑 회사의 직원으로 회사의 업무로 운전을 하다가 부주의로 병을 충격하여 부상을 입힌 것이므로 본인의 불법행위가 성립함은 물론이고, 외형이론에 따르면

---

344) 이은영 채권각론 864.
345) 대판 1994.12.13. 94다17246 사용자는 사업의 성격과 규모, 시설의 현황, 피용자의 업무내용, 근로조건이나 근무태도, 가해행위의 상황, 가해행위의 예방이나 손실분산에 기한 사용자의 배려정도, 기타 손해의 공평한 분산이라는 견지에서 신의칙상 상당하다고 인정되는 한도 내에서만 구상권을 행사할 수 있다.
346) 대판 전합 1992.6.23. 91다33070.

그 행위가 사용자의 사무집행행위인 것은 당연하다. 한편 갑의 면책사유와 관련 안전운전할 것 등 교육을 시켰다고 해도 이것만으로는 감독의무를 다했다고 보지 않는 것이 판례이므로 사용자책임의 인정에 무리가 없다.

갑이 병의 손해를 배상한 경우 갑은 그 전액을 을에게 구상할 것이나, 을의 근무태도, 경력, 손해발생경위 등에 따라 적절히 감액될 것이다.

4. 무의 병에 대한 감독자책임

가. 책임무능력자의 감독자책임

책임무능력자가 위법하게 타인에게 손해를 가한 경우에는 책임능력이 없어 불법행위책임을 지지 않게 되므로 피해자 보호를 위하여 책임무능력자를 감독할 법정의무가 있는 자(친권자, 후견인)와 감독의무자에 갈음하여 책임무능력자를 감독하는 자(유치원장, 정신병원장, 학교장)는 감독의무를 게을리 하지 않았음을 증명하지 못하면 배상책임이 있다(제755조).

나. 요 건

1) 책임무능력자의 불법행위

불법행위의 모든 요건을 갖추었으나 책임능력이 없어서 면책되는 경우이어야 한다. 책임능력이 있는 경우에는 감독자책임이 발생하지 않는다.

2) 감독의무자(대리감독자)의 감독의무해태

감독의무자가 감독의무를 게을리 하였어야 하는데, 법은 감독의무를 게을리 하지 않은 것에 대한 증명책임을 감독의무자에게 부과하고 있어 감독자의 책임은 무과실책임에 가깝게 된다. 여기의 감독의무는 구체적인 행위에 대한 것이 아니고 일반적인 감독의무이므로 감독자가 없는 곳에서 발생한 경우에도 감독의무위반이 될 수 있다.

3) 인과관계

감독의무의 해태와 가해행위 사이에 인과관계가 있어야 한다고 보면, 감독의무자가 감독의무를 소홀히 하지 않았더라도 손해가 생겼을 것이라는 점을 증명하면 책임을 면할 수 있게 되는데, 이에 관하여는 제756조 제1항 단서를 원용하여 인정하는 견해[347]와 부정하는 견해,[348] 입증이 어려워 실익이 없다는 견해[349] 등이 있다.

다. 효 과

법정감독의무자나 대리감독자는 피감독자의 가해행위에 대하여 손해배상책임이 있다. 양자의 책임은 병존할 수 있고, 부진정연대관계이다.

손해배상범위는 제393조에 따라 정해지는데, 특별손해의 경우 예견가능성은 책임무능력자가 아닌 감독의무자를 기준으로 정한다.[350]

라. 책임능력 있는 피감독자의 행위에 대한 감독자책임

피감독자가 책임능력이 있는 경우에는 스스로 책임을 지게 되므로 감독자의 책임은 없게 되는데, 미성년자의 경우 배상능력이 없기 마련이므로 피해자 보호에 문제가 있게 된다.

다수설은 감독상의 부주의와 손해발생 사이에 인과관계가 있으면 일반 불법행위책임을 인정한다.[351]

판례는 다수설과 같은 견해를 취하기도 하고, 책임능력 유무와 상관없이 제755조

---

347) 곽윤직 채권각론 414.
348) 송덕수 신민법강의 1342.
349) 감상용 채권각론 713.
350) 대판 1968.6.11. 68다639.
351) 김상용 채권각론 717 등.

의 책임을 인정하기도 하다가 다수설의 입장으로 통일하였다.[352]

다수설이나 판례의 입장을 따른다 해도 감독상의 부주의가 있으면 통상 그러한 손해가 발생한다고 인정되어야 할 것인데, 그와 같은 상당인과관계는 인정되기가 어려울 것이므로 책임능력이 있는 경우에도 감독의무자의 책임을 전면적으로 인정하는 것이 피해자 보호에 충실을 기하는 것이 될 것이다.

마. 사안의 경우

을은 고등학교를 졸업하고 회사에 취직을 할 정도가 되었으므로 미성년자라도 책임능력은 있을 것이므로 무의 감독자책임은 인정될 수 없다.

무에게 일반불법행위책임을 물으려면 감독상의 부주의와 손해 사이에 인과관계가 인정되어야 하는데, 회사업무를 수행 중인 을에 대하여 부에게 과연 어떤 감독의무가 있는 것인지, 감독의무가 있다 해도 그 위반과 손해발생과 어떤 상당인과관계가 있는지 인정하기 어려우므로 일반 불법행위책임도 인정하기 어렵다.

5. 정에 대한 책임

가. 문제점

정은 병의 사고소식으로 충격을 받아 입원치료를 받음으로써 치료비상당의 재산

---

352) 대판 전합 1994.2.8. 93다13605 민법 제750조에 대한 특별규정인 민법 제755조 제1항에 의하여 책임능력 없는 미성년자를 감독할 법정의 의무 있는 자가 지는 손해배상책임은 그 미성년자에게 책임이 없음을 전제로 하여 이를 보충하는 책임이고, 그 경우에 감독의무자 자신이 감독의무를 해태하지 아니하였음을 입증하지 아니하는 한 책임을 면할 수 없는 것이나, 반면에 미성년자가 책임능력이 있어 그 스스로 불법행위책임을 지는 경우에도 그 손해가 당해 미성년자의 감독의무자의 의무위반과 상당인과관계가 있으면 감독의무자는 일반불법행위자로서 손해배상책임이 있다 할 것이므로, 이 경우에 그러한 감독의무위반사실 및 손해발생과의 상당인과관계의 존재는 이를 주장하는 자가 입증하여야 할 것이다.

적 손해와 정신적 손해가 발생하였으므로 이에 대한 배상책임이 문제된다.

나. 재산적 손해 배상

정이 입은 재산적 손해를 배상받으려면 을의 행위가 정에게 불법행위가 되거나, 병이 배상받을 손해의 범위에 정의 손해가 포함되어야 할 것이다. 그런데 을의 정에 대한 가해행위는 없고 병에 대한 신체침해행위만이 있을 뿐이어서 불법행위의 성립은 그 자체로 불가능하다고 보아야 한다.

한편 정은 직접피해자가 아니므로 그가 입은 재산손해는 을에 대한 불법행위에 따른 통상손해는 될 수 없고 특별손해로 보아야 할 것인데, 그 같은 손해가 발생하리라는 사정을 을이 알았거나 알 수 있으리라고 볼 수는 없다고 보아야 한다.

결국 정의 재산손해는 배상받을 수 없다.

다. 정신적 손해의 배상

민법 제751조는 타인을 해한 자에게 재산 이외의 손해도 배상하게 하고 있고, 제752조는 생명침해의 경우에는 일정한 범위의 유족에게 위자료청구권을 인정하고 있어, 직접피해자 이외의 자는 생명침해의 경우에 한하여 일정한 법위의 유족만 위자료청구를 할 수 있는 것이 아닌가 하는 문제가 있다.

이에 관하여 통설과 판례는 제752조가 위자료청구권자를 제한한 것이 아니고 그에 열거된 자의 입증책임을 면제하는 것이며, 제751조는 정신적 손해를 입은 직접피해자가 750조에 의해 위자료청구를 할 수 있음을 주의적으로 규정한 것이라고 보며, 그 이외의 자는 제750조에 의하여 자신의 정신적 고통을 증명하여 위자료를 청구할 수 있는 것으로 본다.[353]

이 같은 통설·판례에 따르면 정의 정신적 손해에 대하여 을은 배상책임이 있고, 갑도 마찬가지이다. 무는 병에게 책임이 없는 것과 같이 정에게도 책임이 없다.

---

353) 대판 1965.8.24. 65다1083, 2004.4.2.8. 2001다36733.

| 공동불법행위

사 례

택시운전사 갑은 그 소유의 택시에 손님 을을 태우고 가다가 병 회사의 운전사 정이 운전하는 그 회사소유의 버스와 충돌하는 사고를 일으켜 을에게 금 5천만 원의 손해를 입혔다. 위 사고는 갑과 정이 6 대 4의 비율로 운전상 잘못을 하여 일어난 것이다. 병 회사는 을에게 금 3천만 원의 손해배상금을 지급하면서, 을과 추후 병에게는 일체의 손해배상청구를 하지 않기로 하는 약정을 하였다.

갑, 을, 병, 정 사이의 법률관계를 논하라.

해 결

1. 논점의 정리

사안의 경우는 갑과 정이 자동차 추돌 사고를 일으켜 을에게 피해를 입힌 경우이므로 우선 이들의 행위가 공동불법행위가 되는지 여부를 검토해야 한다. 다음으로 정은 병 회사의 직원이므로 병의 사용자책임의 성립 여부를 검토한 후, 병이 피해자에게 손해배상금의 일부를 지급하면서 을의 병에 대한 손해배상청구권포기약정을 했으므로 일부변제와 포기약정의 다른 관계자들에 대한 효력, 병의 다른 불법행위자들에 대한 구상권을 살펴보면 될 것이다.

2. 갑과 정의 공동불법행위 여부

가. 의 의

수인이 공동의 불법행위로 타인에게 손해를 가한 때(협의의 공동불법행위)나 공동 아닌 수인의 행위 중 어느 것이 손해를 가한 것인지 알 수 없을 때, 교사자나 방조의 경우에는 수인이 연대하여 손해를 배상할 책임이 있다(제760조).

공동불법행위규정은 분할채무원칙에 대한 특칙으로 피해자의 손해배상청구권을 담보하고, 인과관계의 입증이 곤란한 경우에 모든 관련자의 공동불법행위를 간주하여 증명책임을 전환하는 효과가 있다.

사안은 가해자가 명확하므로 협의의 공동불법행위에 관하여만 본다.

나. 요 건

1) 각자 행위의 요건

각자의 행위가 독립해서 불법행위의 요건을 갖추어야 한다는 설[354]과 경우에 따라 다르다는 설이 있는데,[355] 판례는 각자 불법행위의 요건을 갖추어야 한다면서도 공모한 경우에는 일인만의 행위로 손해가 발생해도 모두 책임이 있다고 하여 각자의

---

354) 곽윤직 채권각론 428 등.
355) 김상용 채권각론 756 등.

행위에 인과관계를 요구하지 않기도 한다.356) 공작물 소유자같이 무과실책임을 지는 자도 공동불법행위자가 될 수 있으므로 경우에 따라 다르게 보아야 할 것이다.

2) 행위의 공동

공동의 의미에 관하여 다수설과 판례는 가해행위가 객관적으로 관련이 있으면 되고, 공모나 공동의 인식이 있어야 하는 것은 아니라고 하나,357) 공모나 공동의 인식이 필요하다는 설도 있다.358) 피해자를 두텁게 보호할 수 있는 다수설이 옳을 것이다.

다. 효　과

1) 연대책임

공동불법행위자는 연대하여 책임을 진다. 연대의 의미에 관하여는 부진정연대채무로 보는 것이 통설·판례이다.359) 따라서 변제는 절대적 효력이 있으나, 상계나 채무면제는 상대적 효력만 있다.360)

2) 배상의 범위

제393조에 따라 배상책임을 지게 되는데, 특별손해의 경우 예견가능성이 없는 공동불법행위자의 취급을 두고, 연대책임이 없다는 설361)과 그 경우도 책임이 있다는 설362) 등이 있다. 피해자 보호의 취지상 1인에게 예견가능성이 있다면 모두에게 연대책임을 물을 수 있어야 할 것이다.

피해자의 과실상계를 할 경우 각 공동불법행위자에 대한 과실이 다른 경우에도

---

356) 대판 1997.8.29. 96다46903, 1957.3.28. 4289민상551.
357) 곽윤직 채권각론 429, 대판 1988.4.12. 87다카2951.
358) 김증한 채권각론 511.
359) 대판 2005.11.10. 2003다66066.
360) 대판 1989.3.28. 88다카4994, 1997.10.10. 97다28391.
361) 곽윤직 채권각론 430.
362) 김주수 채권각론 732.

개별적으로 평가할 것이 아니고 전원에 대하여 전체적으로 평가해야 하나,[363] 공동불법행위자별로 따로 소송을 제기한 경우는 과실상계비율과 손해액이 다르게 인정될 수 있다.

3) 구상권

부진정연대채무에서는 연대관계가 없으므로 구상관계가 없는 것이나 통설·판례는 공동불법행위자들 내부관계에서는 과실정도에 따른 부담부분이 있다 할 것이므로 부담부분 이상을 변제한 경우는 구상할 수 있다고 본다.[364]

부담부분의 비율은 각자의 책임·위법성 정도, 손해발생의 기여도, 각자 사이의 특별한 내부관계 등 제반 사정에 비추어 손해의 공평분담이라는 견지에서 신의칙상 상당하다고 인정되는 한도 내에서만 구상권을 행사하도록 제한할 수 있다.[365]

구상권은 손해배상채권과는 발생원인과 성질을 달리하는 독립한 권리로서 시효기간도 별개이다.[366] 구상의무를 부담하는 자가 수인인 경우에는 그들 간의 관계는 특별한 사정이 분할채무이나, 구상권자에게 과실이 없어 부담부분이 없는 경우에는 부진정연대관계이다.[367]

라. 사안의 경우

갑과 정은 각자 운전부주의로 추돌사고를 낸 것으로 보이므로 각자 불법행위의 요건은 갖추었고, 추돌행위의 충격으로 을에게 피해를 입힌 것이므로 공동행위의 요건도 갖추었고, 따라서 공동불법행위책임을 진다.

---

363) 대판 2007.6.14. 2005다32999.
364) 대판 1978.3.28. 77다2499, 2005.7.8. 2005다8125.
365) 대판 2001.1.19. 2000다33607.
366) 대판 1997.12.12. 96다50896.
367) 대판 2005.10.13. 2003다24147.

3. 병의 사용자책임

사용자책임의 의의·성격·인정근거나 책임요건, 효과에 관하여는 앞의 문제에서 본 것을 원용하기로 하고 여기서는 사안의 경우 어떻게 될 것인지만을 본다.

사안의 경우 병은 정의 고용인이고 정은 병의 업무인 버스운전을 하고 있었던 것이므로 병의 사용자책임을 인정하는 데 문제는 없다.

병은 정과 부진정연대관계에 있게 되는데, 공동불법행위책임을 지는 것인가에 관하여는 설이 나뉘나,[368] 피용자와 제3자가 공동으로 피해자에게 손해를 가한 경우는 피용자와 제3자는 부진정연대관계에 있고, 피용자의 책임에 대한 대체적인 책임을 지는 사용자도 제3자와 부진정연대관계에 있으므로,[369] 병은 갑과도 부진정연대관계에 있다.

4. 병의 일부변제와 을의 손해배상청구권포기의 효력

가. 일부변제의 효력

병은 갑, 정과 부진정연대관계에 있으므로 채권을 만족시키는 변제, 대물변제, 공탁은 절대적 효력이 있고, 그 외 채무자 1인에게 생긴 사유는 상대적 효력만이 있다. 일부변제도 채권을 만족시키는 범위 내에서는 절대적 효력이 있으므로 갑과 정의 손해배상채무는 2,000만 원으로 축소된다.

나. 손해배상청구권 포기의 효력

을의 병에 대한 손해배상청구권 포기의 약정은 제103, 104조에 반하지 않는 한

---

368) 송덕수 신민법강의 1356.
369) 대판 전합 1992.6.23. 91다33070.

유효한데, 사안의 경우 전체 손해액의 절반 미만이고, 병의 부담부분을 넘는 금액을 변제한 것이므로 유효하다. 다만 예상 못 한 후발손해가 발생하고 합의금액이 사회 통념상 상당하지 않게 된 경우에는 후발손해에 대한 청구권을 포기한 것으로 볼 수 없다.[370]

부진정연대채무자 1인에 대한 손해배상청구권포기는 다른 채무자에게는 상대적 효력만이 있으므로 갑과 정의 채무 2,000만 원은 존속한다.

5. 병의 갑과 정에 대한 구상권

가. 구상권의 발생

연대채무자의 구상권에 관하여는 자기의 부담부분을 넘어서 출재한 경우에만 있다는 설[371]과 공동면책만 있으면 되고 부담부분 이상일 필요는 없다는 설이 있다.[372]

사안의 경우 갑과 정의 과실비율은 6 대 4로 되어 있으나, 병의 과실은 나와 있지 않은데, 사용자책임의 성격을 어떻게 보든 사용자의 책임의 근원은 피용자의 행위에 있으므로 사용자의 과실비율은 피용자의 그것과 같다고 봄이 옳고, 따라서 병의 부담부분은 2,000만 원이 된다.

앞 설에 따르면 부담부분을 넘은 1,000만 원에 대하여 병은 다른 부진정연대채무자인 갑과 정에게 구상권을 행사할 수 있고, 뒤 설에 따르면 면책액 3,000만 원 전체에 대하여 각자의 부담부분을 정한 다음 이를 넘는 부분을 구상할 수 있으므로 병은 3,000만 원 중 부담부분 1,200만 원을 넘는 1,800만 원에 대하여 구상할 수 있다.

---

370) 대판 2001.9.14. 99다42797.
371) 김상용 채권총론 311.
372) 곽윤직 채권총론 171.

나. 각자의 구상채무

구상의무를 부담하는 자가 수인인 경우에는 그들 간의 관계는 특별한 사정이 없는 한 분할채무이나, 구상권자에게 과실이 없어 부담부분이 없는 경우에는 부진정연대관계가 되는데, 사안의 경우 병에게도 부담부분이 있으므로 분할채무가 된다.

1,000만 원을 구상채무로 보면 갑과 정은 각자의 과실비율에 따라 600만 원과 400만 원의 구상채무가 있고, 1,800만 원을 구상채무로 보면 갑과 정은 1,080만 원과 720만 원씩 구상채무가 있다.

정의 경우는 제반 사정을 고려하여 신의칙에 기하여 구상범위가 제한될 수 있을 것이다.

참고문헌

고상룡, 『민법총칙』, 2003.

곽윤직, 『민법총칙』, 1998, 『물권법』, 2002, 『채권총론』, 1994, 『채권각론』, 1995.

김기선, 『한국채권법각론』, 1988.

김상용, 『채권총론』, 2000, 『채권각론』, 1999.

김용한, 『민법총칙론』, 1986, 『물권법』, 1993.

김주수, 『민법총칙』, 1988, 『채권각론』, 1992.

김증한·김학동, 『민법총칙』, 2001, 『물권법』, 1998, 『채권총론』, 1998.

김형배, 『채권총론』, 1998, 『채권각론(계약법)』, 2001.

이영준, 『한국민법론』, 2003, 『물권법』, 1996.

이은영, 『민법총칙』, 1995, 『물권법』, 1998, 『채권총론』, 1999, 『채권각론』, 1993.

송덕수, 『신민법강의』, 2008.

지원림, 『민법강의』, 2006.

황적인, 『현대민법론(물권, 채권)』, 1987.

양창수, 『민법연구』 1－5.

곽윤직, 『민법주해』.

사항색인

· 저자 ·

김기진   · 약 력 ·
(金基眞)   1976.2 서울대학교 법과대학 졸업
        1983 제25회 사법시험 합격
        1986.1 변호사 개업
        2006.3 경상대학교 법학과 교수

      · 주요논저 ·
        『통합도산법해설』, 2007
        외 다수

민사사건의 이론과 실무

· 초판 인쇄	2008년 4월 30일
· 초판 발행	2008년 4월 30일
· 지 은 이	김기진
· 펴 낸 이	채종준
· 펴 낸 곳	한국학술정보㈜
	경기도 파주시 교하읍 문발리 513-5
	파주출판문화정보산업단지
	전화 031) 908-3181(대표) · 팩스 031) 908-3189
	홈페이지 http://www.kstudy.com
	e-mail(출판사업부) publish@kstudy.com
· 등 록	제일산-115호(2000. 6. 19)
· 가 격	20,000원

ISBN 978-89-534-9277-6 93360 (Paper Book)
      978-89-534-9278-3 98360 (e-Book)